大家学术经典文库

殖民地的经济分析史和当代殖民主义

陈其人◎著

上海人民出版社

编写说明

上海是哲学社会科学重镇。一直以来，上海社科界群星璀璨、名家辈出，为我国哲学社会科学的发展作出了巨大贡献，也是上海这座城市深厚的文化底蕴之所在。

上海市哲学社会科学学术贡献奖，主要奖励中华人民共和国成立以来公开发表、出版或播放的哲学社会科学类具有原创性、基础性和广泛影响，并被实践证明对学科建设、学术发展具有重大价值，对经济、社会发展也已产生重大影响的学术观点和学术思想。历届获奖者，都是新中国成立以来在上海社科界辛勤耕耘、潜心治学，为哲学社会科学繁荣发展作出重大贡献，在学界具有广泛影响和享有崇高声誉的名家大师，他们的研究涉及政治、历史、哲学、社会、经济、教育、文学、语言学等多个领域，他们是上海社科界的学术丰碑，他们用思想标注了时代。

本文库主要遴选上海市哲学社会科学学术贡献奖获得者的代表作，展示新中国成立以来上海哲学社会科学取得的卓越成就，传承接续学术大家的人格精神和治学风范，以激励后学不断开拓创新，为构建中国特色哲学社会科学、推动上海哲学社会科学繁荣发展作出更大贡献，进一步打响上海文化品牌。

本文库的编纂得到上海市社会科学界联合会、上海社会科学院、复旦大学、华东师范大学、上海师范大学等单位的鼎力支持。

目 录

第一篇

资本主义垄断阶段以前的殖民地理论

第三篇

第二次世界大战后的殖民地理论

第四篇

我对当代殖民主义的看法

附录

旧中国半封建半殖民地经济研究

序　言

在我国的经济科学领域里，研究马克思的殖民地理论，并以此指导研究殖民地理论史的论著，以及以马克思的经济理论为指导，并同马克思列宁主义的殖民地理论相联系来研究当代殖民主义的论著，如果不是没有，也是极少的。现在，陈其人教授这本著作出版，对此起了补不足或补空白的作用，我们为此感到高兴。

陈其人教授这本著作是在长期研究的基础上写成的高质量的理论专著。我们认为，从论述的内容来看，这本著作有下列的特色：

第一，从一方面看，它有一部分内容属于马克思主义经济学说史中的殖民地理论专题史。这一部分以马克思的殖民地理论为主干，上溯其思想渊源，下述其理论发展，并旁及一些非马克思主义的和反马克思主义的殖民地理论。

第二，从另一方面看，它有一部分内容属于马克思主义的世界经济或国际经济秩序形成和演变的专题史。这一部分以马克思的国际分工理论、价值和生产价格在大多数条件下有偏离的理论为主干，同样上溯其思想渊源，下述其理论发展，以说明发达的工业国和落后的农业国之间的商品交换的经济内容。这种经济关系就是国际经济秩序的基础。

第三，它以殖民地及其理论的发展为基础，并结合第二次世界大战后国际分工的某些变化，来研究当代殖民主义；与此同时分析了当前的新兴工业化国家和地区，同先进的工业国或发达国家以及同落后的国家或绝大多数的发展中国家的经济关系；对人们所关心的亚洲“四小龙”问题，也试图根据马克思的经济理论，予以分析。

本书的附录，实质上是作者运用已故王亚南教授创建的中国地主经济封建制度(区别于领主经济封建制度)的理论，分析中国资本主义难产以及和西方资本主义接触后演变为半封建半殖民地经济的原因。在中国经济史这一领域，作者是属于王亚南学派的。

我们和陈其人教授认识与共事已四十多年，深知他治学严谨，理论著述甚丰，在钻研马克思经济理论的基础上，对许多问题作了精深的理论探索，勇于提出个人见解，绝不一般从众。他过去的论著是这样，现在这本著作也是这样。当然，作者的论述作为个人理论见解是可以而且值得进一步研究与探讨的。

这本书稿获得上海市马克思主义学术著作基金资助出版，我们为作者多年的辛劳得到社会承认感到高兴，也为我们作为书稿的推荐者所尽的绵力得到社会承认感到欣慰。我们相信，这本理论专著的出版，对于马克思主义经济理论的研究，对于当代殖民主义的研究定会作出很大的贡献。

张薰华　洪文达

1993年2月7日

前　言

一

本书是我的“殖民帝国”系列研究中的一个课题。该系列目前包括四个课题:《帝国主义理论研究》(1984 年出版)、《帝国主义经济与政治概论》(1986 年出版)、《南北经济关系研究》(1989 年定稿)和现在脱稿的《殖民地的经济分析史和当代殖民主义》。系列不是预定计划的产物,而是在研究过程中发现新问题再陆续提出课题的结果。

在写作《帝国主义理论研究》期间,我就决定深入下去再写《殖民地的经济分析史和当代殖民主义》和《帝国主义经济与政治概论》。为了和当时的思想相适应,我本想先写《殖民地的经济分析史和当代殖民主义》;但是,由于教学工作(复旦大学国际政治系本科生)的需要,我不得不先写《帝国主义经济与政治概论》。当时是边写、边讲、边修改的。在写、讲、改的过程中,我又想深入下去再写《南北经济关系研究》。但是,由于出版《概论》时有约,我还是动手写《殖民地的经济分析史和当代殖民主义》。

工作进展迅速,看来可以一气呵成。但是,当我快要写完本书第一和第二篇时,突接电话,询问此书“经济效益”。经这一问,我就停下,改写《南北经济关系研究》。待《南北经济关系研究》定稿后,我又致力于其他经济理论问题的研究,几乎将《殖民地的经济分析史和当代殖民主义》忘掉了。最近突然想到,我既然手拿粉笔、脚踏讲坛四十多年,何不将其写完,用于教学(复旦大学国际政治系研究生)呢？因此，再动手将其写完。

但是，由于中断了几年，思想有些脱节，更由于环境不同，后写部分和前写部分，理论深度和语言表达，都有些不同。写文章最忌不能一气呵成。

这个系列由于不是预定计划的产物，各课题的内容难免有些重复。本来想写一绪论来说明这些课题的内容的，但是考虑到写短了，说不清楚，写长了，又是重复，不如不写。

我将永远记得在南京远郊埋头写作本书前两篇时的情景。如能再过这种生活该多好啊。

二

由于本教材急于使用而打印时间甚长，因此尚未写完便将其中的第一和第二篇送付打印。上述前言就是那时写下的。其后在写作第三和第四篇时，我强烈地感到，本教材应该增加中国理论家对马克思主义殖民地理论的贡献，以及运用这理论研究旧中国经济的殖民地性质所作出的成绩这样的内容。尤其是当我回忆起先师王亚南教授关于要以中国人的资格来研究经济学的教导，以及想到我本人曾在这种殖民地经济中生活并且挣扎过时，我进一步感到，我有责任这样做。于是，就想增写一篇《中国理论家对旧中国经济的殖民地性质的认识和研究》，它要同构成本教材的其他篇章发生有机联系。要这样写，困难不是缺乏材料，而是缺少时间。因此，我就想到，12年来我在研习帝国主义和殖民地理论时，曾写过几篇与上述设想相同的文章，何不将它们加以利用，编成一个附录呢？这就是产生附录并将其定名为《旧中国半封建半殖民地经济研究》的原因。

关于附录，我还要说几句。它包括三篇独立写成的文章，它们之间的部分内容以及它们和构成正文的四篇的内容，会有重复之处。其中两篇没有发表过，其中一篇作为某一著作的构成部分出版过，现加修改，编入附录。

编这附录时，我又想到，关于旧中国经济的殖民地性质的争论，实际上并不因全国解放而结束。解放后，尤其是美国对我国实行的封锁禁运政策失败、中美关系由松动到建立邦交以来，关于美国对旧中国是否实行过殖民主义，是有不同看法的；它已经在中美关系史的研究中反映出来。本来也想在附录中增加一篇，谈谈我对这问题的看法的，同样由于缺少时间，暂不写了。幸好复旦大学出版社出版的《美国研究》第一辑（1986 年），辑有内容针锋相对的文章，这就是汪熙、王邦宪的《我国三十五年来的中美关系史研究》和王明侠的《不占领土地的殖民统治——1840—1949 年美国对华政策的特点》。对此有兴趣的读者，不妨找来一读。在此我们应感谢该书的实际主编、复旦大学国际政治系刘星汉教授，他贯彻百家争鸣方针，同时收进两篇观点明显对立的文章。

我还要说明：附录是专门论述旧中国经济的性质的，因此，我仍使用半殖民地社会或半殖民地经济的术语，这一方面是约定俗成，如果改用殖民地经济，读者会不习惯，同所引用的有关论著，也联不起来，另一方面多少也是我过去的认识，既是旧作，还是留下脚印为好。

三

在本书稿得到出版资助，终于即将付梓前，我将稿子再细看一次。除了个别字句，内容没有什么改动；只是感到上述分别写于 1990 年 11 月 17 日和 1991 年 7 月 15 日的前言一和二，尤其是前言二有些该讲的话没有讲，应该补讲。我想说的是：稿子的写作过程是极其痛苦的。这指的不是写作的艰辛，——写作是愉快的；指的是写作期间，我的甲状腺发现肿瘤，手术之前，良恶未卜，在等候入院、住院等候手术共约一个月里，我战胜种种消极想法，奋力疾书，写了三四万字。肿瘤是良性，手术后我又写了一两万字才出院。第三、四篇大部分是这样写成的。付梓前，我的妻子又患恶性肿瘤住院手术。陪伴病人之外的一切空隙时间，我都用来再看书稿。

本书终于问世的过程，有点像我及我的家庭的经历。

本书仍献给 1946 年便鼓励我“致力于《资本论》”的人。我们于 1950 年结为伴侣。我写了十多本著作,这是献给我妻子的第二本。没有她的理解,我在坎坷中不可能仍然埋头钻研;没有她的默许,并为我找寻和送来参考书,我不可能在医院里继续写作。

本稿蒙上海市马克思主义学术著作出版资助评审委员会提出修改意见,这有助于本书质量的提高,十分感谢。这当然并不表示,本书的缺点和错误不由我负责。

缺点和错误,诚希读者告我。

陈其人

1992 年 12 月 18 日于上海碌乐斋

第一篇 资本主义垄断阶段以前的殖民地理论

资本主义国家最初的殖民地，是从封建主义时代留下来的。封建主义国家的殖民地，有一部分在资产阶级的民主和民族革命时获得独立，成为民族国家；有一部分虽经斗争，但未能独立，仍然是殖民地，例如爱尔兰曾是英国的殖民地，波兰曾是俄国的殖民地，等等。但是，资本主义国家大量的殖民地，是从资本原始积累时开始获得的。这些殖民地可以分为两种：一种是以西印度群岛为代表的移民垦殖殖民地，其特点是地极广，人极稀，土地是无主的；另一种是以东印度为代表的奴役土著殖民地，其特点是人口稠密，土地是有主的。两者由于经济关系不同，它们对宗主国或母国的意义，有共同的一面，也有不同的一面。

资产阶级理论家和无产阶级理论家研究殖民地，有不同的立场。资产阶级理论家要论证如何对待殖民地，才有利于宗主国或母国，只是由于他们所处的历史条件和着眼点不同，理论的形式就不同。其中的斯密认为，英国“解放”殖民地，比独占殖民地更为有利；李嘉图认为，宗主国从殖民地进口有出口补贴的粮食最为有利，犹如他坦然地认为资本家和工人的利益是对立的一样，他也坦然地认为宗主国的利益是建立在殖民地的损失上；威克菲尔德认为，移民垦殖殖民地的土地是无主的，欧洲移去的工人容易变成个体生产者，资本主义大生产不易产生，无法满足母国需要，因此要用立法手段使工人不能或至少短期内不能成为个体生产者。

无产阶级革命导师马克思，吸收前人殖民地理论中的科学成分，指出宗主国剥削殖民地，是建立在世界分为工业国和农业国的基础上，分析这种剥削和被剥削的经济内容，说明宗主国的殖民主义在世界历史中起的作用。

在本篇考察的这段时间里，殖民地发生的重大变化就是1776年美国脱离英国宣布独立。美国的独立，使英国对移民垦殖殖民地的统治方法有某些改变；这主要就是引导它们走上自治而不是独立的道路。这些殖民地后来陆续也成为自治领(第二次世界大战后英国的奴役土著殖民地也成为自治领)，但仍然是殖民地。从经济上看，尤其是这样。因此，除非有必要，我们不分析自治领问题。

最初提出殖民地自治问题的理论家是边沁。1793年他指出：占有殖民地，独占对殖民地的贸易，是不必要的；用于这种贸易的资本，改用于其他领域，效果相同。1828年他为加拿大殖民地草拟请愿书，要求完全分立。其后他又为澳大利亚殖民地草拟自治方案。

第一章　殖民地理论的产生
——斯密的殖民地理论

一、概　　述

亚当·斯密是英国古典经济学的伟大代表,其理论体系可以说包括了资本主义最重要的经济理论,其中也包括了殖民地理论;他的巨著《国民财富的性质和原因的研究》中有一章是专门研究殖民地的,其他一些章也涉及殖民地理论。如像许多经济理论问题是第一次在这本巨著中得到系统的论述一样,殖民地理论问题也是第一次在其中得到系统的论述。这里说的系统是指,不仅问题本身的论述是成体系的,不是零碎的,而且论述是在一个理论体系中进行的,并且构成这个理论体系,即内容是有机的,而不是机械的。

斯密的殖民地理论从内容看,有纵向的,即历史的,也有横向的,即现实的。有时两者对照,目的是深入说明后者。历史的主要是古代希腊和罗马奴隶社会的两种不同类型的殖民地;现实的主要是以西印度为代表的移民垦殖殖民地,以及以东印度为代表的奴役土著殖民地;这两种殖民地和古代两种殖民地形式相同。

斯密的目光当然更加关注现实的殖民地。关于移民垦殖殖民地,他最为侧重的是北美(美国),这是因为当时澳大利亚和新西兰才开始有欧洲人的足迹;关于奴役土著殖民地,他最为侧重的是印度,因为这时英国的东印度贸易公司已经在经济上使印度沦为殖民地。

在观察殖民地时，斯密看到的问题除了在下面论述的之外，他还看到了：

第一，农产品价格便宜，这在奴役土著殖民地例如印度特别明显。他的解释是：印度是产米国，一年两熟或三熟，欧洲是产麦国，一年一熟，前者每次产量都多于后者。这个记录是准确的。正如下面会论及的，他观察欧洲各国的农产品时，看到贫国的耕作，尽管不及富国，但其生产的小麦，在品质优良及售价低廉方面，却能在相当程度上与富国竞争。但在制造业上，贫国不能和富国竞争。贫国的制造业和农业所以有如此不同的原因，他的研究并不深入。更重要的是，他没有将印度的谷米价格问题和欧洲贫国的小麦价格问题，以及欧洲富国的制造品价格问题，联系起来研究，探究其中的原因。这是十分遗憾的。

第二，印度贵金属价值昂贵。他的解释是：印度的银矿不如美洲的丰饶，美洲输送金银到东方来，花的劳动比输送到欧洲的多。这个解释是正确的。他特别指出，在贵金属价值比欧洲昂贵的基础上，印度银对金的比价是 10 至 12 比 1，欧洲银对金的比价是 14 至 15 比 1。这就是说，与欧洲相比，印度银对金的比价较高。印度是实行银本位的国家。因此，用银来表现，印度谷米的价格就更低于欧洲小麦的价格。印度或东方各国谷米价格低的原因有两个：谷米价值低和货币价值高。这一点，斯密事实上是了解的。但是，他没有用欧洲货币价值低来考察其对制造品价格的影响；也谈不上以相应的结论来研究欧洲制造品和东方农产品交换中的价格问题。这也是缺陷。

我们知道，宗主国和殖民地的关系，从某一点看，就是工业国和农业国的关系。当然，后一关系的形成，正如下面会谈到的，是产业革命的作用所致。斯密因受历史条件的限制，未能看到产业革命的作用。但是，作为一个理论家，他应该看到，正是他注视到的现象的背后，就埋藏着世界要划分为工业国和农业国的种子。不仅如此，宗主国和殖民地，或工业国和农业国之间的经济关系，其中最基本的关系是商品交换，而工业制造品和农产品交换中的比价问题的关键，斯密已经触及了。但是，对这一切，他都没有深入下去，加以分析，提出看法。这确实太可惜了。

以后我们看到，马克思努力挖掘斯密这些思想，创立相应的理论。

二、对工业先进国其农业反而相对落后的描述

在斯密的理论体系中，包含着一个极其重要的论点，这就是：在一定的历史条件下，制造业发达的富国，其农业反而相对落后于制造业不发达的贫国。这本来是从斯密那时开始，经过产业革命，世界分为工业国和农业国，前者成为宗主国，后者成为殖民地，前者剥削后者的重要经济原因。但是，斯密自己并没有认识到他的论点的重要性，他的后继者李嘉图也是这样。他们都没有将这一点引申为国际分工理论；更没有以此为基础，建立构成对立关系的宗主国和殖民地的理论。马克思充分认识到这一论点的重要性，并根据自己所处的历史条件，将它引申为国际分工、工业国成为宗主国、农业国成为殖民地的理论。这是后面要详细论述的。

斯密是在论分工中谈到这个问题的。他认为，分工是提高劳动生产力的重要条件；农业由于它的性质，不能有像制造业那样细密的分工；这也许就是农业劳动生产力的提高，总是跟不上制造业的主要原因。据此，他又进一步认为，"现在最富裕的国家，固然在农业和制造业上都优于邻国，但制造业方面的优越程度，必定大于农业方面的优越程度。"[1]这是他的农业分工相对落后理论的逻辑结论，也符合事实。

斯密接着说："富国的土地，一般都耕耘得较好，投在土地上的劳动与费用也较多，生产出来的产品按照土地面积与肥沃的比例来说也较多；但是，这样较大的生产量，很少在比例上大大超过所花的较大劳动量和费用。"[2]这无非是说，在制造业上，投下较多的劳动与费用，生产的产品不仅增加，而且在比例上大大超过所花的劳动与费用，农业生产在后一点上就不是这样。这是斯密的农业分工相对落后论能够解释的。但是，将这段话同下面一段话联系起来，就不

[1]《国民财富的性质和原因的研究》，上卷，商务印书馆1972年版，第7页。
[2]同上书，第7页。

是农业分工相对落后论能够统一解释的了。这段话是:“贫国的耕作,尽管不及富国,但贫国生产的小麦,在品质优良及售价低廉方面,却能在相当程度上与富国竞争。”[1]斯密在这里说的同上面说的一样,都是事实。但是,这里的事实,用他的理论是无法解释的。这是因为,贫国也是存在着分工的,但是较之富国,它的起点较晚,而且按照斯密的理论,它的农业分工较之手工业分工也落后些,这样一来,它的农产品售价就不一定低廉到可以和富国相竞争的程度。[2]所以,我认为,斯密在这里只是记录了事实,描述了现象,但是,不能以其分工理论来解释它。剖析这个现象,揭示它的本质,并由此建立一个新的理论体系的,是后面将要论述的马克思。

三、古代和现代社会的两种殖民地

斯密是第一个在经济理论上对殖民地予以详尽研究的经济学家。他指出古代和近代社会都分别有两种形式上相似的殖民地。一种是母国在海外的空地或被腾空的地区上移民垦殖的地区,这是母国的分支,是移民垦殖殖民地。开始时,母国对它并没有加以压迫和奴役。其后,随着压迫和奴役的产生,它就变成受奴役的殖民地,并且从母国的分支变成国外殖民地。另一种是奴役异族人的,亦即奴役土著殖民地,它并不是宗主国的分支,一开始就是国外殖民地。

斯密指出,古代社会有两种殖民地。一种是希腊社会各邦,像蜜蜂分封一样,将逐渐增加的部分人民,移到地中海沿岸和岛屿的荒地,这是移民垦殖殖民地,实质上是母国的一块飞地。他认为,“没有什么能比树立这种殖民的动机更明显、更容易看得出来。”[3]

另一种是罗马社会的奴隶主即富豪们,为了解决贫困的自由人的生活问题,便将征服的土地分给他们,这些被征服的土地原来是有主人的,他们是否服

[1]《国民财富的性质和原因的研究》,上卷,商务印书馆1972年版,第8页。
[2] 这里包含的理论问题是:在农业开始分工时,富国和贫国原来的农业劳动生产率(其中包括土地肥沃程度)是两者相同,还是前者高于或低于后者。这些问题斯密没有论述。
[3]《国民财富的性质和原因的研究》,下卷,第128页。

从是个问题，因此就要有武装力量来对付他们，这是奴役土著殖民地。随着征服地的扩大，罗马人就成为统治殖民地的人物。斯密认为，“罗马殖民地，无论就其性质说或就其建立动机说，都与希腊殖民地完全不同”。[1]因此，原来用以表示这种建制的名词，也有不同的意义。拉丁语 Colonia 表示殖民、安家生产；希腊语ἀποικιά，则表示离家、离乡、出门，希望有一天满载而归。“罗马殖民地虽在许多点上，与希腊殖民地不同，但建立的动机，却是同样明显同样容易看得出来的”。[2]

斯密认为，近代社会也有两种与上述相似的殖民地。这就是以西印度为代表的移民垦殖殖民地，和以东印度为代表的奴役土著殖民地。两者所以不同，他认为是由于欧洲殖民者踏上这两种土地时，土地主人的生产力水平不同。他说：“非洲或东印度最野蛮的民族，都是游牧民族，连好望角的土人也是游牧民族。但美洲各地的土人，除了墨西哥及秘鲁，只是狩猎民族。同样肥沃和同等面积的土地，所能维持的游牧人数与狩猎人数，相差很大”。这就是说，游牧民族人烟稠密得多。“所以，在非洲及东印度，要想驱逐土人，并把欧洲殖民地推广至土人居住的大部分地方，那就比较困难”。[3]

关于欧洲人建立这两种殖民地的动机或目的，斯密认为是不明确的。这里先以欧洲人在北美等地建立的殖民地为例来说明。他说：“欧洲人在美洲及西印度建立殖民地，不是起因于必要；树立的结果，虽得到很大的利益，但其利益也并不那么明白显著。在殖民地刚刚建立的时候，谁都不知道这种利益；其建立及其发现的动机，也不是这种利益。而且，直到今日，这种利益的性质、范围及界限，也不大为人所理解。”[4]

斯密为什么有这种看法呢？他认为，哥伦布航海的目的，原来是要到达东印度，结果却发现了西印度等地。这些地方的物产，有的对欧洲意义不大；有的虽有很大意义，但不久就开采困难。他说，该地动物性食物非常稀少，植物性食

[1][2]《国民财富的性质和原因的研究》，下卷，第129页。
[3] 同上书，第203页。
[4] 同上书，第129—130页。

物,主要是玉米、芋、薯、香蕉等,但欧洲人当时认为它们不具有欧洲原来生产的一般谷物有同等的营养。至于棉花,虽然是那些岛上最有价值的植物性产物,虽然欧洲各地都极重视"东印度的软棉布及其他棉织品,但欧洲各地都没有棉织制造业。所以,即使这种生产物,在当时欧洲人看来,亦不很重要"。[1]

西印度的黄金,的确使处于资本原始积累时期的欧洲资产者垂涎三尺。斯密说:"最初冒险家输入欧洲的黄金,全部或极大部分是由极容易的方法取得,即向无抵抗力的土人劫掠而得",但是土人所有的,被剥夺尽了,就必须从矿中掘出。而丰饶金矿尚未发现时,开掘金矿所需劳动与费用是极其浩大的。只要是这样,对欧洲的意义也不大。

斯密有这种看法,一方面是受到历史条件的限制,这时英国的产业革命尚未发生,殖民地是工业原料的产地这种重要性,人们尚未认识;另一方面是由于他对由其首先发现的先进国的农业劳动生产力,不一定比落后国的农业劳动生产力高这一事实,缺乏深刻的理解,以致看不到,从发展趋势看,殖民地可以为母国或宗主国提供廉价的农产品。

关于欧洲人在东印度等地建立殖民地的动机和目的,斯密没有单独加以论述。他以英国为例,将英国一开始就对东印度等地实行的独占和以后才对北美实行的独占,统一地看成是对殖民地的独占,然后指出:"英国统治殖民地的主要目的,或更确切地说唯一目的,一向就是维持独占。殖民地不曾提供任何收入,来维持母国的内政,亦不曾提供任何兵力,来维持母国的国防;其主要利益,据说就是这种专营的贸易。此种独占,即是此等殖民地隶属我国的主要标志,亦是我国从这种隶属所得的唯一果实。"[2]这就是说,英国统治殖民地是徒有虚名,毫无实益。斯密由此认为,英国应该"解放"殖民地。他为什么有此看法,这将在后面说明。

斯密还论述了近代社会两种不同殖民地的经济关系。首先,奴役土著殖民地的物质生产劳动者,不是欧洲的殖民者,而是当地的土人。其所以如此,他认

[1] 《国民财富的性质和原因的研究》,下卷,第132页。
[2] 同上书,第185页。

为是由于:“生长在欧洲温带的人民的体格,据说,不能在西印度炎日下从事挖土劳动”。[1]这里说的虽然是西印度,但其适用性,显然不限于西印度。许多西方经济学家都有此看法。这是一种种族偏见。日本发动太平洋战争时,将关在集中营里的白人放在田野上劳动数年,他们完全胜任,这说明上述论点是错误的。

其次,在移民垦殖殖民地,荒地和由于土人被赶走而腾空出来的土地很多,获得土地容易,工资劳动者容易变成独立生产者,这些殖民地多半经营个体农业,资本主义工业发展极其缓慢,它们以农产品交换欧洲国家的工业品。有一段时间,欧洲国家和这些殖民地的矛盾并不严重。后来,当这些殖民地已经发展得相当可观,与欧洲国家的矛盾日益严重时,后者才对它们加以种种限制,因而从这时起它们实质上已变成被压迫的殖民地了。这和欧洲国家对奴役土著殖民地,一开始就加以压制和统治是不同的。

最后,欧洲国家后来才对移民垦殖殖民地实行的独占,和它一开始就对奴役土著殖民地实行的独占,这两种独占的作用是不同的。前一种独占,是由一个欧洲国家排除其他国家,对其殖民地的贸易和航运,实行独占,以获取较高的利润,而对该殖民地的生产,基本上不实行独占;英国对其北美殖民地后来实行的政策,就是这样。而后一种独占,是由一个欧洲国家在其殖民地上创立独占公司来进行的,它不仅不允许其他国家染指其殖民地,而且对殖民地的生产和贸易都加以独占,如英国的东印度公司,它有时命令农民掘翻种罂粟的良田,以改种稻米或其他谷物,有时又命令农民掘翻种稻米或其他谷物的良田,以改种罂粟,这妨碍生产的发展,当然甚于前一种独占。

由于这样,斯密就认为,移民垦殖殖民地经济的发展快于奴役土著殖民地。这是正确的,但是并不全面。重要的是,他没有指出,奴役土著殖民地和移民垦殖殖民地的根本不同,还在于它的经济发展还受前资本主义生产关系的束缚,外国资本主义到这里来,并不完全摧毁这种生产关系的基础,而是利用它进行

[1]《国民财富的性质和原因的研究》,下卷,第157页。

剥削,这样一来,奴役土著殖民地经济的发展,就非常缓慢。关于外国资本主义经济如何利用奴役土著殖民地,即现在大多数发展中国家的生产关系进行剥削,使这两者发生有机联系,这在当前仍是一个值得研究的课题。

四、移民垦殖殖民地从国内殖民地变成国外殖民地

斯密不自觉地论述了现代社会两种殖民地还有一点和古代社会两种殖民地不同:希腊社会的殖民地始终都是母国的分支,是母子关系的殖民地,即国内殖民地,罗马社会的殖民地始终都是奴役土著的殖民地,即国外殖民地;现代社会两种殖民地中,移民垦殖殖民地开始时,是母国的分支,是国内殖民地,后来就变成国外殖民地,与此相反,奴役土著殖民地始终都是国外殖民地。

对于希腊社会各邦即母市和它的殖民地之间的母子关系,斯密予以高度称赞。他首先说:“母市虽视殖民地为儿子,常给与大的恩惠与援助,也得到殖民地的感载,但却视殖民地为已解放的儿子,不要求直接的统治。”[1]由于这样,他就认为,古希腊殖民地与其从出的母市,一方面有一种父母之爱,一方面有一种孝敬之心,[2]真是亲如母子。他最后说:“许多古希腊殖民地,因此似乎非常迅速地进于富强。在一世纪或二世纪中,就有一些能与母市抗衡,甚至超过母市了。”[3]斯密作为一个人文科学百科全书式的伟大学者,对于希腊某些殖民地的灿烂文学艺术,予以高度称赞,认为两个最古的希腊学派,即达理士学派及毕太哥拉学派,并不是建立在古希腊,而是一个建立在亚细亚殖民地,另一个建立在意大利殖民地。[4]希腊殖民地其所以有如此成就,他认为主要原因在于,他们对母市全然独立,还能按照他们自己认为最有利于他们自己的方式,自由处理他们的事务,[5]换句话说,这种殖民地是同母国毫无剥削关系的国内自治区。

---

[1] 《国民财富的性质和原因的研究》,下卷,第128页。
[2] 同上书,第187页。
[3][4][5] 同上书,第138页。

罗马的殖民地就不是这样。斯密指出，它们远远没有希腊殖民地那样辉煌。其原因，斯密认为是："殖民地不能独立，他们并非经常能按照自己认为的最有利于自己的方式，自由处理他们自己的事务"。[1]这就是说，这种殖民地是由母国剥削和统治的国外殖民地。

如果说，希腊殖民地的历史，确实如斯密所记载的那样，因此，他无法提出这种殖民地会变成受压迫的国外殖民地是正确的，那么，他不根据历史提出罗马的受压迫的国外殖民地，后来变成受压迫的国内殖民地就是不正确的。因为随着罗马不断发动战争，征服的殖民地越来越多，它将其包括在罗马帝国之内，出现了所谓罗马统治下的世界和平，这样，原来的国外殖民地，就成为罗马帝国内部的即国内的殖民地了。

斯密尽管不自觉，但是在事实上叙述了现代社会的移民垦殖殖民地，在一定条件下，就从国内殖民地变成国外殖民地。正如前面说过的，在这种殖民地，开始时经济发展很缓慢，和母国没有什么利害冲突，母国便任其自然发展，不予管束。这时，它就是母国的分支，是不包含压迫涵义的国内殖民地。其后，它的经济发展了，同母国发生利害冲突，母国就对它施加限制和束缚，并损害它的利益以肥自己。斯密说："在此等殖民地已经建立，而且相当可观，足以引起母国政府的注意时，母国最初对它们颁布的一些条例，其目的总在保证它独占此等殖民地的贸易，限制它们的市场，牺牲它们以扩大自己的市场，因此，与其说促进它们的繁荣，倒不如说加以压抑。"[2]

他以英国对其北美殖民地为例，来加以说明。他认为，英国"对殖民地所课的税，能与平时所付的费用相等，已属罕见，若要支付战时殖民地所增加的费用，那就无论如何也是不够的。所以，这样的殖民地，对于母国，只是负担，不是财源。"[3]由于要将殖民地变成财源，他认为英国就要将殖民地视为"领地"，对其实行专营贸易。他指出，实行专营贸易的结果，那些被称为列举商品的英属

[1] 《国民财富的性质和原因的研究》，下卷，第138页。
[2] 同上书，第160页。
[3] 同上书，第164页。

殖民地的剩余生产物，就只能输往英国，不能输往任何其他国家了。其他国家不能不向英国购买。这样，英国由于享有独占权，就能以较低的价格向殖民地购买产品，而以较高的价格向其他国家转卖产品，从而就得到巨大的利益。[1]我们以后知道，斯密认为这对发展英国本身的产业与生产不利，因而反对这种独占，主张“解放”殖民地。但只要存在着这种独占，移民垦殖殖民地就从不含有压迫涵义的国内殖民地，变为对母国提供贡纳的“领地”，即变成受压迫的国外殖民地了。当然，斯密并不意识到这一点。

现代社会的奴役土著殖民地，斯密认为它始终都是受压迫的国外殖民地。他认为，宗主国对它们的统治，最常用的办法就是开设独占性的专营公司，以及在这基础上的征服土地。欧洲某些国家的殖民者，在东方开设的东印度贸易公司，独占东方国家的对外贸易，干涉它们的生产，实际上将它们视为自己的“领地”和“领岛”。例如，荷兰人，在他们未曾占有殖民地的岛上，对于采集丁香及豆蔻幼花绿叶的人给予一种补助金。那种植物，天然生长在那里，但由于这种减少产量、以抬高售价的政策，就几乎绝种了。英荷两国公司，在东印度征服了许多地方，荷兰人减少它占领的若干岛的人口，使其人数限为这样的数量，即足够以新鲜食品和其他生活品，供给荷兰少数的守备队和他们的来运香料的船员。[2]

斯密虽然提到“大不列颠与其殖民地联合”，[3]但没有看到如像罗马帝国那样的大英帝国的形成，因而看不到在大英帝国内，国外殖民地都变成国内殖民地。

但是，斯密对大英帝国形成趋势的预言，对我们以后理解国外殖民地转化为国内殖民地，大有帮助。他认为，美洲派五十或六十个新代表出席国会，英国的各种组织并不会由于大不列颠与其殖民地联合而受丝毫损害，相反地却得到完善。因为讨论并决定帝国一切部分事务的会议，为要得到正确的情报，应当

[1] 参见《国民财富的性质和原因的研究》，下卷，第164—165页。
[2] 同上书，第204—205页。
[3] 同上书，第193页。

有各部分派出的代表。主要的困难,可能来自大西洋两岸人民的偏见与成见。

在他看来,大不列颠的人民,不必担忧美洲代表的众多,将打破国王势力和民主势力的原有比例。因为美洲代表的人数和美洲交纳的税款成比例。前者构成民主势力,后者构成国王势力,两者也成比例。因此,大不列颠和殖民地联合之前和之后,民主势力和国王势力比例相同。美洲的人民,也不必忧惧他们因远离政府所在地而可能遭受到压迫。因为出席国会的代表,要靠人民的选拔,才得到议员席位,并从中得到好处,他们定会以议员的权力,申诉殖民地军政长官的违法乱纪行为。美洲人民也不要认为,政府所在地会长久地远离他们,因为美洲在财富、人口、纳税方面,也许只要一个世纪,就超过大不列颠。这时,帝国的首都自然会迁到帝国内纳税最多的地方。在帝国内部,国外殖民地就变成国内殖民地了。

五、移民垦殖殖民地的经济、政治关系和母国不同

斯密不仅论述了两种殖民地的经济关系不同,而且也论述了移民垦殖殖民地的经济、政治关系和母国不同。

在分析新殖民地即移民垦殖殖民地经济的发展,较奴役土著殖民地快些的原因时,斯密曾经指出,这是由于“其土地荒芜,或人口稀少而土人容易对新来的殖民者让步”。[1]从这里出发,他就不难看到这种殖民地的经济关系是和母国不同的。

在这种殖民地,土地面积极大而人口极少,每个殖民者都极其容易获得土地,并且获得的土地都大于他自己所能耕种的。由于土地是他的,他就无须缴纳地租,并且大都不须纳税,这样,他就努力耕种,使生产物增加。但是,他所有的土地是那么广阔,以致尽他个人的劳动,以及他能雇佣的他人的劳动,也不能使土地生产出它所能生产的数量的十分之一。所以,“他极想从各地搜集劳动

[1]《国民财富的性质和原因的研究》,下卷,第136页。

者,并以最优厚的工资来作报酬。但此等优厚的工资,加上土地的丰饶低廉,不久就使那些劳动者要离开他,自作地主,以优厚的工资,报酬其他劳动者。正如他们离开他们的主人一样,这些其他劳动者不久也离开他们”。[1]在这里,斯密不仅指出这种殖民地的工资比母国高,而且事实上揭示了这样一条经济规律:同母国从个体生产者中分化出工资劳动者来的情况相反,在这里却是从工资劳动者中长出个体生产者来。因此,只要工资劳动者容易获得土地这个过程不结束,资本主义在这里就不容易发展,就是说,即使从欧洲输入资本的物质因素——生产资料和工人,但到达殖民地不久,工人就成为个体生产者,生产资料就不能转化为资本。在斯密以后数十年,殖民地经济学家威克菲尔德大概在母国生活惯了,就以为资本是物,到他研究殖民地经济,并看到这个现象时,他才惊呼:原来资本不是物,而是一种生产关系。

斯密还论述了这种殖民地的已耕地的价格也比母国低廉的原因。根据母国的经济规律,他当然知道土地价格 = 地租 ÷ 利息率,即地价就是“通常按若干年地租而计算的买价”。[2]但在新殖民地,即使是已耕地,由于最初是无代价得来的,在经济上不存在土地私有权,不存在地租(绝对地租),因而,他就认为,在这一条件下土地价格几乎全由工资构成。这种工资就是开垦土地所费的劳动。[3]其实,这是说,买卖的并不是能获取地租的土地私有权,而是凝结和附着在土地上的劳动,也就是价值。因为他认为工资就是劳动的价值。这种仅取决于开垦土地所费的劳动的地价,当然比母国的低廉。但它不是资本化的地租。

斯密认为,这种殖民地有一种土地价格,是资本化的地租,也比母国的低廉。这种地价 = 地租 ÷ 利息率。他认为,独占这种殖民地的贸易会使利息率提高,而使地租降低。利息率提高,是由于独占贸易提高商业利润率影响所致。地租降低是由于利息率提高妨碍土地改良,因为土地改良的“利润取决于土地现实生产额和加投资本后土地可能生产额之差”,[4]这个利润率如低于利息率,土地改良就减少。在他看来,土地改良的费用就是资本,它要取得利息,他

[1][3] 《国民财富的性质和原因的研究》,下卷,第 137 页。
[2][4] 同上书,第 182 页。

将它理解为地租。因此说:“独占妨碍土地改良,势必延迟另一大的收入原始泉源——土地的地租——的自然增加。”[1]地租增加很慢而利息率较高,土地价格就比母国的低廉。

这种殖民地的土地价格确实低廉,但他的说明有缺陷。

移民垦殖殖民地地广人稀所产生的经济现象,是其后的经济学家提出错误理论的思想材料。获得土地极易,大量存在的个体农民无须缴纳地租,这使李嘉图研究资本主义地租时,竟然可以无视土地私有权的存在,否认绝对地租。容易获得土地,缺少工人,工资较高,这就助长移民和工人生育,因此这种殖民地人口增长极快。马尔萨斯一方面利用这一点,认为北美人口每25年增加一倍,另一方面利用中国、日本粮食增产极慢,而不顾爱尔兰人口虽绝对减少,但贫困却在增长的事实,提出他的资本主义贫困是由人口增长快于粮食增长造成的理论。

以移民垦殖殖民地的工资较高为基础,斯密论述了它的阶级关系和母国不同。他说:在母国“地租和利润吃掉工资,两个上层阶级压迫下层阶级。但在新殖民地,两个上层阶级的利害关系,使得他们不得不更宽宏地更人道地对待下层阶级;至少,在那里,下层阶级不处在奴隶状况。”[2]这无非是说,在这种殖民地,工人的物质生活好得多,工人和剥削阶级之间的关系,不像母国那样紧张。但斯密的论述,还要加以分析。“地租和利润吃掉工资”,或者反过来,工资吃掉地租和利润。这两个相反的命题,从劳动价值学说来看,都是对的。因为工人创造的新价值,要分解为 $v+m$, m 大了,v 就小了,反之,v 大了,m 就小了,m 再分解为利润和地租。这就产生两个问题:(1)斯密认为生产商品所费的劳动决定价值,但又认为工人出卖的是劳动,劳动的价值或工资,就是工人创造的价值。这样一来,地租和利润就没有来源了。为了说明它们,斯密只好说商品的价值不再由生产中投下的劳动决定,而改由交换中支配的劳动决定,这种劳动包括工资、地租和利润,并认为它们各有其泉源。上述引文中的“收入原始泉

[1]《国民财富的性质和原因的研究》,下卷,第182页。
[2] 同上书,第137页。

源——土地的地租”,就是这种错误的价值学说的表现。如果这三种收入各有其泉源,那么,地租和利润就不会吃掉工资。这一理论上的矛盾,斯密并没有觉察。(2)在新殖民地,较高的工资不仅没有吃掉利润,利润反而“极为丰厚”,这怎能以劳动价值学说来说明呢？他认为,在这里,农业经营者事实上是身兼资本家和地主的,但其收入却表现为他的利润。[1]其实,分析一下就可以知道,这一利润起码包括了农业经营者参加生产所创造的价值,即他自身的工资;如果他耕种的土地,无论在国内市场或世界市场上,都是优良的土地,那么就必然产生级差地租,只因为他是土地所有者,这种地租就归他所有,并与他的工资一起,都表现为利润了。只有这样,才能在坚持劳动价值学说的条件下,说明较高的工资和丰厚的利润何以能同时存在。

斯密认为,移民垦殖殖民地经济发展较快,其原因除了良好土地很多之外,就是能够“按照自己方式自由处理自己事务”。[2]从这点出发,他认为英国在北美的殖民地,其政治制度不同于母国。他说:“殖民地会议,和英国众议院一样,未必都是极平等的人民代表机关,但总更具有这种性质。”[3]他之所以对英国众议院有看法,是由于此时众议院由地主阶级把持,距离议会选举改革还有半个世纪。他又说:“殖民地参议院,与英国贵族院相当,但不是由世袭的贵族构成”,“没有一个英属殖民地有世袭的贵族”,因此,“人民在英属殖民地,就比在母国更为平等了。他们更有民主共和的精神,其政府,尤其是新英格兰那三个政府,一向更有民主共和精神”。[4]这实质上是论述民主共和制只有在没有或较为彻底消除了封建的人身等级制的基础上,才能建立起来,它较之君主立宪制更适合于商品经济中的平等主义,因为在民主共和制中,血统、特权不起作用,与商品经济中的自由竞争原则相符合。

[1]《国民财富的性质和原因的研究》,下卷,第137页。
[2] 同上书,第143页。
[3][4] 同上书,第156页。

第二章　英国关于“解放”殖民地的理论

——斯密的殖民地理论(续)

一、概　　述

19 世纪 80 年代以前,如像罗马帝国那样的现代殖民帝国尚未产生。当时西欧有很多国家,从资本原始积累时期就开始实行殖民主义,拥有许多殖民地。如西(班牙)、葡(萄牙)、英(国)、法(国)、荷(兰)等国就是这样。但是,这些殖民地是一个一个地存在着,和宗主国或母国并没有在政治上联在一起,组成殖民帝国,即使是后来拥有殖民地最多的英国也是这样。我们知道,英国资本主义萌芽晚于地中海沿岸的一些国家;但其后由于地理位置的优越,在资本原始积累时期,它在实行殖民主义方面终于超过欧洲其他国家,然后又在航海运输、对外贸易和产业革命方面遥遥领先,成为所谓的“世界工厂”。在这个基础上,到 19 世纪 60 年代英国实行自由贸易的鼎盛期,它在经济上已成为一个最大的殖民主义国家,受它剥削的殖民地,包括了爱尔兰、北美、澳大利亚、新西兰、印度、南非,以及亚洲和非洲其他国家和地区、太平洋上某些国家和地区。

值得指出的是,这时的英国虽然拥有的殖民地最多,但是,它的某些重要的经济学家和政治家却主张“解放”殖民地。所谓“解放”殖民地,就是英国对殖民地不实行独占政策,任其同所有国家进行自由贸易,不组成如像罗马帝国那样的大英帝国。他们所以主张“解放”殖民地,是由于英国这时在航运、外贸和工业生产上都居于领先地位,它与其耗费巨大的行政管理费用和军事占领费用来独占殖民地，不如放弃这种独占，省下这些费用，而用自由贸易的办法来取得更多的利润，更为有利。

英国主张“解放”殖民地的重要理论家是亚当·斯密和边沁，重要政治家是迪斯累里。斯密在1776年指出：“在现今的经营管理下，英国从统治殖民地，毫无所得，只有损失。”[1]他相信，他的“解放”殖民地的建议，“若真的被采纳，那末英国不仅能立即摆脱掉殖民地平时每年全部军事费用，而且可与殖民地订立商约，使英国能够有效地确保自由贸易，那与它今日享受的独占权相比，虽对商人不怎么有利，但对人民大众必更有利。”[2]边沁在其1793年的《解放陛下的殖民》中，表达了这样的思想：贸易是资本的产儿，资本自动产生贸易，贸易的数量只由使用的资本数量决定；因此，占有殖民地，独占对殖民地的贸易，这是不必要的，用于殖民地贸易中的资本，改用于其他领域，也能得到同样效果。他举例说：假如圣多明各的土著，从向法国购买谷物改为向英国购买谷物，法国不会有任何损失，因为总的说来，谷物的消费不会减少，英国既然供给谷物给圣多明各，就不可能再供给其他国家，其他国家就不得不向法国购买。迪斯累里在1852年任财政大臣时说：“殖民地是吊在我们脖子上的石磨”。[3]在所有主张“解放”殖民地的理论家中，以斯密的论述最为详尽，并且成为他的自由贸易经济理论体系的构成部分，需要详细论述。

二、对殖民地产业发展不利

斯密明确指出：“殖民地贸易的独占，像重商主义其他卑劣有害的方策一样，阻抑其他一切国家的产业，但主要是殖民地的产业。”[4]对殖民地产业的阻抑，可以分为两方面来谈。

第一，有些殖民国家，以其殖民地全部贸易，交给一个专营公司经营。殖民

[1]《国民财富的性质和原因的研究》，下卷，第186页。
[2] 同上书，第187页。
[3] 转引自列宁：《帝国主义是资本主义的最高阶段》，第70页。
[4]《国民财富的性质和原因的研究》，下卷，第181页。

地的人民必须向这个公司购买他们所需要的一切欧洲生产的货物,必须把他们的剩余生产物全部卖给这个公司。所以,这个公司的利益,不仅在于以尽可能高的价格,售卖前一种货物,并以尽可能低的价格购买后一种货物,而且在于即使后一种货物价格极低,其购入数量也以能在欧洲市场以极高的价格脱售者为限。因此,它的利益,不仅在于在一切场合都降低殖民地剩余生产物的价格,而且在于在许多场合阻抑其产量的自然增加。[1]

第二,在不设置专营公司的殖民地,例如英属北美殖民地,其剩余生产品的输出,亦有一定种类商品,限定输到母国市场。这些商品,因曾列举在航海法及其后颁布的其他法令上,故名为列举商品,其余则为非列举商品,可直接输到他国,但运输的船,须为英国船或殖民地船。这些船只,须为英国人所有,其船员亦须有四分之三为英国人。[2]这些法令,对殖民地的生产当然不利。

斯密认为,像这样独占殖民地的贸易,对母国或宗主国的经济发展,也是不利的。他的分析对象,主要是英国。

三、对殖民地贸易增加,对欧洲其他各国贸易减少

在斯密看来,自航海条例订立以来,英国财富虽然有了很大的增加,但这种增加,必定同没有殖民地贸易的增加,保持同一的比例。这是因为,一国的对外贸易,是按照它的财富增加的比例而增加的,也就是说,它用于对外贸易的剩余生产物是按照财富增加的比例而增加的。具体地说,英国独占了几乎所有殖民地的贸易,所需的资本,只能从其他贸易部门中吸引过来。这样一来,英国对殖民地的贸易虽然增加了,但对欧洲其他国家的贸易却减少了,这只是贸易方向的改变,而贸易量并不因有殖民地的贸易而增加。这种贸易方向的改变,只不过使英国以供外销为目的的制造品,不适合于有许多竞争者的市场,而适合于享有独占权的市场。换句话说,这是不利于英国产业的发展的。

[1] 参见《国民财富的性质和原因的研究》,下卷,第146页。
[2] 同上书,第148页。

为了证明英国的财富并没有因独占殖民地的贸易而增加，斯密以标志着英国财富的海军力量为例进行说明。他指出，不仅在航海条例颁布使殖民地贸易得以独占以前，而且在殖民地贸易发展以前，英国就已经是个大商业国，英国的海军也非常强大。在克伦威尔当政时期，在对荷兰的战争中，英国海军比荷兰强大。在查理二世即位之初爆发的战争中，英国海军的实力至少和荷法两国联合海军相等，也许还要强大。但是，英国这种优越的海军力量，现今似未曾增大，亦即它的对外贸易，独占殖民地贸易，并没有使海军力量增大。结论就是：殖民地贸易，“决不能成为英国贸易盛大的原因，亦不能在当时成为海军力量强大的原因”。[1]

斯密这些论述存在很多问题，而且自相矛盾。他的论点不外是：对外贸易是财富的结果，它的增加同财富的增加，保持同一比例；独占殖民地贸易，不能增加贸易量本身，只能改变贸易结构。这里的错误，首先是混淆了价值与财富（使用价值）。他显然认为，英国用于对外贸易的资本是一个常数，它支配的价值也是一个常数。只要区分了价值与财富，就可以看到，等量资本支配的财富是可变的。其次是混淆工场内部分工和社会分工。他认为分工能提高劳动生产率，并举了一个分工使针的产量大为提高的例子。就分工能够提高劳动生产率来看，工场内部分工的作用最为巨大，上例就是这样。他又认为分工受市场的限制。这里的分工是社会分工。他由于混淆了社会分工和工场分工，便认为殖民地贸易本身并没有使市场扩大，因此对殖民地贸易不能促进分工、提高劳动生产率、增加财富。其实，按照他的分析，虽然全部对外贸易的价值量，并不因对殖民地贸易的独占而增加，但后者所占比重增加，使供应殖民地产品的生产部门的工场分工更精细，劳动生产率提高，产品即财富增加，单位产品价值降低，对殖民地贸易的那部分资本支配的财富亦就增加。总之，斯密既然认为分工能提高劳动生产率，能增加财富，那么他就应认为，对殖民地贸易能使有关制造业提高工场内部分工的程度，从而能增加财富。

因此，斯密的上述看法和他在下面的论述自相矛盾乃是必然的。他说：“美

[1]《国民财富的性质和原因的研究》，下卷，第169页。

洲的发现给欧洲各种商品开辟了一个无穷的新市场,因而就有机会实行新的分工和提供新的技术……劳动生产力改进了,欧洲各国的产品增加了,居民的实际收入和财富也跟着增大了。”[1]当然,这里没有涉及英国由于独占北美殖民地贸易而减少了同欧洲其他国家贸易的问题,亦即英国贸易价值总额没有由此增加的问题。但是我们强调的是:对美洲的贸易使英国有机会实行新的分工,从而提高劳动生产率,使财富在总价值量不变时增加。

四、独占殖民地贸易,提高英国商业利润率,归根结底对英国不利

独占殖民地贸易,减少这个领域中资本的竞争,因而这个领域内的商业利润率提高了;英国其他贸易部门的资本部分地移到殖民地贸易来,这个领域资本的竞争减少了,因而它的商业利润率也提高了;由于外贸各领域,外贸内贸之间,贸易和产业之间,都存在竞争,平均利润率因而提高。与此相反,由于英国有些外贸部门的资本减少了,其他国家的资本就流入得更多,竞争增强,其他国家商业利润率乃至平均利润率便比英国的低些:这些都对英国不利。

它使英国蒙受绝对的不利。由于英国商人要取得更高的利润,他们之间就贵买贵卖,这就导致少买少卖,从而使英国享受的和生产的减少,也使英国蒙受相对的不利。由于其他国家商业利润率比英国低,在竞争中他们就能增大优势,减少劣势。这就是说,英国商品价格高,其他国家就能以较低的价格,将英国商品从国外市场上排除出去。

结论就是:“英国资本,就在这情况下,有一部分,从我国未曾享有独占权的各种贸易部门,尤其是欧洲贸易和地中海沿岸各国贸易中,被吸引过去(到独占殖民地贸易部门——引者),有一部分,被排除出去(因商品价格高——引者)。”[2]

斯密这里的论述,从理论上看是错误的,是违反他最初曾想坚持的劳动价值学说的。前面曾经说过,他由于错误地认为工人出卖的,不是劳动力而是劳动,劳动创造的价值就是工资,因而就只好说价值由交换商品支配的劳动决定,

[1]《国民财富的性质和原因的研究》,下卷,第20页。
[2] 同上书,第170页。

它包括工资、利润和地租,竞争会使这三者具有一种自然率,竞争加强就使它们下降,反之,竞争削弱就使它们上升。上述关于利润率的高低和商品价格的高低,就建立在这一理论上。这是错误的。因为竞争本身只能使利润等具有一种自然率或平均率,而不能说明这个平均率的高低。根据劳动价值学说,撇开对外贸易和独占因素,利润的变化,只能由工资相反的变化来说明;反过来说,在这种条件下,利润的变化,也不会使价格发生相同的变化。

正确的解释应该是这样:英国是最先进的工业国,其国民劳动生产率,高于世界市场上的平均劳动生产率,因此英国商品在世界市场上,就能实现更多的价值,但生产这种商品的英国工人,并没有因此得到更多的工资,由于这样,英国由于有利的对外贸易,就有较高的外贸利润率。由于外贸、内贸、产业之间存在着竞争,英国的平均利润率就提高了。关于这一点也可以这样解释:英国由于有高于世界水平的劳动生产率,包括在国外市场实现的全部价值,就大于它在国内生产商品投下的劳动,所以就有较高的平均利润率。由于平均利润率较高(它不是由于工资降低而引起的),就使商品生产价格提高,这种商品如用于出口,价格也就较高。至于独占殖民地贸易,其利润率更高,那是另一个原因产生的,也就是斯密说的:贱买贵卖。然后殖民地贸易更高的利润率,参加英国平均利润率的形成,从而"使一切的利润,达到一个新的水平,这一新的水平,与旧水平不同,而且比旧水平略高"。[1]斯密所说的事实,只能是暂时的现象。

下面将谈到,李嘉图反对斯密的看法。他认为除非从殖民地进口的是廉价的谷物,使英国工人货币工资降低,否则,殖民地贸易不能提高英国的平均利润率,即使暂时提高了,不久也要降到原来的水平。

五、独占殖民地贸易,使资本流通时间延长,对英国增加生产性的劳动不利

斯密认为,增加国民财富有两种办法,一是提高劳动生产率,二是增加生产

[1]《国民财富的性质和原因的研究》,下卷,第167页。

性的劳动量，而不是增加非生产性的劳动量。关于后者，作为一个原理，他指出："投在消费品国外贸易的资本，所能维持本国生产性劳动量，与其往返的次数，恰成比例"。所以，"一般地说，对邻国进行的消费品国外贸易，比对远国进行的更有利"。同样道理，"直接的消费品国外贸易，比迂回的消费品国外贸易更有利。"[1]独占殖民地贸易，恰好在这两点上都是不利的。

第一，它使一部分英国资本，从邻国的消费品国外贸易，流入远国的消费品国外贸易。这些殖民地，不仅离英国较远，而且情况特殊，使资本从垫支到取回的时间大大延长。这种特殊情况是：殖民地缺少资本，因此尽可能地拖欠英国商人的货款，多数要在四五年内才能全部归还。这样，1 000 镑资本，每年只能当作 200—250 镑来用，它能雇佣的生产性劳动者，就减少了。

第二，它使一部分英国资本，从直接的消费品国外贸易，流入间接的消费品国外贸易。前面提到的列举商品是只能运送到英国去的，但其中有几种大大超过了英国的消费额，因此有一部分必须再输到其他国家。这样一来，一部分英国资本就要流入间接的消费品国外贸易了。例如，从北美殖民地输到英国的烟草，英国消费不了，大部分要再输出到法国、荷兰以及波罗的海和地中海沿岸各国。这样，这部分资本从垫支到取回的时间，就等于对北美贸易往返的时间，加上对其他各国贸易往返的时间，也就是说，同原先一部分英国资本可以直接与欧洲各国进行贸易比较，所需时间无疑地更长了。这对维持英国生产性劳动者，同样是不利的。

斯密还认为，独占殖民地贸易，也迫使"一部分英国资本，从消费品国外贸易，流入运送贸易，因而使多少用以维持英国产业的资本，有一部分用来维持殖民地的产业，有一部分用来维持其他各国的产业。"[2]这怎么理解呢？他认为，间接的消费品国外贸易，例如上述的烟草，从北美输送到英国后，大部分从英国再输出到德国和荷兰，然后英国又以这笔货款从德国和荷兰购回麻布，这麻布英国消费不了，绝大部分再输出到殖民地去，供它们消费。这样，这部分用来购买烟草而又用烟草购买麻布的英国资本，就流入运送贸易，不能用来维持英国

[1] 《国民财富的性质和原因的研究》，下卷，第 171 页。
[2] 同上书，第 175 页。

的产业,而全部被抽出去,“一部分用来维持殖民地的产业,一部分用来维持那些以本国产业产物购买这种烟草的国家的产业”。[1]在这里“维持殖民地的产业”指的是什么,看来是不清楚的。如果指的是英国资本购买和运送了殖民地的烟草,正如它购买和运送了德国和荷兰的麻布一样,那么,这烟草就不应只是用于间接消费品国外贸易那部分,而应是全部。看来指的应该是,麻布输送到殖民地后,再用麻布购买殖民地的产业产品(不只是烟草),只有这样,才能解释得通。到底是什么,斯密没有说明。

六、独占殖民地贸易,使工资、地租和利润不像没有独占时那样多

根据上述,斯密得出这样一个结论:“独占使一切收入的原始泉源,即劳动的工资、土地的地租和资本的利润,在很大程度上,不像无独占时那样富足。”[2]

独占殖民地贸易,如上所述,一方面提高了英国商业利润率和普通利润率,另一方面又减少了用来雇佣生产性劳动的资本,从而使生产出来的物质财富没有无独占时增加得那样多,而只有这物质财富才能积累为资本,这样,资本的增加就慢了。虽然利润率提高了,但是,“大资本的小利润,通常比小资本的大利润提供更大的收入”。[3]就是说,总利润量不能增高到和没有独占时一样。资本的增加已经慢了,再加上资本的流通时间长了,它所能雇佣的生产性劳动者,就比没有这种独占时增加得慢了,亦即社会工资总量增加得慢了。前面曾经谈过,利润率的提高,妨碍土地的改良,这在斯密看来,会减少地租的增加,社会地租总量就增加得慢了,其中的错误,前面也谈过了。

工资、地租和利润的社会总量虽然增加得很慢,但利润率却因独占殖民地贸易而提高了,换句话说,对获取利润的阶级还是有利的。但是,斯密认为,高的利润率,会败坏社会风气,对整个国家不利。他说:“高的利润率,随便在什么

[1] 《国民财富的性质和原因的研究》,下卷,第175页。
[2] 同上书,第183页。
[3] 同上书,第182页。

地方，都会破坏商人在其他情况下自然会有的节俭性”。而“大商业资本所有者，必定是全国实业界的领袖和指导者。他们的榜样对国内全部勤劳民众生活方式的影响，比任何其他阶级的影响大得多”。这样，“本来是最会蓄积的人，都不能在手上有所蓄积了”。[1]换句话说，利润和收入，有很大的部分用于维持不生产劳动者了。于是，国内所维持的生产性劳动量，一天比一天少。他以加的斯和里斯本商人异常高的利润，来说明西班牙和葡萄牙经济的衰落，要英国引以为戒。斯密在这里分析问题的方法，显然是从理查德·坎蒂隆那里学来的。坎蒂隆在 1734 年的《论商业的性质》中认为，商品的市场价格所以和价值发生偏离的根本原因，在于地主阶级生活爱好、消费结构的变化，资产阶级消费结构的变化是随着地主阶级的变化而变化的。坎蒂隆用委婉的办法，攻击地主阶级，斯密套用他的办法，攻击独占殖民地贸易的大商人。

斯密提及的西班牙和葡萄牙原先对外贸易很发达，但后来经济反而落后了，这是事实。但他将其原因归结为商业利润高，助长挥霍，则失之偏颇。马克思认为，“现代生产方式，在它的最初时期，即工场手工业时期，只是在现代生产方式的各种条件在中世纪内已经形成的地方，才得到发展”；[2]葡萄牙后来之所以落后了，主要原因是形成新的生产方式的条件，较英、法等国落后。中国在中世纪，对外贸易也颇为发达，陆有西北通西域的“丝绸之路”，海有东南通南亚、西非的“陶瓷之路”，[3]郑和下西洋还略早于哥伦布在美洲登陆，中国外贸商人也很富有，但中国并没有因此长出资本主义来，其原因同样不是以商人为首的挥霍，而是社会内部尚不具备形成资本主义的生产条件。

七、英国不能从经济上“解放”殖民地的原因

斯密深信，英国“解放”其殖民地，这些殖民地“不仅会长此尊重和我们分离

[1] 《国民财富的性质和原因的研究》，下卷，第 183 页。
[2] 《资本论》，第 3 卷，第 372 页。
[3] 这是我杜撰的，历史学家称之为“海上丝绸之路”。

时所订定的商约,而且将在战争上、贸易上赞助我们,不再作骚扰捣乱的人民,却将成为我们最忠实、最亲切、最宽宏的同盟”。[1]他还认为,“解放”殖民地,要逐步地、慢慢地进行,不能操之过急,否则,不仅会引起一些暂时性困难,而且将使现在以劳动和资本经营殖民地贸易的人,有大部分蒙受大的永久的损失。[2]

但是,英国并没有“解放”它的殖民地。这是因为,如像斯密所说的,这种做法不符合统治阶级的私人利益,因为他们对于许多有责任有利润的位置的处分权,将从此被剥夺,他们那许多获取财富与荣誉的机会,亦将从此被剥夺。[3]根据这一点,与李嘉图同时代的经济学家詹姆斯·穆勒说,英国的殖民地,是在上院和下院之外,对上层阶级进行赠予的庞大的制度。

八、萨伊的殖民地理论是对斯密的庸俗化

萨伊的殖民地理论,几乎全部来自斯密,但在斯密那里的深刻论证,在萨伊这里看不到了。

萨伊也将近代殖民地分为两种,他从古代殖民地谈起。他说:“一个国家当旧的领土的人口形成过于稠密或当某些社会阶级受到其余阶级迫害时,往往就开拓殖民地。”[4]他认为这是古代国家从事拓殖的唯一动机。在这里,他论述的基本上就是斯密论述过的希腊社会的殖民地。对于罗马社会的殖民地,他没有论述。近代国家开拓殖民地的动机与此不同。他认为航海技术的巨大进步,使它们发现了前此不知道的国家。殖民者踏上了另一个半球,抵达了最不适于居住的地带。他们的目的不在于和子孙在这些地方安居下来,而在于取得那里的贵重物品,或从事生产事业,发一笔财,然后满载还乡。这是近代殖民地中的一种。另一种则是:当母国想和一个人口已经很多,文化已经很发达,因而没有希望据为已有的国家,扩大往来时,它通常满足于在该国开设工厂,或建立商人

[1]《国民财富的性质和原因的研究》,下卷,第187页。
[2] 同上书,第176页。
[3] 同上书,第189页。
[4]《政治经济学概论》,商务印书馆1963年版,第223页。

居住地,像欧洲人在中国和日本所做的那样。

萨伊对近代国家两种殖民地的区分,并不完全符合实际情况。因为照他的说法,近代殖民地就没有移民开拓地了。尽管他补充说,“近代也有许多殖民地是按照古代的计划成立的,其中最突出的就是北美洲”,[1]但这种仅限于北美洲的说法,仍然不符合实际情况,因而就引起萨伊著作的英译者的批评。这位译者在注里说:“这两种制度的区别,只是想象上的区别,而不是实际上的区别。大多数欧洲国家在西半球的最早殖民地,都是以绝对的移住为目的而开拓的。多明戈的法国人,巴巴多斯的英国人,几乎在一切地方的西班牙人,都是想在那里定居而没有回家的念头。”[2]这批评是正确的。

对于殖民地的经济关系,萨伊也有所论述。他认为那里利息较高,是由于殖民者是贫苦人,总是缺乏资本。但是尽管资本有限,每年的产品总是超过每年的消费量,因此人口和财富一起突飞猛进,资本积累随着增加,工资昂贵。由于殖民者很少打算长期留在自己开辟的地方生活,而希望发财后就重返故乡,这个动机驱使他们采用一种强迫的耕作制度,以黑奴为主要的工具。

萨伊主张母国不要独占殖民地贸易。他的理由是,殖民地也是“母国人民,所以母国和殖民地同是一个国家的主要部分”,因此,“母国和殖民地的一得一失恰恰相抵”。[3]这样,他就指出,母国独占殖民地贸易,“使它的商人能以多少高于时价的价格在殖民地出卖他们的货物。这等于牺牲殖民地以给与母国人民一定利益”;[4]而殖民地人民,“一方面得向母国购买货物,一方面又只能以本地产品卖给母国商人。所以,母国商人没有创造一点价值,而坐享额外利益。他们享受独占权利,不需要和人竞争。这种额外利益自然是以殖民地为牺牲的”。[5]在这里,萨伊认为,在资本主义初期曾存在过的那种国内殖民地,即纯粹是母国的分支,同母国不存在剥削和被剥削关系的移民垦殖地,到母国发生产业革命,因而需要殖民地供给廉价的农产品时,仍应保持原有的关系。这是

---

[1][2] 《政治经济学概论》,商务印书馆 1963 年版,第 223 页。
[3] 同上书,第 229—230 页。
[4] 同上书,第 229 页。
[5] 《政治经济学概论》,第 230 页。

办不到的。我们将会看到,李嘉图就不是这样。

那么,母国的消费者,是否能从商人独占殖民地贸易中占点便宜呢?萨伊的回答是否定的。原因是,殖民地产品一运到欧洲,国内商人就可把它再运出口,卖给他所选择的任何地方,特别是那些没有殖民地的国家。因此,独占殖民地贸易,对母国来说,得益的是商人,受害的是消费者。

萨伊以露骨的字眼,通过指责这种商人来指责实行这种政策的国家。他说:"哈佛尔或波尔多商人所得的这种利益,是实际利益,但却是剥夺同国的另一个人民或一个以上的人民。"[1]他进而认为,几乎18世纪的所有战争,以及欧洲国家所认为不得不花巨大费用在南北极设置许多民政、司法、海军和陆军机构,全是由于保护这种利益。在这里,他实际上是攻击拿破仑实行的对外贸易政策。

综上所述,他得出这样的结论:古代人由于他们所施行的殖民制度,到处结交了朋友,近代人想把人沦为隶属,到处树立仇敌;在经济上"解放"殖民地,绝不意味着我们和殖民地的贸易也将跟着寿终正寝;英国"丧失"北美殖民地,反得到很大好处。

法国经济比英国落后,它应该独占殖民地贸易。萨伊所以提出这种殖民地理论,是由于反对拿破仑执政和称帝时期的对外经济政策,这种政策损害对外产销葡萄酒的资本家和商人的利益,而萨伊是代表他们的利益的。

萨伊是销售论的创始人。他的这一理论建立在"生产会给产品创造需求"的命题上。根据销售论,他得到的自由贸易结论,也是反对拿破仑的经济政策的。但他的殖民地理论,并不以销售论为基础,而是对斯密殖民地理论的庸俗化。

[1]《政治经济学概论》,第230页。

第三章 同殖民地贸易如何有利于英国
——李嘉图的殖民地理论

一、概　　述

按照经济和历史条件来说，只要英国在航海、外贸、工业方面，都居于遥遥领先的地位，它就可以在经济上"解放"殖民地，对殖民地实行自由贸易，这样，它就可以省掉对殖民地的行政管理费用和军事占领费用，反而得到更大的利益。这就是亚当·斯密、边沁和迪斯累里等经济学家和政治学家，提出英国应"解放"殖民地的理论和政策的经济和历史条件。这些条件，一般说来，要到19世纪70年代才发生显著的变化，因为从这时起，法国、德国、比利时等都迅速发展起来，英国的"世界工厂"地位，受到严重的挑战。为了保护自己的利益，英国从这时起，就不仅不再主张"解放"殖民地，反而要将它的殖民地和英国在政治上联结起来，组成如像罗马帝国那样的大英帝国，并不断扩大这个帝国。19世纪80年代英国召开的殖民地会议，就是大英帝国的雏形。条件发生变化后，英国资产阶级理论家当然不主张解放殖民地，某些"社会主义"者反而论证，英国实现"社会主义"时，非有殖民地不可，不然的话，英国工人的生活水平，就要降低到东方人的水平。——这是我们以后要论述的。

但是，19世纪初，英帝国产生前，当英国经济地位仍然大大高于其他国家时，英国经济学家李嘉图就已提出了反映工业国根本利益的殖民地理论，认为英国从殖民地贸易中可以提高它的产业利润，有利于产业的发展。李嘉图的殖民地理论，无论从哪一方面看，都同斯密的相反。

斯密是产业革命前夕的经济学家，李嘉图是产业革命迅速发展期的经济学家，斯密时代英国殖民地的农产品，例如棉花，对英国来说还没有什么意义，但对产业革命期的英国就不同了。除了这些工业原料外，粮食对英国来说也非常重要。我们知道，为了废除阻止廉价粮食进口的谷物条例，李嘉图为之斗争多年。与此同时，李嘉图提出比较成本理论，得出工业器皿应在英国生产，粮食应在美国、波兰生产的结论。由此就可以看到，李嘉图完全理解殖民地对工业国的重要性。

但是，李嘉图不是从事实上说明，而是从理论上论证这一点的。李嘉图的基本原理就是，劳动决定价值，而价值分解为工资和利润，利润的变动只能由工资的相反变动引起，反之亦然。因此，就同斯密的看法相左。这涉及下面几个问题。

第一，对外贸易如果是等价的，就不会增加一个国家的价值和利润，但殖民地输出商品时如果有补贴，就不同，从殖民地输入比英国便宜的粮食，就能降低货币工资，提高利润；第二，同殖民地缔结通商条约，两方等价交换，也有利于英国；第三，同殖民地贸易这件事本身，不能从根本上提高英国的平均利润率；第四，即使平均利润率提高了，商品的价格也不会随着提高。这些问题在下面分别详述。

二、同殖民地贸易在何种条件下才有利于英国

李嘉图以逻辑严密、首尾一贯著称于世。他从其极力想坚持的劳动价值学说出发，就断然认为："对外贸易的扩张，虽然大大有助于一国商品总量的增长，从而使享受品总量增加，但却不会直接增加一国的价值总额"，[1]从而也不会增加利润。交换如果是等价的，结论似乎应当是这样。这就是说，英国同殖民

[1]《政治经济学及赋税原理》，商务印书馆1962年版，第108页。

地的交换，如果是等价的，英国也许能增加享受品总量，但不能增加价值和利润。

在这里，他显然忽视了，国内贸易和国外贸易是有所不同的。在自由竞争条件下，价值转化为生产价格，生产价格在绝大多数情况下同价值有偏离。这样，商品按相同的生产价格交换，从每一次交换行为看，价值事实上往往是不相等的，但在国内，得失必然相互抵销，因为在国内总生产价格必然等于总价值。但在国与国之间不是这样，由于两国的平等利润率不同，由它们分别调节的生产价格虽然相等，但其价值往往是不等的。这样，通过对外贸易，一国就可以增加(或减少)价值。其实，李嘉图是看到这一现象的，他说：可以用“100 个英国人劳动的产品去交换 80 个葡萄牙人、60 个俄国人或 120 个东印度人的劳动产品”，[1]就是这个意思。他把它解释为“支配一个国家中商品相对价值的法则不能支配两个或更多国家间相互交换的商品的相对价值”。[2]但由于他混淆了价值和生产价格，就无法说明为什么是这样。

这是一国能从对外贸易中取得更多价值的原因，另外还有一个原因，要到下面才谈。

由于坚持等价交换的原则，李嘉图就认为，在殖民地向母国输出商品而支付大量补贴的条件下，母国才能得到利益。他假定英国是法国的殖民地，再假定英国谷物售价为每夸特四镑，每出口一夸特补贴十先令，这样输出到法国的谷物价格每夸特便为三镑十先令(不计运费)，如果法国谷物原价每夸特为三镑十五先令，法国消费者便可得到每夸特五先令的好处，如果原价为四镑，则得到十先令的好处。这里的道理自明，无需解释。

在这个基础上，李嘉图就进一步论述，要输入何种廉价(不论是由于有出口补贴而低廉，还是由于价值原来就比英国的低而低廉)商品，才能提高一国的利润或利润率。在这里，他坚持他的劳动形成价值，而价值分解为工资和利润的原理，因此坚决认为：“工资不跌落，利润率就决不会提高；而工资除非用它来购

[1]《政治经济学及赋税原理》，第 114 页。
[2] 同上书，第 112 页。

买的各种必需品的价格跌落,否则决不会持久地跌落。”[1]这样,他就认为,如果由于对外贸易的扩张,以更低廉的价格取得的商品,完全是富人所消费的,那么利润率便不会发生什么变动。比如,葡萄酒、天鹅绒、丝绸等高贵商品的价格,即使降低百分之五十,工资率也不会受到影响,利润也会依然不变。在这条件下,由于商品价格低廉,资本家个人消费支出可减少,从而可以增加积累,但这不是利润或利润率的提高。但是,“如果我们不自己种植谷物,不自己制造劳动者所用的衣服,而发现一个新市场可以用更低廉的价格取得这些商品的供应,利润也会提高”。[2]这就从某方面说明,殖民地贸易有可能提高母国的利润或利润率。

李嘉图这些理论,如果我们将发达国家同落后国家在世界市场上竞争,由于有更高的劳动生产率,便可以实现一个更大的价值,即得到超额利润,因而可以提高一国的平均利润率这个问题暂时不谈,那么它们就要在下列条件下才是正确的:进口廉价谷物等工人生活必需品,既能提高利润,也能提高利润率;进口廉价工业原料,不能提高利润,却能提高利润率。李嘉图的错误在于:混淆了利润和利润率,以及看不到进口廉价原料对提高利润率的作用。这样,他就看不到殖民地提供廉价原料能提高宗主国的利润率。

问题本来是很清楚的,利润在这里还没有分解出地租来,因而就是剩余价值,它和垫支资本之比就是利润率。就是说,利润率 $=\dfrac{\text{剩余价值}}{\text{不变资本}+\text{可变资本}}$。工资低廉了,剩余价值即利润增加,利润率也提高,原料便宜了,不变资本减少了,利润虽不增加,利润率却提高。李嘉图其所以有此错误,混淆利润和利润率,是由于他接受斯密教条,认为不变资本即 c,最终会分解为可变资本和剩余价值,即最终分解为 v + m,这样一来,c 不存在,利润率就变成$\dfrac{\text{剩余价值}}{\text{可变资本}}$,其实这是剩余价值率。而在价值已定条件下,剩余价值率的变动只取决于剩余价值量

[1] 《政治经济学及赋税原理》,第 111 页。
[2] 同上书,第 112 页。

的变动,而后者只能由可变资本即工资的变动引起。他既然混淆了剩余价值率和利润率,就必然认为,凡是不通过工资的变动而使剩余价值即利润发生相反变动的,都不影响利润率。这就从论证利润和利润率变动的一致性,变为混淆利润和利润率。

三、同殖民地缔结商约,两方等价交换,也有利于英国

李嘉图反对斯密关于独占殖民地贸易,既不利于殖民地的产业,又不利于建立这种制度的国家的产业的论点,认为斯密对后者的论述,不如对前者的论述那样令人折服。他自己则认为,“母国是不是总是不能从限制殖民地的做法中得到利益,是值得讨论的问题。”[1]他的部分看法,已见上述。现在,他进一步根据斯密的理论,来反对斯密。

他说,斯密自己说过:两个国家的劳动分配方式不善所造成的损失,可能有利于其中的一国,而另一国所受的损害则将大于实际由分配不善所引起的损失;“这一点如果是正确的,那就马上可以证明大大有害于殖民地的措施未尝不可以片面地有利于母国”。[2]如果母国独占殖民地的贸易,母国就有更高的利润,这不利于殖民地产业,而有利于母国的产业,李嘉图认为是清楚的。至于斯密认为,这样一来,母国的平均利润率就提高,自然价格也随着提高(不利于母国产业同其他国家的竞争),对此,李嘉图是不同意的。这一点,留在下面再谈。

他逐步深入论述这个问题。假如对殖民地贸易的独占权,不是操在一个独占公司手里,这样,外国购买者须支付的商品价格便不会高于本国购买者,这两方须支付的价格便不会与出口国中商品的自然价格有很大差别。这同没有缔结商约时差不多。那么,商约对缔结双方有何利弊呢?

这对输入国不利。“当该国可以按低廉得多的自然价格从他国购买时,这条约使该国只能从例如英国这样的国家按照商品在英国的自然价格购买。这

[1] 《政治经济学及赋税原理》,第289页。
[2] 同上书,第290页。

就使总资本形成一种不利分配，其损害主要是落在受条约限制而不得不在最不利市场上进行购买的国家”。[1]但他认为，单就这点而言，并不就有利于卖者即英国，因为本国人的竞争，使其货物售价不能超过自然价格。

那么，缔结商约对英国又有什么好处呢？李嘉图认为，“好处在于，英国要不是独享供应这一特殊市场的特权，这些货物就不会在英国制造以供出口之用，因为自然价格较低的国家的竞争将夺去它出售这些商品的一切机会”。[2]当然，如果英国能够在其他有利市场上销售它制造的等量其他商品，这一点就无关重要了。例如，英国要购买五千镑法国的葡萄酒，如果能以销售毛呢来达到这个目的，英国就会这样做。但他认为，如果贸易是自由的，其他国家的竞争就会使英国毛呢的自然价格不会低廉到这种水平，其出售量足以获得五千镑，而又获得普通利润。这样，英国的劳动就要改为生产其他商品。但他又认为，“在现存货币价值下，英国也许没有任何产品能按外国的自然价格出售”。[3]换句话说，英国货币价值低，商品价格高，它就只好输出五千镑向法国买葡萄酒。英国输出货币后，“货币价值在英国便会上升，在其他国家则会跌落。随之英国所生产的一切商品的自然价格都也会跌落。货币价值提高和商品价格跌落是同一回事”。[4]这时，英国由于商品自然价格跌落，竞争能力增强，便可输出商品取回那五千镑。但由于自然价格降低，要取回五千镑，便要输出更多的商品。而取回的五千镑，再也不能买回原来那么多的葡萄酒了，因为法国由于输入五千镑，货币价值跌落，商品的自然价格提高，情况同英国相反。因此，在这种条件下，“法国的利益在于可以一定量的法国货物换得更多的英国货物，而英国所受的损失则是以一定量本国货物换得的法国货物减少了”。[5]

很明显，英国这些损失，是由于不同殖民地缔结商约，不能在那里出售自然价格较高的商品所致。这就说明缔结这种商约虽不利于殖民地，却有利于英国。因此，他的结论是：“对殖民地的贸易可以调节得使之比完全自由的贸易更

[1] 《政治经济学及赋税原理》，第291—292页。
[2][3][4] 同上书，第292页。
[5] 同上书，第293页。

有利于母国而不利于殖民地”。[1]

从李嘉图冗长的论述中可以看出，他感觉到从某一静止状态看，英国的物价相对较高，因而有“英国也许没有任何产品能按外国的自然价格出售”之说，其原因在于货币价值低，而货币价值之所以低，则是由于货币数量多，因此输出五千镑到法国后，英国物价就降低，而法国由于货币数量增加，物价就上升。因此，他认为商品自然价格(不是自然价值)的调节，是“通过贵金属的分配来实现的”。[2]我们知道，亚当·斯密认为英国独占殖民地贸易，使英国平均利润率提高，这使英国商品的自然价格提高，李嘉图不同意此种看法，这留在下面再谈，但李嘉图这里的解释，我是不同意的，因为这是错误的货币数量说，也就是，贵金属货币数量和物价成正比，和货币价值成反比，因而是违反劳动价值学说的。

李嘉图本来认为，货币和商品一样，其价值都由生产它们所耗费的劳动决定。但是，他由于把资本主义生产看成是生产的自然形态，因而就看不到资本主义商品生产的基本矛盾是私人劳动要转化为社会劳动的矛盾，看不到因这个矛盾而使商品交换发生困难。由于要解决商品生产的基本矛盾，就从商品中分离出一种货币来，它的特点是，生产它的私人劳动，无需经过交换就直接是社会劳动，是价值。因此，虽然劳动创造价值，但劳动不能成为社会的价值尺度，而只有货币才是这样的价值尺度，货币并且能作为价值(社会劳动)贮藏起来。所有这些，他都不了解。他只认为劳动是价值尺度，这是任何商品都可充当的，其所以是黄金，只由于它可分可合，便于携带，这等于把货币看成一般的商品。这样，如果货币过多，就像商品过多一样，其价格降到价值以下，反之亦然。这就是李嘉图之所以认为改变贵金属的分配，可以调节商品自然价格的原因。其实，货币和商品不同，它作为贮藏手段，可以调节它的流通量，过多时从流通手段变为贮藏手段，过少时从贮藏手段变为流通手段。李嘉图所说的情况是不存在的。

---

[1][2]《政治经济学及赋税原理》，第293页。

四、英国从对外贸易中，不可能提高其平均利润率

前面说过，李嘉图认为，从殖民地输入有补贴的，从而价格低于价值的商品，对英国有利；从国外输入廉价的工人生活必需品，能降低货币工资，提高英国的平均利润率；除此以外，任何外贸，包括同殖民地进行的对外贸易，都不能提高英国的平均利润率。这同斯密的论述完全对立。

斯密认为，独占殖民地贸易，能提高英国的平均利润率。对此，李嘉图明确地提出反对意见，他说：这位权威学者的说法，“有一点与鄙见相同，即不同行业中的利润有彼此一致，进退与共的趋势。彼此的分歧点在于：他们认为利润的均等是由利润的普遍上升造成的，而我则认为受特惠的行业的利润很快就会下降到一般水平。”[1]

斯密是这样论述的：独占殖民地贸易，就减少他国的竞争，在这一领域中的利润率就提高；独占殖民地贸易所需资本，要从其他领域调来，减少其他领域的竞争，利润率也提高，殖民地贸易和其他领域的贸易、产业之间存在着竞争，形成一个更高的利润率，总之，斯密是用竞争来说明的。

反驳斯密时，李嘉图坚持这个原理：“在所有情况下，对外国商品和本国商品的需求总加起来就价值来说要受一国的收入和资本的限制。一个增加，另一个就不得不减少”。[2]从这里出发，他提出这样的问题：英国独占殖民地贸易时，国内商品的需求会发生什么变化呢？回答自然是：这要取决于用来购买外国包括殖民地商品的那份英国土地和劳动的产品，发生何种变化。这不外有三种可能：不变、增加和减少。如果不变，对国内商品的需求也就不变，它们的资本、价格和利润都不变；如果增加，对国内商品的需求就减少，从这领域中抽出来的资本，刚好用来生产更多的商品，用以交换较贵的外国商品，这样也不会提高价格和利润；如果减少，对国内商品的需求就增加，多出来的资本，刚好用来

[1] 《政治经济学及赋税原理》，第109页。
[2] 同上书，第110页。

生产这些商品，就是说，需求增加时，同时也存在着增加供给的手段，因此价格和利润不可能持久地上涨。[1]总起来说就是：不论发生哪种情况，对外贸易包括独占殖民地贸易，不可能使一国的平均利润率上升。在这里，我们清楚地看到李嘉图的方法：一个国家的收入和资本合起来，就是该国拥有的总价值。这个总价值已定，就决定了它的总需求，这个总需求由外国商品和本国商品构成，这两者合起来是一个常数，一个增加，另一个就减少，反之亦然。这样，只要在价值中，工资占有的份额不变，利润就当然不能提高。这就是李嘉图一直坚持的原理。

斯密用竞争减少去说明平均利润率的提高是错误的，因为这是他放弃生产商品投下的劳动决定价值的正确原理后，主张交换商品支配的劳动（这劳动包括工资、利润、地租）决定价值的错误原理的产物，这时他认为竞争能使利润率趋向于平均，但其高度显然是无法说明的。至于他进一步以竞争减少为理由，说明平均利润率可以提高，这是以资本总的说来没有增加为前提，而资本是要增加的，资本一增加，平均利润率就要降下来。李嘉图的说法，只有在一国商品在世界市场上，不能比在国内市场上实现更多的价值为前提，才是正确的。但一个先进国家，由于有更高的劳动生产率，其商品在世界市场上，是能实现更多的价值，即实现更多的利润的。这更多的利润，在自由竞争条件下，便转化为较高的平均利润。有利的对外贸易，是能提高一国的平均利润的，斯密肯定这一点是对的，但他的解释是不对的；李嘉图否定这一点是错误的，但他的解释，从想坚持劳动价值学说这一点来看，则是对的，他的不足，则在于运用劳动价值学说来说明外贸问题时，没有看到先进国的商品，在世界市场上能实现更多的价值。

五、英国的平均利润率即使提高了，其商品的自然价格也不会随之提高

斯密用来支持其英国应该“解放”殖民地论点的重要论据，就是英国独占殖

[1]《政治经济学及赋税原理》，第109—110页。

民地贸易,提高了英国的平均利润率,从而也提高了英国商品的自然价格,不利于英国同其他国家的竞争。李嘉图除了在前面说明平均利润率不可能提高外,现在进而指出,即使平均利润率提高了,商品的自然价格也不会提高。

李嘉图在这里将其原理贯彻到底。这个原理就是:劳动形成的价值分解为工资和利润,因此,利润增加,只能使工资减少,而不能使价值或价格提高,也就是说,“价格既不由工资、也不由利润决定”。[1]他运用这个原理,说明它同斯密过去的主张相同,而同斯密现在的主张相反,从而指出斯密是自相矛盾的。他说:“斯密曾说:‘商品的价格,或者说金银与各种商品相比较的价值,决定于把一定量金银运上市场所必需的劳动量与把一定量任何其他商品运上市场所必需的劳动量之间的比例。’他说这句话时,岂不是同意我在上面所说的意见吗?这种劳动量不论利润高低或工资高低都不会受到影响。那么价格又怎样会由于利润高而腾贵呢?”[2]李嘉图这些话,从逻辑看,确实无懈可击,从语言看,确实淋漓尽致,但是,并没有解决问题。

我们知道,斯密和李嘉图都是混淆了价值和自然价格的。当斯密说,价值由具有自然率或平均率的工资、利润、地租构成时,这个价值其实是自然价格,就其中包含着平均利润来说,就是马克思后来所说的生产价格。个别生产价格一般是不等于价值的,但总生产价格是等于总价值的。李嘉图所说的自然价格,有时指的是由劳动形成的价值,有时指的是包含着平均利润的价格,即生产价格。至于前面提到的,他有时又把因贵金属分配变化引起的价格变动,也称为同自然价值相区别的自然价格,这个问题以后再谈。

因此,在这个问题上,李嘉图同斯密发生分歧的原因就很清楚了:斯密说的平均利润率提高,使总自然价格提高,在李嘉图看来,就等于说总价值因而提高了。他当然认为是不可能的,因为总价值不因工资变动或利润的相反变动而变动,只因劳动量的变动而变动。

应该指出,先进资本主义国家的整个价格水平,是会因有利的对外贸易而

[1][2]《政治经济学及赋税原理》,第296页。

提高的。这个现象，斯密看到了，并加以解释，但他的解释是不正确的；李嘉图有时也朦胧地看到了，但由于这不符合他坚持的基本原理，便否认它，正如他由于混淆价值和生产价格，便否定绝对地租一样，是错误的。

斯密的错误在于：不仅平均利润率不能由资本的竞争减少而提高（这一点前面已说过），即使按照工资降低，平均利润率就能提高的原理，也不能说明自然价格（即生产价格）整个水平能提高，因为总自然价格等于总价值，而总价值不因工资变动，或利润的相反变动而变动。李嘉图就从这一点反对斯密。至于不同部门产品的生产价格，这时则有的提高，有的降低，有的不变，[1]但提高部分和降低部分，必然相等，因为总生产价格等于总价值。

产生这种情况的真正原因应该是：先进国的商品在世界市场上能实现更多的价值，因此它实现的总价值增大，总生产价格也增大，这种商品在全体商品中占的比重越大，总价值或总生产价格就越增大。这个道理，同有利的对外贸易，在不降低工人的货币工资的条件下，就能直接提高平均利润率的道理，是相同的；或者说，在这种条件下，平均利润率的提高和价值（生产价格）增大，是同一回事。

李嘉图认为，对外贸易是会影响一国物价水平的。他说：通过外贸，“在生产方法有所改良的国家中，物价会提高，而在没有发生变化，但有一种有利的对外贸易被剥夺的国家中，物价倒会下落。”[2]其原因，不是斯密所说的在商品方面，而在货币价值方面，即货币价值变化使商品价格发生相反的变化。他称这种不受供求关系影响的、只表现在货币上的商品价格为自然价格，以区别于受供求关系影响的市场价格。他说，出口多的国家，“商品的自然价格将提高。因而消费者虽然仍能以相等的货币进行购买，但所购得的商品量却会减少”，[3]就是这个意思。

他认为，其所以如此，是由于某国例如英国，制造业发达，商品出口增加，货

---

[1]《资本论》第3卷，第226—227页。
[2]《政治经济学及赋税原理》，第118页。
[3] 同上书，第295—296页。

币进口增加,这样,"货币价值就会比任何其他国家更低,而谷物和劳动的价格相对说来则会更高"[1]。他指出,由谷物价值上涨而引起的谷物价格腾贵,和由货币价值低落而引起的谷物价格腾贵,效果不同。这两者都使工资的货币价格上涨,但是,"如果原因是货币价值跌落,那就不仅是工资和谷物会上涨,而且其他一切商品都腾贵"。[2]如果是经济落后国,商品进口增加,货币出口增加,货币价值就升高,商品自然价格就下降。这就是前面提到的错误的货币数量说。

下面我将进一步说明,货币的相对价值在资本主义生产方式较发达的国家里低些,在资本主义生产方式不发达的国家里高些,从而在前一种国家里价格高些,在后一种国家里价格低些的真正原因是什么。

六、穆勒的殖民地理论是对李嘉图的庸俗化

詹姆斯·穆勒是李嘉图的朋友、信徒,也是李嘉图整个理论体系的庸俗化者。对于李嘉图的殖民地理论,他对其中的从劳动价值学说出发去说明问题的部分,不加以研究、分析和发展,而将其中的描绘现象的、最容易为在竞争中过生活的生意人所接受的部分接受下来,再用自己的语言表达出来。

穆勒指出,母国对殖民地进行贸易的独占公司有两种。第一种是,对殖民地的贸易具有排他性。在这一前提条件下,他认为独占殖民地贸易会给母国带来一种特殊的利益。因为这样一来,母国将其产品卖给殖民地时,她尽可能贵卖,殖民地也要买;母国购买殖民地产品时,她尽可能贱买,殖民地也要卖。换句话说,在这一条件下,殖民地不得不付给母国一定数量的劳动产品,较之母国某一数量的产品,同其他国家交换时得到的产品,或同自由状态下的殖民地交换时得到的产品,要多得多。第二种是,对母国商人是自由开放的,对其他国家则是独占排他的。这样,母国商人的竞争就会降低卖给殖民地的产品的价格,

[1] 《政治经济学及赋税原理》,第123页。
[2] 同上书,第122页。

这种价格可以降低到母国生产这种产品所需耗费的程度。因此，在自由竞争条件下，从这一部分卖给殖民地产品的贸易中，并没有得到特殊的利益，因为得到的利润，较之没有这种贸易而将资本投到其他地方所得到的利润，不会更多。

在这种条件下，穆勒认为，母国从独占殖民地贸易中，只能以这样的方法，得到特殊利益，这就是，殖民地卖给母国的产品要低廉。很明显，如果殖民地卖给母国的产品，是如此之多，以致在母国发生过剩，也就是说殖民地卖给母国的，较之卖给其他国家的，其供给超过了需要，这样就使该产品在母国的价格，低于在其他国家，那么，母国得到的特殊利益，就在于强制殖民地将其产品卖给母国的具有排他性的市场。如果母国从中得到利益，那么这种利益就是从殖民地的损失中得来的。[1]

这不外是李嘉图某些论点的简单化的再版。李嘉图认为，殖民地用补贴的办法输出产品给母国，母国就可得到利益；殖民地输出廉价粮食给母国，母国就可提高利润。穆勒将它复述一次，但将其中的理论抽掉。

我们知道，穆勒是供需均等论和买卖同一论的倡导者，但他的殖民地理论没有建立在这一基础上。从这点看，他的殖民地理论，是游离在他的基本原理之外的。前面我们已看到，法国经济学家萨伊也是这样。

［1］ 以上参见詹姆斯·穆勒：《政治经济学原理》，伦敦1821年版，第168、170、171页。

第四章　如何使移民殖民地成为宗主国的投资地

——威克菲尔德的殖民地理论

一、概　　述

斯密的"解放"殖民地理论，李嘉图的宗主国在从殖民地输入廉价粮食和有补贴的商品中得益的理论，以及他们环绕着同殖民地进行贸易能否提高宗主国物价水平问题发生的争论，都是为了资产阶级的利益，但着眼点不同，情况已见上述。然而，他们的理论有一着眼点是相同的，就是侧重谈宗主国和殖民地之间的贸易问题，不大谈宗主国对殖民地的投资问题。即使谈，由于宗主国那时还不存在资本过剩问题，对殖民地投资，还不构成它的重要经济问题，因此对殖民地投资在他们的理论体系中，不占重要地位。这个问题，要在英国大体上完成产业革命，资本主义特有的生产有无限增长的趋势和消费相对落后之间的矛盾开始尖锐，普遍的生产过剩的经济危机周期发生后，才日益严重。这就是李嘉图以后的经济学家，开始从资本主义生产的发展会不会导致利润消灭，资本主义生产能不能以自身为条件而存在的角度，去论证殖民地的历史条件。

1815 年，即拿破仑战争结束后第一年，英国发生经济危机，但范围较小，没有涉及各个生产部门；从 1825 年开始，英国就周期性地发生普遍的生产过剩的经济危机，1837 年那次经济危机后，资本过剩、利润率下降和市场狭小，成为英国严重的社会经济问题。在这种条件下，资本主义宗主国之需要殖民地，就不像从前那样是由于进行贸易，而是要将殖民地变为投资地。

试图在理论上和方案上解决这个问题的，是英国经济学家爱德华·吉本·威克菲尔德(1796—1862)。威克菲尔德从事理论活动的时期，是19世纪20年代到40年代末。我们知道，由于1819年的经济危机，英法两国经济学家一起，以李嘉图、萨伊(法)、穆勒为一方，同西斯蒙第(法)、马尔萨斯为另一方，就普遍的生产过剩的经济危机问题，资本主义生产以自身为条件能否实现问题，展开争论。李嘉图一方，认为资本主义生产完全能以自身为条件，否认普遍危机的可能性；西斯蒙第一方，则认为资本主义生产不能以自身为条件，如果不存在资本家和工人以外的"第三者"，普遍危机是无法避免的。很明显，威克菲尔德如果不批判李嘉图一方的理论，他在理论上就无法提出使殖民地成为投资地的理论。

实际需要促使理论产生，而理论产生又有其思想渊源。威克菲尔德努力挖掘斯密的思想，从中找出他的理论的根据，然后加以发展，提出他的理论。

从理论上说明宗主国一定要有成为投资地的殖民地是一回事，殖民地能否现成地成为投资地是另一回事。根据当时实际情况，英国的殖民地，主要是美国[1]和澳大利亚这些移民殖民地，由于土地是"自由"的，从宗主国移到那里的工人，很快地获得土地，成为个体生产者，这个严酷的事实，使流到那里的生产资料不能变成资本。这在理论上和实践上，都要威克菲尔德去解决问题。

理论上的问题是：宗主国为什么同移民殖民地相反，不是从工人中产生个体生产者，而是从个体生产者中产生工人，换句话说，最初的资本和工人是怎样产生的；实践上的问题是：要提出一个方案，使移民殖民地的工人获得土地困难些，付的费用要多些，以便一方面使工人积攒这费用，要经过一段较长的时间，在此时间内，他仍为工人，另一方面这费用可以足够从宗主国再输入工人，替换那些已成为个体生产者的工人。如能如此，殖民地就成为投资地了。

上述这些理论和实践问题，就构成威克菲尔德的殖民地理论。

威克菲尔德的主要著作有：《来自悉尼的信》(1829年)、《英国和美国》(1834年)、《殖民地化的艺术》(1849年)；此外，他曾编辑出版斯密的《国民财富的性质

[1] 美国于1776年独立，美国在政治上独立后，为什么仍然是殖民地，这个问题在下面论述马克思的殖民地理论时，将得到解答。

和原因的研究》的新版本(1840 年),在编者序中,他挖掘斯密的思想,借以建立他的殖民地理论。马克思《资本论》第 1 卷第 25 章《现代殖民理论》,就是批判威克菲尔德的;从中也可以看到威克菲尔德的殖民地理论。

二、反对李嘉图等人的否定资本过剩的理论

否定资本过剩的理论,最早提出的人是萨伊,它的集中表现是这句话:产品会开拓自己的市场,这就是销售论,被称为萨伊定律;其后穆勒提出的供需均等或供需同一论,李嘉图提出的生产等于消费论,实质上和萨伊定律相同。根据这种理论,普遍的生产过剩的经济危机当然是不可能的;只有由于资本分配在各生产部门不符合比例的要求而引起的局部的经济危机是可能的,这种危机意味着资本在某些部门投得过多,只是由于资本在其他部门投得过少,这时就会通过价格、利润率的变动,使资本重新分配,使局部危机得以解决。总之,在他们看来,资本过剩是不可能的。因此,他们不可能从资本过剩的角度去论证殖民地的必要。

对于 1815 年的经济危机,李嘉图是用拿破仑战争结束后,大陆封锁解除引起的"工商业途径的突然变化"来解释,也就是用各生产部门比例失调来解释。这只能说明局部危机的发生,这次危机确实也是局部危机。到 1825 年英国开始周期性地发生普遍危机时,李嘉图已辞世两年了。

李嘉图等人否定普遍危机、资本过剩,除历史条件限制外,最重要的理论错误在于:将商品交换看成是物物交换,将货币只看成是有利于商品流通的手段,没有看到货币有可能引起买和卖相脱节,而买卖脱节就是经济危机的构成因素;信奉由斯密留下来的信条或教条,认为 c 最终会分解为 v + m,因此价值只分解为收入,不分解为资本。这样就只看到个人消费,而忽视生产消费。于是,固定资本购买一次,却可在多次生产过程中使用,即企业在一次生产过程中供需是经常不等的;从全社会看,要供需均等,就要每种固定资本的折旧部分,和它的重置部分相等,这在生产无政府状态下是很难做到的。对这些特点他们都看不到。这些问题说清楚了,他们的立论就不能存在;也就可以说明,随着大机

器工业的产生，资本主义生产发展迅速和消费相对落后之间的矛盾，使普遍危机、资本过剩成为必然的。

西斯蒙第等人虽然认为，普遍危机、资本过剩是可能的，只是由于“第三者”的存在才能避免，但他们的理论也是建立在斯密教条上。西斯蒙第认为，生产只由收入购买，资本主义是扩大生产，因此去年的收入不足以全部购买今年的产品，只是由于有个体生产者的存在，他们的购买是解决矛盾的关键，但他们必然破产，因此矛盾无法根本解决。他当然不能以此来论述殖民地对宗主国的必要性。马尔萨斯认为，利润是贵卖的产物，是从流通中产生的，但资本家间相互贵卖，得不到利润，贵卖给工人，如贵卖$\frac{1}{10}$，工人以其工资只能买回原来的$\frac{10}{11}$，余下$\frac{1}{11}$是利润，但它在物质形态上，在价值形态上不能实现，只有贵卖给地主、贵族、僧侣等“第三者”，由于他们的收入是用特权取得的，利润才有可能实现。其实，他们的收入说到底只能从资本家的利润那里分来的，这当然不是资本家实现利润的方法。撇开这种错误不谈，从这里当然也不能论证殖民地对宗主国的必要性，因为移民殖民地没有这样的“第三者”。

威克菲尔德当然不能这样批判李嘉图等人的错误，因为这是后来马克思作出的批判。那么，他是怎样“批判”李嘉图等人否定资本过剩的理论呢？

他将李嘉图派描绘为“供奉了一个新的神的教派，这个神被称为资本，他们对其顶礼膜拜”，[1]而称他自己为“政治经济学中的异端，对由那些设想政治经济学这门科学已被李嘉图完成的人，在一片黑暗中遗留下来的许多观点，投下光明。”[2]但是，仅仅这样贬低李嘉图派，抬高自己，显然不能解决问题。

于是，他具体驳斥萨伊定律。因为这一定律是李嘉图派否认资本过剩的理论基础。穆勒运用这一定律时认为：除了资本再也没有别的东西能够雇佣工人，而所有资本都是雇佣工人的。根据后者，当然就没有资本过剩。对这一点，威克菲尔德加以批评，他说：“情况不是这样，因为工人是由资本雇佣的，而资本

[1]《英国和美国》，英文版，第1卷，第114页。
[2]《国民财富的性质和原因的研究》，威克菲尔德编辑，1840年伦敦英文版，4卷本，第1卷，编者序言，第13页。

总要寻找一个从中能够雇佣工人的投资领域。……亚当·斯密指出,雇佣工人除了资本的限制之外,还有其他的限制,这就是生产领域,以及从中可以处理更多产品的市场。”[1]这清楚地表明,在他看来,资本积累超过了某一点,进一步的积累不仅降低利润,而且使资本成为过剩的而闲置在那里;这就证明,产品和资本并不像萨伊定律所说的那样,能自动开拓市场和投资领域。

李嘉图运用萨伊定律,反对将资本移到国外使用;他认为:那种以为将资本到国外使用将有利于该国的看法,是不能接受的。资本的减少会立即使一个发展的国家,变成停滞的或倒退的国家;一个国家只有在它积累资本时才能兴旺;大不列颠和资本积累已达到无利可图之点的距离,还十分遥远。正如下面将指出的,李嘉图这一建立在错误理论上的命题,说到底会得出资本过剩和夺取新殖民地的结论。尽管这样,但威克菲尔德还是不同意,因为他要从原理上摧毁李嘉图派否定资本过剩的理论基础。他反驳道:“地域,资本,人口会增加,但是如果地域的扩大不快于资本的增加,利润就必然发生变化;要使工资不发生变化,只有在相同的时间内,使地域的扩大和资本的增加,快于人口的增加。在某种状态中的社会,虽然资本家和工人两者的数量增加,虽然新的交通工具在发明,虽然新的城镇在兴起,虽然国民财富和人口的增加十分显著,但是利润率可能一直是低的,工资(增长)率仅足维持增加的工人,大多数资本家处于艰难的状态,而全体工人的状况是悲惨的,下降的。”[2]这就是资本过剩。威克菲尔德认为,英国正在经受着由资本过剩造成的苦难,所有行业都有过剩的资本,这不是李嘉图派所说的通过价格和利润率的变动,资本就能在各行业间重新分配所能解决的。

三、挖掘斯密的思想,用以建立其殖民地理论

前面提到,李嘉图的理论事实上包含着随着资本积累的进行,利润会逐渐减少,资本会过剩,而夺取新殖民地会使问题得到解决的结论。这是怎么回事

---

[1] 《英国和美国》,第1卷,第103页。
[2] 同上书,第129页。

呢？根据李嘉图的原理，生产商品投下的劳动决定的价值，要分解为工资和利润两部分，前者增大，后者减小，反之亦然；工资取决于工人的消费资料，其中绝大多数直接或间接是农产品，农产品的价值取决于最劣等的生产条件；而随着资本积累的进行，工人增加，需要的农产品如粮食也增加，耕地就从优良地到劣等地，在同一土地上增加投资，过了一定限度，生产率就降低；这样，粮食价格就上涨，货币工资就增大，利润就减小。这是李嘉图对资本主义利润率下降趋势原因的解释。[1]据此，他就认为如果随着资本积累的进行，能增加新的肥沃的优良地，利润率就不会下降。很显然，新殖民地就有这样的肥沃土地。但这样一来，就发生宗主国如英国的优良地是否确已耕种完毕这种纯属事实问题之争，也不能从否定萨伊定律而从理论上说明资本过剩，因此，威克菲尔德不利用李嘉图这一论点去论证殖民地的必要。

他极力挖掘斯密的思想而加以利用。他在由其编辑的斯密的《国民财富的性质和原因的研究》的编者序言中，宣称他出版该书的新版本的目的是："为被现代作家非难的斯密的某些原理辩护"[2]，特别是要运用斯密对于资本积累、利润下降、新的市场之间的关系的解释。斯密对这问题的解释，主要有两段：

第一，"资本的增加，提高了工资，因而倾向于减低利润。在同一行业中，如有许多富商投下了资本，他们的相互竞争，自然倾向于减低这一行业的利润；同一社会各行业的资本，如果全部都同样增加了，那末同样的竞争必对所有行业产生同样的结果。"[3]我们知道，资本积累，意味着资本增加，在斯密看来，它从两方面降低利润。一是提高了工资，原因是对劳动力的需求增加。如果确是这样，这只能是暂时现象，因为劳动力终于会增加的。二是同行业竞争使卖价降低，而为了多得货源买价提高，这也使利润降低。如果确是这样，也只能是暂时现象，本来生产发展就使卖价降低，而卖价降低的反面，就是买价降低，斯密强

[1] 从这点看，利润量是减小的，但利润率不一定下降。因为利润在这里就是 m，而利润率是$\frac{m}{c+v}$，c 的价值如下降到一定程度，利润减小并不一定意味着利润率下降。李嘉图不了解这一点。但这同我们现在论述的问题无关。

[2] 《国民财富的性质和原因的研究》，编者序言，第 14 页。

[3] 《国民财富的性质和原因的研究》，上卷，商务印书馆 1983 年版，第 80—81 页。

调为了多得货源而使买价提高，这随着生产发展、供给增加，问题就不再存在。总之，斯密对资本积累使利润有下降趋势的解释，同李嘉图用农业生产力下降来解释一样，都是不正确的。

第二，“新领土的获得或新行业的开展，即使在财富正在迅速增加的国家，也会提高资本利润……”[1]根据上述可知，这是用资本间的竞争削弱来解释，同样也是暂时现象。至于由此可以引出夺取殖民地就能提高一国利润的结论，斯密对这种事实的理论解释是错误的，这在前面已谈过。

根据上述，斯密得出这个结论：“一国的资本，如与国内各种必须经营的行业所需要的资本相比，已达到饱和程度，那末各行业所使用的资本，就达到各行业的性质和范围所允许使用的程度。这样，各地方的竞争力就大到无可再大，而普通利润便小到无可再小。”[2]同样道理，这也只能是暂时现象。前面提到，威克菲尔德认为，在斯密看来，雇用工人，除了受到资本的限制之外，还受到生产领域和市场容量的限制，就是指此而言的。

威克菲尔德根据斯密这些思想，同李嘉图派相对立，提出他的肯定资本过剩的理论。他认为：生产不仅受资本和劳动数量的限制，而且也受“投资领域”广度的限制；对资本来说，投资领域有两方面：一国拥有的土地和销售该国制造品的外国市场；在既定的土地中，只有一定量的资本能够有利可图地进行投资，接近这一定量，利润就下降，超过这一定量，利润就消灭；这时，只有扩大投资领域，利润才能恢复原状；对此，有两种办法：或者获取肥沃的土地，或者在国外开拓新市场，这就可以用国内资本的生产物，换取那里的粮食和原料。

资本主义社会，在一定条件下，存在着资本过剩，在普遍危机时尤甚，这是事实，李嘉图派在理论上否定它，固然不对，但威克菲尔德对它加以肯定所作的理论解释却是错误的。在我看来，在斯密的思想中投资受土地面积所限制的思想还是很不明显，[3]威克菲尔德却将其大大地加以发挥。这种说法所以错误，

[1] 《国民财富的性质和原因的研究》，上卷，商务印书馆 1983 年版，第 85 页。

[2] 同上书，第 87 页。

[3] 斯密说：“一国所获财富，如已达到它的土壤、气候和相对他国而言的位置所允许获得的限度，因而没有再进步的可能，但尚未退步，那末，在这种状态下，它的劳动工资及资本利润也许都非常的低。”（同上书，第 87 页。）

是因为他将市场仅看成是一个由地理限制的广度问题，而不将它同时看成是一个深度问题，在市场广度为既定的条件下，在生产增长的过程中，资本有机构成提高了，市场的深度就能加大，市场的容量就扩大。这一点，威克菲尔德是不了解的。

他就以这错误的理论为基础，提出其殖民地理论。

四、移民殖民地最初的经济关系不利于投资

威克菲尔德在资本主义宗主国并不了解资本不是一种物，而是一种以物为媒介的人与人之间的社会关系，在新殖民地才了解这一点。在考察殖民地时，他感慨地说：皮尔先生把其值 5 万镑的消费资料和生产资料从英国带到澳大利亚的斯旺河去；皮尔先生很有远见，他除此以外还带去了 3 000 名男工、女工和童工；可是，一到达目的地，“皮尔先生竟连一个替他铺床或到河边打水的仆人也没有了”。[1]原因正如下面将指出的，这些移民殖民地最初非常容易获得土地，移入的工人很快就成为独立生产者。对威克菲尔德笔下的这个移民资本家，马克思戏谑地说：“不幸的皮尔先生，他什么都预见到了，就是忘了把英国的生产关系输出到斯旺河去！”[2]

本来，根据这一事实，威克菲尔德应该从理论上认识到，消费资料和生产资料，作为个体生产者的财产，就不是资本。但是，正如马克思所指出的：“在政治经济学家的头脑中，它们（即消费资料和生产资料——引者）的这个资本主义灵魂和它们的物质实体非常紧密地结合在一起，以致在任何情况下，甚至当它们正好是资本的对立面的时候，他也把它们称为资本。威克菲尔德就是这样。”[3]

正因为这样，他就针对移民殖民地的情况说了这一段话：“如果把资本以相等的份额分给社会的所有成员，那就没有人想要积累多于他能亲手使用的资本

[1]《英国和美国》，第 2 卷，第 33 页。
[2][3]《马克思恩格斯全集》，第 23 卷，第 835 页。

了。美洲新殖民地的情况,在某种程度上就是这样。在那里,对土地所有权的热望妨碍了雇佣工人阶级的存在。”[1]在威克菲尔德看来,新殖民地这种弊病的后果是什么呢?那就是使生产者和国民财产分散的“野蛮制度”,妨碍资本集中,使殖民地不能适应宗主国的需要,成为过剩资本的投资地。

工人在新殖民地,容易获得土地,成为独立的个体生产者,正如威克菲尔德指出的,会导致两种结果。第一,市场狭小。他指出:“在美洲,除了奴隶和他们的主人,即那些把资本和劳动结合起来经营大企业的人,没有一部分专门从事农业的人口。自由的美洲人自己耕种土地,同时还从事其他许多职业。他们使用的一部分家具和工具,通常是他们自己制造的。他们往往自己建造房屋,并把自己的工业制品送到遥远的市场。他们是纺纱者和织布者,他们制造自己消费的肥皂、蜡烛、鞋和衣服。在美洲,种地往往是铁匠、磨面匠或小商人的副业。”[2]这样一来,资本主义的市场就小了。第二,工人短缺。他指出:“在美国北部各州,是否有十分之一的人口属于雇佣工人的范畴,是值得怀疑的……在英国……大部分人民群众是雇佣工人。”[3]这样一来,必然要用较高的工资,才能雇到工人。

由于这个原因,威克菲尔德指出:在新殖民地,“虽然在工人和资本家之间分配的产品很多,但工人取得的份额非常大,以致他很快就成了资本家……即使寿命很长的人,也只有少数人能够积累大量的财富。”[4]这就是说,雇佣工人很快就不受雇佣,很快就变成独立的个体农民,甚至有少数成为资本家,在“雇佣劳动市场上变成自己原来主人的竞争者”。[5]威克菲尔德还用资本家的话,叹惜地说:在新殖民地,“我们的资本打算从事许多需要很长时期才能完成的工作,可是我们能用我们明知很快就会离开我们的工人来开始这些工作吗?”[6]

---

[1] 《英国和美国》,第1卷,第17页。
[2] 同上书,第21—22页。
[3] 同上书,第42、43、44页。
[4] 同上书,第131页。
[5] 《英国和美国》,第2卷,第5页。
[6] 同上书,第191页。

对于这些叹惜，马克思评论道：“这是多么可怕的事情！精明能干的资本家竟用自己宝贵的金钱从欧洲输入了自己的竞争者！一切都完蛋了！无怪乎威克菲尔德埋怨殖民地的雇佣工人缺乏从属关系和从属感情……在旧文明国家，工人虽然自由，但按照自由规律，他是从属于资本家的；在殖民地，这种从属关系必须用人为的手段建立起来。”[1]

那么，在旧文明国家，工人对资本的从属关系最初是怎样建立起来的呢？换言之，在欧洲独立的个体生产者的劳动条件是怎样丧失的呢？威克菲尔德认为，是由于一种原始的社会契约起的作用。他说：人类“采用了一种促进资本积累的简单方法……把自己分为资本所有者和劳动所有者……这种分法是自愿协商和结合的结果。”[2]

资产阶级经济学家在宗主国，可以用花言巧语把工人对资本的绝对从属关系，描绘成买者和卖者之间的自由契约关系，描绘成同样独立的商品所有者，即资本商品所有者和劳动商品所有者之间的自由契约关系。这个美丽的幻想，理应在殖民地更易实现，因为这里移入的都是成年工人，绝对人口增长比宗主国快，但事实上劳动市场总是供给不足，使这幻想破灭。既然在新殖民地缺乏实现这种社会的人和条件，就有必要如像用保护关税制度造出资本家来一样，用立法手段在殖民地造出雇佣工人来。这就是威克菲尔德提倡的同自然的殖民相对立的“系统的殖民”理论。

五、系统的殖民方案或殖民地化的艺术

威克菲尔德的使自由殖民地尽快成为宗主国投资地的方案，确实是一项复杂的“系统工程”，堪称为殖民艺术。

方案的根本目的，是使移民殖民地的工人较难地、较慢地获得土地，即要被资本家使用较长的时间后，才能变成独立的个体生产者，而在工人成为个体生

[1]《马克思恩格斯全集》，第23卷，第839页。
[2]《英国和美国》，第1卷，第18页。

产者后,又要保证能从宗主国移入新的工人,作为已成为个体生产者的替身。这样就必须不根据土地的供求关系,人为地制定出土地的“充分价格”,这个价格一方面使工人从工资中积攒用来购买土地的资金,必须经过相当长的时间,另一方面构成一个基金,这基金足够支付移入新工人所需的费用。正如马克思所指出的:“必须有一举两得的妙计”[1]。此外,方案还有其他的次要目的。但是,都服从于使殖民地成为投资地这个总目的。

为了实现“一举两得的妙计”,对从前几乎可以自由获得的土地,制定出一种人为的“充分价格”是十分必要的。威克菲尔德认为,它要取决于许多因素。他说:“制定价格的唯一目的,是不让工人太快地成为土地所有者。这个价格必须充分达到这目的,除此之外,再没有其他目的。问题是,什么价格能有此效果?它必须取决于:第一,‘价格太低’意味着什么;工人被雇佣的恰当时间应该多长;这又要取决于殖民地人口增长率,尤其要取决于移民的方法,这要由一个工人变成土地所有者,由另一个工人做替身所需的时间来决定。而工人移入率还要取决于殖民地发展的前景、宗主国和殖民地之间的距离、移入工人所需的旅费。第二,要得到预期的效果,制定价格就要考虑殖民地的生活费用和工资率,因为这两者(的差额)就成为工人变为土地所有者所必须积攒的资本;工资率和生活费用的比例,将决定积攒必要资本的时间是长些还是短些。第三,殖民地的土壤和气候,这将决定一个工人为了让他自己成为一个土地所有者所需的土地数量。”[2]充分价格的制定,确实是一项“系统工程”。

随着殖民地资本和劳动的增加,进入使用的土地数量也增加。这样,政府处理土地的政策,就像一条松紧带;与这松紧带相适应的土地“充分价格”的高度,是一个争论的问题。1829年,威克菲尔德在其关于殖民地化的最早著作,即《澳大利亚殖民地化建议草图》中,曾建议新南威尔斯每英亩土地价格为2英镑,并同那些主张定为1英镑的人进行争论,但这个“草图”以《来自悉尼的信》再出版时,这个土地价格问题被删掉了。他终于认为,土地的“充分价格”只能

[1]《马克思恩格斯全集》,第23卷,第841页。
[2]《殖民地化的艺术》,1849年版,第347—348页。

由经验决定。不过，他曾表示，必须经过三年，才能让工人成为土地所有者。他的同伴经济学家罗伯特·托仑斯则将这时间定为二至三年。

按照威克菲尔德的方案，"充分价格"适用于不同肥沃程度和地理位置的土地，但这种土地数量以适合需要为限度，并且是集中的。他认为这有利于殖民地资本主义的发展。但是，这样一来，较差的土地的生产力，如果低于它的"充分价格"，似乎就无人购买了。但是，即使这样，他认为是不成问题的，因为总的来看，"充分价格"构成的基金，是用来输入新工人的，随着工人增加，这个价格就可以降低，而当殖民地能由此吸引更多的工人时，工人必须被雇佣的时间也可望缩短。

这样，"充分价格"就成为劳动供给和需求的调节器。这是因为，"随着出卖土地的增加，对耕耘新土地的劳动需求就增加，而随着出卖土地的增加，用来取得新劳动的基金也增加"。[1]

他还考虑移民对象问题。他认为用基金移入强壮能干又暂时没有儿女拖累的夫妇，无论对宗主国还是对殖民地，都有好处。这样做，可以提高殖民地的声誉，因为它再也不是乞丐的栖身地和囚犯的流放地。他非常注意移入工人时，要保持两性之间的平衡，以避免男性过多和妓女产生。

威克菲尔德的殖民艺术，我们不必全部介绍，就已介绍的内容而言，也绝非完美无缺，它不是断臂的维纳斯。这不是我们要论述的。我们只说明，他是决意用人为的办法，在移民殖民地造出工人来，以适应宗主国的需要。

从历史事实看，英国根据威克菲尔德的建议，对其殖民地的土地和移民政策实行改革，是从 18 世纪 30 年代到 40 年代，以失败告终。正如马克思所指出的，它使移民潮流从英国的殖民地转向美国（美国在政治上已独立，英国的法律管不到它）；最重要的，欧洲资本主义生产的进步，以及随之而来的政府压迫的加重，使他的方案成为多余的；在美国，巨大的移民人流在东部停滞并沉淀下来，而向西部去的移民浪潮又来不及把人们冲走，于是形成一个劳动市场，其

[1] 《英国和美国》，第 2 卷，第 130 页。

后,南北战争的结果,造成了巨额的国债,以及随之而来的沉重的赋税,产生了最卑鄙的金融贵族,使极大一部分公有土地被滥送给经营铁路、矿山等投机公司,工人容易获得土地的时代过去了;在澳大利亚,英国政府无耻地把殖民地未开垦的土地滥送给贵族和资本家,发现的大金矿吸来了人流,英国商品的输入引起的竞争使一些手工业者破产,这就产生了一个充分的相对过剩的工人人口。

总之,历史的发展已逐渐使移民殖民地成为宗主国的投资地了。

第五章　工业化的宗主国怎样剥削农业国的殖民地
——马克思的殖民地理论

一、概　　述

马克思研究殖民地问题，比斯密约晚 90 年，比李嘉图约晚 50 年。因而，他看到的情况，不仅同斯密看到的不同，同李嘉图看到的也不同。斯密那时，还是产业革命前夕，他虽然看到宗主国和殖民地，但不可能将它们分别同工业国和农业国联系起来。李嘉图那时，产业革命正在进行，工业国和农业国的世界分工，已见端倪，他要说明其原因，但不彻底，而且无法同其理论体系协调；他也没有从这一角度去研究宗主国和殖民地。马克思当时，产业革命已在西欧普遍发生，在某些国家已完成，工业国和农业国的世界分工，以及它们分别同宗主国和殖民地地位的形成有关，已是明显的事实。马克思的殖民地理论，有一部分就是研究这些问题的。

研究这些问题时，马克思都研究了前人的理论。他不仅研究了斯密和李嘉图，而且也批判了威克菲尔德等人。他的殖民地理论，是对古典经济学家的殖民地理论的扬弃；也构成他的经济理论体系。

由于这样，我们论述马克思的理论时，自然会涉及斯密和李嘉图的理论。这犹如论述李嘉图的理论时，自然会涉及斯密的理论一样。

二、世界划分为成为宗主国的工业国和成为殖民地的农业国

马克思是从他那个时代的特征，即产业革命在某些国家已经完成，在某些

国家正在进行,来分析殖民地问题的。他明显地看到,随着产业革命的进行,世界就划分为工业国和农业国,前者成为宗主国,后者成为殖民地。他要从理论上说明这个世界历史的现象是怎样产生的。

这里有一个应如何对待前人的理论的问题。前面说过,斯密曾经注意到制造业发达的国家,其农业都相对落后的问题,但他并没有认识到这个现象所具有的重要的历史意义,更没有由此得出世界要划分为工业国和农业国的结论,因为他毕竟还是产业革命前夕的经济学家,世界历史上还没有发生上述的国际分工。

李嘉图是英国产业革命迅速发展期的经济学家。在这过程中,世界已经开始划分为工业国和农业国了。他是用比较成本理论,来说明这种国际分工的产生的。所谓比较成本,是相对于绝对成本而言的。绝对成本论认为,各国应该分别选择生产那些绝对成本最低的商品,由此形成国际分工,产生国际贸易,各国都得到好处。按照此说,那些生产任何商品都居于劣势的国家,就不能进行国际贸易;那些生产任何商品都居于优势的国家,就要生产一切商品:这显然得不到分工的好处。于是,比较成本理论应运而生。

李嘉图的比较成本理论认为,不论一国生产的绝对条件如何,它都可以专业生产那些生产成本相对较低的商品,由此形成国际分工,产生国际贸易,各国都得到好处。他先从个人看。他说:"如果两人都能制造鞋和帽,其中一个人在两种职业上都比另一个人强一些,不过制帽时只强五分之一,或百分之二十,而制鞋时则强三分之一或百分之三十三,那么这个较强的人专门制鞋,而那个较差的人专门制帽,岂不是对于双方都有利么?"接着,他用这原理来说明一个国家。他说:"一个在机器和技术方面占有极大优势因而能够用远少于邻国的劳动来制造商品的国家,即使土地较为肥沃,种植谷物所需的劳动也比输出国更少,也仍然可以输出这些商品以输入本国消费所需的一部分谷物。"[1]根据这一原理,李嘉图认为,葡萄酒应在法国和葡萄牙酿制,谷物应在美国和波兰种

[1] 《政治经济学及赋税原理》,第114页注。

植，金属制品和其他商品则应在英国制造。这就是李嘉图的英国应成为世界工厂，其他国家应成为农业国的国际分工理论。

对于李嘉图的比较成本理论，马克思没有加以论述。但是，对于以这个理论来说明全部国际分工的形成，马克思认为是不符合历史实际的。1848 年，他在《关于自由贸易的演讲》中说：有人认为，“自由贸易引起国际分工，并根据每个国家优越的自然条件规定出生产种类”；在他们看来，“也许认为生产咖啡和砂糖是西印度的自然秉赋”；但是，“二百年前，跟贸易毫无关系的自然界在那里连一棵咖啡树、一株甘蔗也没有生产出来”；更重要的是，“也许不出五十年，那里连一点咖啡、一点砂糖也找不到了，因为东印度正以其更廉价的生产得心应手地跟西印度虚假自然秉赋作竞争”。[1]这就是说，在原来还没有咖啡和甘蔗生产的地方，就没有比较成本可言，因此，比较成本理论就无法说明西印度为什么成为生产咖啡和甘蔗的农业国。

对于斯密的制造业发达的国家，其农业都相对落后的有关描述，我认为马克思是十分重视的，并将其同产业革命联系起来，说明由于产业革命的作用，世界就划分为工业国和农业国。但在说明这个问题之前，先要简略地说一下，马克思是怎样论述西欧先产生资本主义，东方则较难产生资本主义的。因为西欧的产业革命是由于资本主义追逐相对剩余价值而引起的。

将马克思的有关论述分析一下，我觉得有两点值得注意。第一，“资本的祖国不是草木繁茂的热带，而是温带。不是土壤的绝对肥力，而是它的差异性和它的自然产品的多样性，形成社会分工的自然基础，并通过人所处的自然环境的变化，促使他们自己的需要、能力、劳动资料和劳动方式趋于多样化。社会地控制自然力以便经济地加以利用，用人力兴建大规模的工程以便占有或驯服自然力，——这种必要性在产业史上起着最有决定性的作用”。[2]这里说的是，自然产品的多样性，使社会分工发达，商品生产和商品交换发达，使生产力发展，使人能更好地征服自然，这有利于资本主义的产生。西欧地中海沿岸国家，就

[1] 《马克思恩格斯全集》，第 4 卷，第 457—458 页。
[2] 《资本论》，第 1 卷，第 561 页。

具有这样的条件,所以它们的资本主义萌芽最早。第二,与此相反,在东方多数国家,一些"自给自足的公社不断地按照同一形式把自己再生产出来,当它们偶然遭到破坏时,会在同一地点以同一名称再建立起来,这种公社的简单的生产机体,为揭示下面这个秘密提供了一把钥匙:亚洲各国不断瓦解,不断重建和经常改朝换代,与此截然相反,亚洲的社会却没有变化,这种社会的基本经济要素结构,不为政治领域中的风暴所触动"。[1]这就是说,自给自足的公社、自然经济的大量存在,使资本主义很难产生。这就是马克思所说的亚细亚生产方式问题。它和资本主义生产方式产生的关系到底怎样,这一点要到后面再谈。

马克思进一步指出,随着西欧各国产业革命的进行,"一方面,机器直接引起原料的增加,例如轧棉机使棉花生产增加,另一方面,机器产品的便宜和交通运输业的变革是夺取国外市场的武器。机器生产摧毁国外市场的手工业产品,迫使这些市场变成它的原料产地……大工业国工人的不断'过剩',大大促进了国外移民和把国外变成殖民地,变成了宗主国的原料产地……一种和机器生产相适应的国际分工产生了,它使地球的一部分成为主要从事农业生产的地区,以服务于主要从事工业生产的地区。"[2]

产业革命使工业化国家的工业品便宜,从而摧毁落后国家的手工业产品,这是价值规律发生作用的结果,道理是很清楚的。但是,服务于工业国的农业国是怎样产生的,是经济力量的结果,还是暴力的结果,这是要弄清楚的。

马克思的回答是前者。在这里,他充分利用了斯密的有关思想,因而认为,产业革命,当它的技术变革方面尚未全部在资本主义农业生产领域展开时,它却使资本主义的农产品日益昂贵,其价值高于落后国的农产品。就是这个纯经济原因,使落后国成为农业国。

马克思深刻地分析了这个原因。他指出:产业革命,"使汇集在各大中心的城市人口越来越占优势,这样一来,它一方面聚集着社会的历史动力,另一方面又破坏着人和土地之间的物质变换,也就是使人以衣食形式消费掉的土地组成

[1] 《资本论》,第1卷,第396—397页。
[2] 同上书,第494—495页。

部分不能回到土地,从而破坏土地持久肥力的永恒的自然条件”。[1]为了恢复土地肥力,便要耗费很多劳动。但在资本主义土地私有制下,在租地契约有效期内,土地经营者总是尽量榨取土地肥力。由于这种恶性循环,为了改进土地肥力,投到土地上的劳动便越来越多。落后国的情况就不是这样。这里没有大工业和大城市,大量农民以衣食形式取于土地的,再以生活垃圾、排泄物、尸体等形式回到土地,人和土地之间的物质变换没有破坏,不必耗费很多物化劳动,便能保持土地肥力。此外,落后国存在着为数众多的耕种自有土地的农民,他们不榨取土地肥力。

马克思举例说:“在英国,在机器制造业、商业、运输业等等非农业经济部门,有大批的人从事农业生产各要素的制造和运输,而在俄国就没有”;而“只要英国人比俄国人使用较少的直接劳动而使用较多的不变资本,只要这种不变资本……没有把劳动生产率提高到足以抵销俄国土壤的自然肥力的程度,英国谷物的价格和价值较高的情况就会始终存在。因此,在进行资本主义生产的国家,农产品的货币价格可能比不发达的国家高”。[2]

产业革命就这样使世界划分为工业国和农业国。前者成为宗主国,后者成为为宗主国服务的殖民地。

三、两种殖民地的产生及其经济关系

马克思接受斯密的提法,并根据当时的实际情况,将资本主义的殖民地区分为两种。他在《资本论》第一卷第二十五章“现代殖民理论”中,提到有一种真正的殖民地,即移民垦殖殖民地;在《资本论》第三卷进一步指出,这种“殖民地所以成为殖民地——在这里,我们只是就真正的农业殖民地而言,——不只是由于它拥有尚处于自然状态中大量肥沃的土地,而是由于这样一种情况:这些

[1] 《资本论》,第1卷,第552页。
[2] 《剩余价值理论》,第2册,第542、543页。

土地还没有被人占有,还没有受土地所有权的支配"。[1]因此,他有时又称这种殖民地为自由殖民地。此外,他在《资本论》第一卷第二十四章"所谓原始积累"中,提到有另一种殖民地——种植殖民地,即以经营种植园为特征的奴役土著殖民地;在《资本论》第三卷中,提到有这样的殖民地,"几乎全部人口都从事农业,特别是从事大宗农产品的生产,他们只能用这种产品来交换工业品",[2]这里说的既适合于种植殖民地,也适合于移民垦殖殖民地。

马克思提出完整的两种殖民地理论,是在迟至1905年才正式出版的《剩余价值理论》第二卷中。在那里,他明确指出,应当把两种类型的殖民地区别开来。第一种,"是本来意义的殖民地,例如美国、澳大利亚等地的殖民地",[3]亦即移民垦殖殖民地。第二种是以经营种植园为特征的殖民地,[4]即奴役土著殖民地。这两种殖民地所以不同,是由于欧洲殖民者踏上北美、大洋洲等地时,当地土著生产力非常低下,地极广,人极稀,殖民者便剿灭、赶走土著,将腾空出来的土地,"自由"地占有,并加以经营。但是,当欧洲殖民者到达亚洲、非洲等地时,遇到的却是另一种情况,这里的土著生产力较高,人口众多,要赶走和剿灭他们是不可能的,因此,殖民者就要利用当地的生产关系,满足自己的需要。他们最大的需要,是为世界市场,为母国提供大量的粮食和原料。但是,当地土著经营的或者是自然经济,或者是部分商品经济,如果是自然经济和商品率很低的经济,就无法满足世界市场的需要,而让当地长出资本主义大农生产来,又是一个十分缓慢的过程。由于这样,在有的地方,殖民者便用暴力剥夺土著的土地,并强制他们在土地上进行奴役劳动的大农生产——种植园便产生了。

这两种殖民地的经济关系是有所不同的。在移民垦殖殖民地,有一段时间,获得土地非常容易,在经济上几乎无所花费,在法律上便占有土地。因此,欧洲殖民者中的资本家,即使将资本和工人从母国输到这里来,这些工人很快

[1] 《资本论》,第3卷,第852页。
[2] 同上书,第755页。
[3] 《剩余价值理论》,第2册,第338页。
[4] 同上书,第339页。

就占有土地，变为个体生产者。因此，同母国从个体生产者中分化出工人来的规律相反，这里是从工人中长出个体生产者来。只要工人容易获得土地的过程不结束，这里的资本主义就不易发展。由于劳动力求过于供，这里的工资水平也较高。由于自由获得土地，绝对地租就不存在。

这里从事农业的大部分殖民者，其生产并不是资本主义生产。这是在或大或小程度上自己从事劳动的农民。他们主要是为了保证自身生活，为自己生产生存资料。他们的主要产品并不是商品，目的也不是做买卖。他们只把产品中超过他们自己消费的余额卖掉，以换取输入殖民地的工业品。当然，在这里也存在着发展得很慢的资本主义生产，这种生产的目的，在于取得利润。但是，由于大量个体农民的竞争，这些农民出售产品的价格只要高于"工资"就行，这就使资本主义生产的农产品价格经常低于价值。[1]

如何使这种殖民地中的工人不易获得土地，曾经是一重要的问题。前面说过，英国殖民经济学家威克菲尔德建议，要用法律规定，工人要经过一定年限，才能获得土地，在此年限内，工人要缴纳税款，该税款足够从欧洲再输入一个工人。后来，工人容易获得土地的过程，是在法律之外，由经济力量来结束的。

这里可以附带说明，美国这个移民垦殖殖民地，其南部为什么曾经存在过以奴役黑人劳动为内容的大农生产，即种植园。根据马克思的理论可以看出，美国南部最适合种植欧洲大工业所需要的棉花和烟草，这些作物需要耗费大量劳动，移入欧洲工人，一来工资高，二来容易变成个体生产者，契约奴有一定劳动期限，不能满足要求，于是从非洲捕捉黑人，卖到美国，从事奴隶劳动的种植园便产生了。

以经营种植园为特征的奴役土著殖民地，一开始就为了世界市场而生产，就是为了做买卖。这里存在的资本主义生产，只是形式上的，因为奴役性劳动排除了资本主义生产的基础。在种植园，资本家和土地所有者是同一个人，因

[1]《剩余价值理论》，第2册，第338—339页。

而也不存在绝对地租。农产品可按生产价格，即低于价值出售，而生产成本中的“工资”，即奴隶的口粮是非常低下的，所以利润较高。马克思特别指出：“投到殖民地等处的资本，它们能提供较高的利润率，是因为在那里……由于使用奴隶和苦力等等，劳动的剥削程度也较高”。[1]

奴役土著殖民地中，有的是不存在种植园的。根据前面分析过的种植园产生的原因，可以反过来说明，这种殖民地商品经济较为发达。商品经济如果是资本主义的，其利润率必较发达资本主义国家高些，资本投到这里来，可获得较高的利润。马克思列了这样一个公式：在欧洲国家，产品价值 = 84c + 16v + 16m = 116；利润率 = 16%；在亚洲国家，产品价值 = 16c + 84v + 21m = 121；利润率 = 21%。[2]商品经济如果是个体经营的，如个体农业生产者，在商品价值中，他只要取回相当于 c + v 部分便可，相当于 m 的部分，在竞争的压力下，他可以放弃。他如果同时也是土地所有者，绝对地租就不存在了。所有这些，都使小农较为发达的殖民地，其农产品价格特别低廉。“这种较低的价格是生产者贫穷的结果，而决不是他们的劳动生产率(较高)的结果”。[3]

至于变成殖民地的落后国家，一般都存在着自然经济，男耕女织，农工生产结合，节省劳动时间，对外来的资本主义商品经济，有一种抗御能力，以及在东方社会大量存在的自给自足的公社组织，即所谓的亚细亚生产方式，也有一种抗御能力，外来资本主义怎样破坏它，以及这种破坏在历史上起什么作用，这要在下面才详细论述。

四、政治经济学上的殖民地

马克思从他那个时代的特征，从经济的角度来研究殖民地，这一点和其后的列宁不同。列宁是根据帝国主义时代的特征，从政治的角度来研究丧失

[1]《资本论》，第3卷，第265页。
[2] 同上书，第169页。
[3] 同上书，第909页。

主权的殖民地国家的。列宁指出，根据马克思的意见，政治经济学上殖民地的基本特征如下：1.土地还没有被人占有，还没有受土地私有权的支配；2.几乎全部人口都从事农业，特别是从事大宗农产品的生产，他们只能用这种产品来交换工业品，这一点，从一开始就把以现代世界市场为基础的殖民地国家，同以前的特别是古代的殖民地国家区别开来。[1]根据这个定义，以后我们看到，列宁就提出一个国家内部，例如俄国内部也存在着殖民地，即国内殖民地的理论。

其实，马克思已经有这种思想了，只不过没有明确地提出来。在研究美国各州谷物生产和谷物在州与州之间的输出与输入时，马克思注意到，在 1838 年，纽约州的小麦产区，是主要的面粉供应地，面粉从布法罗装船，运往西部。其后，由于掠夺性的耕作，这块产小麦的土地已变得不肥沃了。密歇根州在美国西部各州中，就成了最早输出谷物的州之一。大约从 1850 年起，已有大量小麦和面粉从西部运来，沿伊利湖，通过伊利运河，经布法罗及其邻港莱克洛克运往东部。这样，密歇根州在开始的时候，几乎全部人口都从事大宗农产品生产，以换取工业品，这就是政治经济学上的殖民地的特征。马克思认为，美国南部盛产棉花的各州，也具有这个特征。但是，他没有明确提出，它们是国内殖民地。

根据政治经济学上殖民地的特征，马克思明确认为，政治上取得独立以后的美国，在他研究它的经济关系的时候，仍然是殖民地。他首先指出，真正的殖民地，就是自由移民所开拓的处女地，因此，“从经济上来说，美国仍然是欧洲的殖民地”。[2]他进一步指出：“美国的经济发展本身就是欧洲特别是英国大工业的产物。目前（1866 年）的美国，仍然应当看作是欧洲的殖民地。”[3]他以美国和印度为例，说明美国输到大不列颠的棉花多于印度[4]：

---

[1] 参见《列宁全集》，第 3 卷，第 543 页。这个中译本将殖民地译为移民区，可能不妥。从列宁引用马克思的有关论述来看，应译为殖民地，旧中译本是译为殖民地的。

[2] 《资本论》，第 1 卷，第 833 页，注 253。

[3] 同上书，第 494 页，注 234。

[4] 同上书，第 494 页，注 232，第 495 页，注 234。

国别 / 数量 / 年份	印　　度	美　　国
1846	34 540 143 磅	401 949 393 磅
1852	—	765 630 544 磅
1859	—	961 707 264 磅
1860	204 141 168 磅	1 115 890 608 磅
1865	445 947 600 磅	—

二十四年以后，即 1890 年，恩格斯为马克思出版《资本论》第一卷的第四版，他在马克思论述美国仍然是欧洲的殖民地的地方加注说：1866 年以来，北美合众国已一跃而成为世界第二工业国了，但它的殖民地性质，依然还没有完全除掉。[1]因为这时的美国，仍然以大量的农产品供应英国，仍然是英国工业原料的供应地。

五、对工业国和农业国交换商品的分析

马克思虽然认为，政治经济学意义上的殖民地，就是专门生产农产品以满足工业国需要的地区，但这并不是说，工业国或宗主国就不剥削农业国或殖民地了。马克思曾多次说明这种剥削和被剥削关系的存在。例如，他说：即使从李嘉图理论的角度来看，“一个国家的三个工作日也可能同另一个国家的一个工作日交换。价值规律在这里有了重大的变化”。在这种情况下，“比较富有的国家剥削比较贫穷的国家，甚至当后者……从交换中得到好处的时候，情况也是这样”。[2]他又说：“处在有利条件下的国家，在交换中以较少的劳动换回较多的劳动”；与此相反，对有商品输入和输出的落后国家来说，它“所付出的实物形式的物化劳动多于它所得到的，但是它由此得到的商品比它自己所能生产的更便宜”。[3]对于马克思的这一理论，学者有不同的解释。

[1] 参见《资本论》，第 1 卷，第 495 页，注 234。
[2] 《剩余价值理论》，第 2 册，第 112 页。
[3] 《资本论》，第 3 卷，第 265 页。

一种看法认为，马克思将其劳动价值学说运用到世界市场上时指出，商品在以各个国家为组成部分的世界市场上，其价值“计量单位是世界劳动的平均单位。因此，强度较大的国民劳动比强度较小的劳动，会在同一时间内生产出更多的价值，而这又表现为更多的货币”，而“生产效率较高的国民劳动在世界市场上也被算作强度较大的劳动”。[1]这样，越是先进的国家，它在对外贸易中，便可以得到较多的利润，越是落后的国家，情况就相反。

马克思这些分析当然是正确的。他并且指出，“为什么投在某些部门的资本以这种方式提供的并且送回本国的较高的利润率，在没有垄断的妨碍时，不应当参加一般利润率的平均化，因而不应当相应地提高一般利润率呢，这是不能理解的。”[2]他这里说的是李嘉图对斯密的指责。他明确指出，斯密认为有利的对外贸易能提高一国的平均利润率，这看法是正确的；李嘉图认为不能提高，则是错误的。当然，马克思是从劳动价值学说来说明的，斯密则是从竞争学说来说明的。这一点，前面已阐述过了。

但是，以上述理论来说明工业国或宗主国，剥削农业国或殖民地，我认为是不符合马克思的基本原理和原意的。生产同种商品，劳动强度大的实现较多的价值，劳动强度小的实现较少的价值，这是价值形成的条件，既然这样，就谈不上前者剥削后者，这种情况在一国内部也是存在的。此外，这里谈的是同种商品出现在世界市场上的价值形成的规律，与我们要研究的工业品和农产品这两种不同商品交换的情况不同。

马克思多次指出，在落后的农业国，在殖民地，有众多的个体农民，他们出售农产品的价格，如用资本主义范畴来表示，只要等于或略高于 c + v 便可，在压力下，m 可以全部或大部放弃。此外，这些个体农民，有的是土地所有者，在移民垦殖殖民地情况更是这样，因此，他们不要求绝对地租。由于这些原因，这些农产品的价格，便低于价值，也低于生产价格。以这种农产品和具有生产价格的工业国的工业品相交换，就是以大量劳动和小量劳动相交换，就是贫国被

[1]《资本论》，第 1 卷，第 614 页。
[2]《资本论》，第 3 卷，第 265 页。

富国剥削。

这是事实,也是马克思论述过的。但是,这是违反价值规律的要求的,并不是价值规律的重大变化,也就是说,不能解释根据李嘉图的理论而提出来的一国三个工作日,可以和另一国一个工作日交换的问题。

前面曾经谈过,李嘉图根据其比较成本理论,去说明国际分工的形成。他假定生产一单位毛呢和一单位葡萄酒,英国分别需要 100 单位和 120 单位的劳动,葡萄牙分别需要 90 单位和 80 单位的劳动,比较成本在英国是毛呢较低,因而英国分工生产毛呢,在葡萄牙是葡萄酒较低,因而葡萄牙分工生产葡萄酒,然后英国以毛呢和葡萄牙的葡萄酒相交换。两者按什么比例进行交换呢?他认为,英国就以 100 单位劳动生产的毛呢,同葡萄牙以 80 单位生产的葡萄酒交换。他说:"英国将以一百人的劳动产品交换八十人的劳动产品。这种交换在同一国家中不同个人间是不可能发生的。"关于一个国家和许多国家之间的这种差别是很容易解释的。"我们只要想到资本由一国转移到另一国以寻找更有利的用途是怎样困难,而在同一国家中资本必然会十分容易地从一省转移到另一省,情况就很清楚了"。[1]这就是说,一国之内利润率相同,国家之间利润率不同。他由此得出结论:支配一个国家中商品相对价值的规律不能支配两个或更多个国家互相交换的商品的相对价值。我认为,马克思的关于价值规律有重大变化的论点,就是从这里产生的。

李嘉图没有,也不可能解释在国与国的交换中,为什么 100 个人的劳动,可以同 80 个人的劳动交换。其原因在于他混淆了自然价格(生产价格)和价值,认为这两者相等。其实这两者在绝大多数情况下是不等的。但是,在这一混淆的前提下,由于国内利润率是均等的,他便认为等量资本生产的不同种商品,其价值(其实是生产价格)总是相等的,它们相交换,是等量劳动交换;由于国际利润率是不均等的,等量资本生产的不同种商品,其生产价格应该是不相等的,但如等量资本推动的活劳动相等,其价值却应该是相等的,两种商品的生产价格

[1] 《政治经济学及赋税原理》,第 114 页。

总额要相等才能交换，由于他混淆了生产价格和价值，这样将本不相等的两种商品的生产价格，使其总额变为相等，他就认为劳动必然不相等。这个问题以后还要谈。

马克思将生产价格同价值加以区别，说明使用活劳动较多的商品，生产价格低于价值，使用活劳动较少的商品生产价格高于价值。我认为正是从这里，可以说明工业国剥削农业国，说明一国一个工作日可以同另一国三个工作日交换。因为工业品使用活劳动较少，生产价格高于价值，农产品使用活劳动较多，生产价格低于价值，两者按生产价格交换，从价值来看事实上是不等的，工业品是以小量劳动交换农产品的大量劳动，也就是富国剥削贫国。当然，农业国在交换中也得到好处，因为它们如果自己生产这些工业品，开始时花的劳动可能还要多些。

本来在国内交换中，生产价格相等而价值不等的情况，也是存在的。但在一国内，得失必然抵消，因为总生产价格等于总价值，投下的劳动和实现的价值相等。国与国之间不是这样，工业国投下的少，得到的多，农业国则投下的多，得到的少。

六、对工业国和农业国货币价值的分析

以上论述，是我根据马克思的有关理论，运用抽象法，将工业国的工业品和农业国的农产品相交换予以分析，得出的结论。但是，世界划分为工业国和农业国，不能理解为前者只生产和出口工业品，后者只生产和出口农产品，而应理解为前者以工业品为主，也兼营其他产品，后者以农产品为主，也兼营其他产品。这一点，其实是我们在前面分析工、农产品交换，生产价格虽相等，但价值不等的前提，因为如果工业国全部生产工业品，它的资本有机构成就是社会资本的平均构成了，这样，它的生产价格就等于价值了，如果农业国全部生产农产品，情况也是这样，这样，就根本不存在生产价格和价值的偏离问题。因此，我们必须将工业国看成不单是经营工业品的先进国，将农业国看成不单是经营农产品的落后国，再进行考察。

从先进国和落后国的角度来考察宗主国和殖民地的关系，根据马克思的有关论述，我们可以看到，某些纯经济力量，会使先进国的价格上升，使落后国的价格下降，两国交换，也是前者剥削后者。

一种经济力量前面事实上已说明了。前面谈到，斯密认为，英国独占殖民地贸易，会提高英国的平均利润率和英国商品的自然价格。我曾指出，这个现象是存在的，但斯密的解释是错误的。根据马克思的有关理论，就可以看出，产生这个现象的原因，不全是独占殖民地贸易，而是先进国的有利的对外贸易。马克思说："投在对外贸易上的资本能提供较高的利润率，首先因为在这里是和生产条件较不利的其他国家所生产的商品进行竞争，所以，比较发达的国家高于商品的价值出售自己的商品。"[1]这就是说，在世界市场上实现的价值，比在国内投下的劳动多，在自由竞争条件下，一国平均利润率就提高，生产价格水平也提高，它等于已经增大的价值。落后国的情况，恰恰与此相反。这是涉及所有商品的。

另一种经济力量，前面已提到，但尚未说明。前面谈到，李嘉图朦胧地看到，从某一静止状态看，英国货币价值较低，物价水平较高。他称这种价格为区别于自然价值的自然价格。如果这种价格，就是商品和货币的比价，那么，李嘉图就应称为相对价值，因为在他看来，货币也是商品，而相对价值，就是生产两种商品的劳动的比例。那么，他为什么不称这种由于货币价值变动，所引起的作相反变动的商品价格为相对价值，而称为自然价格呢？原来李嘉图错误地认为，货币的价值除了取决于生产它的劳动之外，还要取决于货币本身的数量。货币价值和货币数量成反比。这种货币数量说的错误，前面已经谈过。由于这种错误，李嘉图便将由货币数量变化引起的货币价值变化，所导致的作相反变化的价格，称为自然价格，以区别于因生产货币的劳动变化引起的货币价值变化，所导致的作相反变化的价格（这是相对价值）[2]，也区别于因生产商品的劳

[1] 《资本论》，第3卷，第264页。

[2] 在中断写作本文的时间里，我曾研究马克思的货币理论。马克思说："李嘉图不知道价值和自然价格有其他的差别，只知道：自然价格是价值的货币表现，因此，在商品本身的价值没有变动的情况下，由于贵金属的价值发生变动，自然价格也会发生变动。"（《马克思恩格斯全集》第26卷Ⅱ，第239—240页）这样，货币价值因上述两个原因发生变动而引起商品价值的货币表现的变动，都是自然价格变动。这个问题可进一步研究。因此，原文保留下来。

动变化引起的作相反变化的商品本身的价值(这是自然价值)。李嘉图的货币理论虽然是错误的,但是它包含着深刻的思考,他提出的从某一静止状态看,英国货币价值较低,这是值得研究的。

在我看来,李嘉图的迷误启发了马克思。马克思明确地指出:"货币的相对价值在资本主义生产方式较发达的国家里,比在资本主义生产方式不太发达的国家里要小。由此可以得出结论:名义工资,即表现为货币的劳动力的等价物,在前一种国家会比后一种国家高。"[1]这里值得注意的是货币相对价值(不是价值)的提法,及其对名义工资即物价的影响。本来,货币价值的变化,就会发生这种影响的。那么,马克思为什么提货币的相对价值呢?我认为这是包含着深刻的思想的。

对于资本主义生产方式较发达和不太发达的国家里,货币相对价值不同的原因,马克思的说明是很概括的:一个国家的资本主义生产越发展,那里的国民劳动强度和生产率,就越超过国际水平。因此,不同国家在同一劳动时间内所生产的同种商品的不同量,有不同的国际价值,从而表现为不同的价格,即表现为按各自的国际价值而不同的货币额。这就是前面谈到的实现更大的价值,有更高的利润率和平均利润率,从而整个生产价格水平也提高了。本来,这个现象的反面,就是货币相对价值的降低(落后国则相反)。但是,这是从商品价格变化,反过来说明货币相对价值的,还没有直接说明货币相对价值的变化。

关于这个问题,学者的看法不同,这里不暇论及。现在根据马克思的基本原理,来解释这个现象。根据世界劳动的平均条件决定进入世界市场的同种商品的国际价值的原理,在同一时间内生产的同种商品,发达国家和落后国家相比,在世界市场上卖得的货币额较多,就是说,从这点看,在世界市场上取得同量货币,发达国家花的劳动比落后国家花的劳动少些,从而前者的货币价值较低。再分别就这两种国家的内外贸易说,取得同量货币,发达国家在对内贸易花的劳动比在对外贸易花的劳动多些,即货币在内价值高,在外价值低,落后国则相反。由于内

[1] 《资本论》,第1卷,第614页。

外贸易之间存在着自由竞争,货币价值在内在外归于均等,因此,发达国家货币价值降低,物价升高,落后国家货币价值升高,物价降低。这种货币价值的变化,不是由生产它的劳动量的变化,而是由发展程度不同的国家,以商品换取货币时,商品包含的劳动量不同而发生的,所以是货币相对价值的变化。

由于货币相对价值不同,发达国家物价高,落后国家物价低,两国交换,前者得益,后者受害。

七、工业国同农业国的交换构成新的世界市场

上面我们多次提到世界市场。但是,仔细分析一下,世界市场可以有两种不同的含义。一种是指跨越国界的交换,而不论这种交换是发生在资本主义经济之间的,发生在资本主义经济和前资本主义经济之间的,还是发生在前资本主义经济之间的。另一种是指跨越国界的资本主义经济和前资本主义经济之间的交换,而且严格地说,国界在这里意义是不大的,因为一国之内也可以有这样的交换。马克思是将这两种世界市场加以区别的,并指出它们在资本主义生产方式发展中,有不同的作用。

马克思说:"在十六世纪和十七世纪,由于地理上的发现而在商业上发生的并迅速促进了商人资本发展的大革命,是促进封建生产方式向资本主义生产方式过渡的一个主要因素。世界市场的突然扩大,流通商品种类的增多,欧洲各国竭力想占有亚洲产品和美洲财富的竞争热,殖民制度,——所有这一切对打破生产的封建束缚起了重大的作用。……如果在十六世纪,部分地说直到十七世纪,商业的突然扩大和新世界市场的形成,对旧生产方式的衰落和资本主义生产方式的勃兴,产生过非常重大的影响,那末,相反地,这种情况是在已经形成资本主义生产方式的基础上发生的。世界市场本身形成这个生产方式的基础。"[1]

---

[1]《资本论》,第3卷,第372页。

这里的“世界市场的突然扩大”，“商业的突然扩大和新世界市场的形成”，都同地理上的发现有关，因此这个新的世界市场，或世界市场的扩大部分，指的主要是欧洲的资本主义经济同美洲和东方的前资本主义经济的交换；而世界市场指的则是欧洲资本主义之间的交换。

这两种世界市场对资本主义生产的作用是不同的。新的世界市场，也就是资本主义先进工业国和落后的农业国之间的交换，对于促使前资本主义经济的衰落和资本主义生产的发展，有重大作用。但是，马克思认为，这种作用是要在资本主义已经产生的基础上发生的，因为交换即商业本身，不能创造资本主义生产方式。不仅如此，按照马克思的社会资本再生产理论，资本主义经济不同前资本主义经济交换，它也是可以存在和发展的。马克思的再生产理论，就是以此为前提建立起来的。这就是说，同农业国或殖民地交换，能加速资本主义生产的发展，但这并不是说，没有这种交换，资本主义就不能存在。新的世界市场并不是资本主义生产方式的基础。

与此不同，世界市场即资本主义经济跨越国界的交换，则是资本主义生产方式的基础。因为资本主义是商品生产制度，商品生产和商品交换有一种不断扩大的趋势，它要冲破民族和国家的界限，并且，资本主义商品在同前资本主义经济接触时，也会逐渐地促使对方资本主义化，这样，资本主义生产就产生它自己的交换，世界市场就是资本主义生产方式的基础。

恩格斯也是将资本主义经济之间跨越国界的交换，同资本主义经济和前资本主义经济跨越国界的交换，加以区分的。他称前者为国际贸易，称后者为世界贸易。[1]

其后，列宁、卢森堡、布哈林，都将这两种不同的市场加以区别。由于对新的世界市场，即资本主义经济同前资本主义经济之间的交换，对资本主义生产发生的作用有不同的看法，在列宁和卢森堡、布哈林和卢森堡之间，有一场争论。这涉及殖民地理论问题。

[1] 参见《马克思恩格斯全集》，第20卷，第115页。

第六章　殖民主义的历史作用

——马克思的殖民地理论(续)

一、概　　述

以历史唯物论为分析社会问题的工具,正确地论述殖民主义的历史作用,是马克思的殖民地理论的组成部分,也是马克思的重要贡献。

要正确了解宗主国对殖民地,对殖民地被统治民族的压迫和剥削,在历史发展中的作用,先要了解阶级压迫和阶级剥削,在历史发展中的作用,因为前一种压迫和剥削,是后一种压迫和剥削的派生物。

恩格斯在批判杜林的唯心主义的先验论时,明确指出:“社会分裂为剥削阶级和被剥削阶级、统治阶级和被压迫阶级,是以前生产不大发展的必然结果。当社会总劳动所提供的产品除了满足社会全体成员最起码的生活需要以外只有少量剩余,因而劳动还占去社会大多数成员的全部或几乎全部时间的时候,这个社会就必然划分为阶级。在这个完全委身于劳动的大多数人之旁,形成了一个脱离直接生产劳动的阶级,它从事于社会的共同事务:劳动管理、政务、司法、科学、艺术等等。因此,分工的规律就是阶级划分的基础。”[1]而要消灭阶级对立和阶级剥削,就要以生产力的充分发展为条件,因为只有在这条件下,物质生产劳动者的劳动时间才能大大减少,才有可能从事于社会的共同事务,以

[1]《马克思恩格斯全集》,第20卷,第306页。

前专门从事这种事务的阶级才最终消灭。恩格斯指出,“只有在社会生产力发展到一定阶段,发展到甚至对我们现代条件来说也是很高的阶段,才有可能把生产提高到这样的水平,以致使得阶级差别的消除成为真正的进步,使得这种消除持久巩固,并且不致在社会的生产方式中引起停滞或甚至衰落。但是生产力只有在资产阶级手中才达到了这样的发展水平。可见,就是从这一方面说来,资产阶级正如无产阶级本身一样,也是社会主义革命的一个必要的先决条件。”[1]这就是以历史唯物论为工具,对资产阶级剥削无产阶级在历史发展上所起作用的科学分析。

科学的社会主义和空想的社会主义的区别就在这里。空想社会主义是从理性出发,从实现平等、自由出发,来说明消灭阶级剥削的必要。按此说法,奴隶制度后,就应建立社会主义了。其所以没有,只是由于当时缺少他们这类改造社会的伟大人物。如果出现了,历史就可大为缩短。

在马克思看来,殖民主义的历史作用,从某一点看,同资本主义剥削制度的作用一样,它也能促进生产力的发展,为一个更高级的社会的产生准备条件。

二、殖民主义对宗主国的作用

马克思科学地说明了殖民主义在资本原始积累时期的作用。他说:“美洲金银产地的发现,土著居民的被剿灭、被奴役和被埋葬于矿井,对东印度开始进行的征服和掠夺,非洲变成商业性地猎获黑人的场所:这一切标志着资本主义生产时代的曙光。”[2]他明确指出,殖民主义是以最残酷的暴力为基础的。例如,英国东印度公司在东印度拥有政治上的统治权和经济上的垄断权,“在1769年到1770年间,英国人用囤积全部大米,不出骇人听闻的高价就拒不出售的办法制造了一次饥荒”;[3]那些以基督教名义实行的殖民主义,是非常残酷的:

[1]《马克思恩格斯全集》,第18卷,第610—611页。
[2]《资本论》,第1卷,第819页。
[3] 同上书,第821页。

“那些谨严的新教大师，新英格兰的清教徒……在他们的立法会议上决定，每剥一张印第安人的头盖皮和每俘获一个红种人都给赏金”。[1]总之，欧洲在殖民地直接靠掠夺、奴役和杀人越货而夺得的财宝，源源流入宗主国，在这里转化为资本。此外，殖民地又为欧洲迅速产生的工场手工业保证了销售市场，保证了通过对市场的垄断而加速的积累。

所有这些，都是利用了国家权力的，但这种暴力能促进封建生产方式的转变过程，缩短过渡时间。因此，马克思一方面正确地指出，“资本来到世间，从头到脚，每个毛孔都滴着血和肮脏的东西”，[2]另一方面又指出，“暴力是每一个孕育着新社会的旧社会的助产婆。暴力本身就是一种经济力”。[3]

至于殖民地在资本主义生产方式产生后，怎样成为资本主义宗主国的原料供应地、产品销售市场、过剩人口输出地，从而对资本主义生产有利，这在前面已谈过。

以上谈的是殖民主义对宗主国的作用，下面谈殖民主义对殖民地的作用。

三、不列颠在印度的统治

英国统治它的殖民地印度，不像以前印度的统治者那样被印度同化，相反地，英国将印度的经济基础加以破坏，并将它建设成英国所需要的社会。其重要原因，马克思认为是，英国是资本主义社会，印度则存在着大量的村社制度，即遗留下来的原始公社制度，从社会发展阶段看，前者高于后者，因此，前者能改变后者。

印度的村社制度，具有马克思所说的亚细亚生产方式的重要特征。马克思说过，这些自给自足的公社和农工生产的结合体，不易解体，这是亚洲社会政治风云常变，而社会制度不变的原因。但是，我认为不能将马克思的有关论述绝

[1] 《资本论》，第1卷，第821页。
[2] 同上书，第829页。
[3] 同上书，第819页。

对化，认为凡是存在着亚细亚生产方式的社会，都永远不发生社会制度的变化，都长不出资本主义来，如果那样看，我们就将马克思置于我们为其制造的自我矛盾之中了。因为这样一来，就无法解释原始社会何以解体。马克思对此的说明是："商品交换是在共同体的尽头，在它们与别的共同体或其成员接触的地方开始的。但物一旦对外成为商品，由于反作用，它们在共同体内部也成为商品"，[1]这促使公社成员贫富悬殊，使原始社会解体。按照同样道理，亚细亚生产方式也要解体的，只不过较为缓慢。马克思认为，构成亚细亚生产方式基本要素的公社，其"产品的主要部分是为了满足公社本身的直接需要"，"变成商品的只是剩余产品，而且有一部分到了国家手中才变成商品"。[2]既然这样，按照商品交换的反作用原理，这些公社也会慢慢解体的。这就是说，存在着亚细亚生产方式的东方社会，其发展虽然落后于西欧诸国，但是，它本身也在慢慢发展。这个道理，当然也适用于印度。

马克思指出，印度存在着大量的印度公社，即村社制度。他说："在印度有这样两种情况：一方面，印度人民也像所有东方各国的人民一样，把他们的农业和商业所凭借的主要条件即大规模公共工程交给政府去管，另一方面，他们又散处于全国各地，因农业和手工业的家庭结合而聚居在各个很小的地点。由于这两种情况，所以从很古的时候起，在印度便产生了一种特殊的社会制度，即所谓村社制度，这种制度使每一个这样的小单位都成为独立的组织，过着闭关自守的生活。"[3]与这种经济基础相适应，马克思认为，在亚洲，包括印度，"从很古的时候起一般说来只有三个政府部门：财政部门……军事部门……公共工程部门"。[4]亚洲政府之所以比欧洲政府多一个公共工程部门，马克思认为是由于农业生产上的节省用水和共同用水的要求而产生的。"这种要求，在西方，例如在弗兰德斯和意大利，曾使私人企业家结成自愿的联合；但是在东方，由于文明程度太低，幅员太大，不能产生自愿的联合，所以就迫切需要中央集权的政府

---

[1] 《资本论》，第1卷，第106页。
[2] 同上书，第395页。
[3] 《马克思恩格斯全集》，第9卷，第147页。
[4] 同上书，第145页。

来干预。因此亚洲的一切政府都不能不执行一种经济职能，即举办公共工程的职能”。[1]

由于大量印度公社的存在，印度在政治结构上是四分五裂的。它不仅存在着穆斯林和印度教徒的对立，而且存在着部落与部落、种姓与种姓的对立。因此，它常常是在外来的统治者压迫下，才合拢在一起的。“在它不处在穆斯林、莫卧儿或不列颠人的压迫之下的那些时期，它就分解成像它的城市甚至村庄那样多的各自独立和互相敌对的国家”。[2]在马克思看来，印度本来就逃不过被征服的命运，因此，“问题并不在于英国是否有权利来征服印度，而在于印度被不列颠人征服是否要比被土耳其人、波斯人或俄国人征服好些”。[3]

马克思指出，相继征服过印度的阿拉伯人、土耳其人、鞑靼人和莫卧儿人，不久就被当地的居民同化了；野蛮的征服者总是被那些他们所征服的民族的较高文明所征服，这是一条永恒的历史规律；不列颠人是第一批发展程度高于印度的征服者，因此印度的文明就影响不了他们；不列颠人在印度要完成双重的使命，一个是破坏的使命，另一个是建设的使命。这就是说，印度被不列颠人征服，比被其他人征服好些。

不列颠人破坏了印度的村社制度，摧毁了印度的手工业，从而消灭了印度的文明。马克思认为，不列颠人在印度接收了财政部门和军事部门，却忽略了公共工程部门，这样，印度的农业便衰落下来了。“但是我们在亚洲各国经常可以看到，农业在某一个政府统治下衰落下去，而在另一个政府统治下又复兴起来，收成的好坏在那里决定于政府的好坏，正像在欧洲决定于天气的好坏一样。因此，假如没有同时发生一种重要得多的、在整个亚洲史上都算是一种新事物的情况，那末无论对农业的损害和忽视多么严重，都不能认为不列颠侵略者正是在这一点上使印度社会遭到了致命的打击”。[4]那么，在整个亚洲史上都算

[1] 《马克思恩格斯全集》，第9卷，第145页。马克思在这里没有论述，亚洲是由于有了中央集权的政府，才执行像治水这样的公共工程职能，还是由于要治水，才产生中央集权政府。国内外有的学者认为是后者，并认为这也是亚细亚生产方式的特征。我国王亚南教授认为是前者。

[2] 《马克思恩格斯全集》，第9卷，第143页。

[3] 同上书，第246—247页。

[4] 同上书，第146页。

是一种新事物的情况是什么呢？这就是：不列颠侵略者打碎了印度的手织机，毁掉了它的手纺车，不列颠起先是把印度的棉织品挤出了欧洲市场，然后再向印度输入棉纱，最后使印度这个棉织品的祖国充满了英国的棉织品，总之，“不列颠的蒸汽和不列颠的科学在印度斯坦全境把农业和手工业的结合彻底摧毁了”。[1]马克思认为，只有这样，才能摧毁村社制度，才能结束“从遥远的古代直到十九世纪最初十年，无论印度的政治变化多么大，可是它的社会状况却始终没有改变”[2]的状况。所以，他认为，这种破坏是消灭旧的亚洲式的社会，是亚洲最大的，也是亚洲历来仅有的一次社会革命。[3]

关于不列颠人在印度的建设，马克思认为是在亚洲为西方式的社会奠定物质基础。他指出，在开始的时候，不列颠人在印度进行统治的历史，除破坏以外恐怕就没有别的什么内容了，他们的建设性工作在这大堆的废墟里使人很难看得出来，不过这种建设性总算已经开始做了。这首先表现在政治统一、报刊自由、管理科学和交通发达上。不列颠人在印度用武力实现的政治统一，将被电报巩固下去；他们的教练训练出来的印度人的军队，是印度自己解放自己和不再一遇到侵略者就被征服的必需条件；在亚洲第一次出现并且主要由印度人和欧洲人的共同子孙所领导的自由报刊，是改造这个社会的新的和强有力的因素；从那些在英国人监督下，在加尔各答勉强受到一些很不充分教育的土著居民中间，正在成长起一个具有管理国家的必要知识，并且接触了欧洲科学的新的阶层；最主要的是，由蒸汽机产生的铁路和轮船，把印度的主要海港同东南海洋上的海港联系起来，使印度摆脱了孤立状态，而孤立状态是它过去处于停滞状态的主要原因。

马克思进一步指出，不列颠人开始时并没有想到要把印度变成一个对他们有利的生产国。不列颠的“贵族只是想降服它，财阀只是想掠夺它，工业巨头只

[1] 《马克思恩格斯全集》，第9卷，第147页。
[2] 同上书，第146页。
[3] 对此，马克思晚年的看法有所变化。他对俄国的农村公社进行了多年的研究后，于1881年认为，其发展要取决于它所处的历史环境，并认为其公有的部分可以越过资本主义发展为共产主义；与此同时，认为英国在印度消灭公有制，建立私有制，不是使当地人民前进，而是使他们后退。（参见《马克思恩格斯全集》，第19卷，第435、448页）

是想用低廉商品压倒它。但是现在情势改变了。工业巨头们发现,使印度变成一个生产国对他们有很大的好处。为了达到这个目的,首先就要供给印度水利设备和内地的交通工具。现在他们正打算在印度布下一个铁路网。他们会这样做起来,而这样做的后果是无法估量的”。[1]

在马克思看来,铁路的作用是非常巨大的:使印度丰富的物产便于交换,这就反过来又促进生产发展,为农业服务,给铁路沿线的地方供水;使瓦解中的公社结束其孤立状态;使各种新知识能广为传播;最重要的,铁路在印度将真正成为现代工业的先驱。

不列颠的工业巨头们,之所以愿意在印度修筑铁路,完全是为了要降低他们的工厂所需要的棉花和其他原料的价格。但是,只要他们把机器应用到一个有煤有铁的国家的交通上,他们就无法阻止这个国家自己去制造这些机器了。如果想要在一个幅员广大的国家里维持一个铁路网,就不能不在这个国家里把铁路交通日常急需的各种生产过程都建立起来。这样一来,也必然要在那些与铁路没有直接关系的工业部门里应用机器。总之,在马克思看来,铁路的发展,将改变印度的社会关系,逐渐使印度工业化。

最后,马克思深刻地指出,不列颠资产阶级看来将被迫在印度实行的一切,既不会给人民群众带来自由,也不会根本改善他们的社会状况,因为这两者都不仅仅决定于生产力的发展,而且还决定于生产力是否归人民所有。但是,为这两个任务创造物质前提的,则是不列颠资产阶级一定要做的事情。难道资产阶级做过更多的事情吗?“问题不在这里。问题在于,如果亚洲的社会状况没有一个根本的革命,人类能不能完成自己的使命。如果不能,那末,英国不管是干出了多大的罪行,它在造成这个革命的时候毕竟是充当了历史的不自觉的工具”。[2]马克思认为,资产阶级工业和商业正在为世界创造了这些物质条件,但“只有在伟大的社会革命支配了资产阶级时代的成果,支配了世界市场和现代生产力,并且使这一切都服从于最先进的民族的共同监督的时候,人类的进步

[1] 《马克思恩格斯全集》,第9卷,第248页。
[2] 同上书,第149页。

才会不再像可怕的异教神像那样，只有用人头做酒杯才能喝下甜美的酒浆”。[1]这要在不列颠的统治阶级被无产阶级推翻，或印度人民已强大到能够完全摆脱不列颠的枷锁时，才能实现。

我想正是马克思这些关于殖民主义的殖民地的历史作用的分析，使他在其后的第一版《资本论》的序言中断言：“工业发达的国家向工业较不发达国家所显示的，只是后者未来的景象”。[2]但是，马克思这个预言，并没有全部实现。问题在于，两种殖民地的发展是不同的，移民垦殖殖民地，确实发展为工业发达的国家，奴役土著殖民地，则不是这样。原因在于：资本主义宗主国，在前一种殖民地，是把母国的资本主义生产关系移过去的，再加上当地没有前资本主义生产关系的束缚，殖民地中的资本主义，就冲破母国的限制发展起来了；在后一种殖民地，并没有把资本主义的生产关系移过去，只是破坏当地的自然经济，但不消灭前资本主义生产关系的基础，并且同前资本主义生产关系相结合，阻碍殖民地中资本主义的发展。下面我们就分析这个问题。

四、不列颠对爱尔兰、印度和北美等地殖民统治的比较

爱尔兰、印度和北美等地，都是英国的殖民地。北美等地指的是美国、加拿大以及澳大利亚和新西兰等，它们都是移民垦殖殖民地。美国虽然于1776年独立了，但正如前面谈到的，马克思认为它在经济上仍然是殖民地。

不列颠对这几种殖民地的统治，从在当地建立什么样的生产关系和如何对待当地的生产关系这一角度看，是不相同的。对待北美等地，如前面说过的，由于当地的土地是自由的，是一块待开垦的处女地，并没有前资本主义生产关系的存在，不列颠就将其资本主义生产关系移到这里来，开始时，由于获得土地容易，工人容易变成个体生产者，资本主义发展缓慢。其后，土地再也不容易获得了，资本主义发展就迅速了。马克思明确指出，大不列颠对待印度，是部分地将

[1]《马克思恩格斯全集》，第9卷，第252页。
[2]《资本论》，第1卷，第8页。

其生产关系强加于印度,这就是前面所说的,在印度建立一些为了取得印度的廉价工业原料而需要的交通运输业,但在摧毁印度的自然经济、村社制度的同时,却保留封建生产关系的基础;对爱尔兰,则是全部地将其生产关系强加于爱尔兰,但使其成为资本主义的、以生产工业原料为主的国家。由于有这些不同,北美等地、印度和爱尔兰的发展,也就不同。这里先将爱尔兰论述一下,然后再将这三者加以比较。

早在12世纪爱尔兰就成为不列颠的殖民地。英格兰人将爱尔兰的大部分土地据为己有。1801年,不列颠和爱尔兰组成不列颠与爱尔兰联合王国,不列颠为此花了1 000 000英镑。与不列颠合并为联合王国的爱尔兰,仍是殖民地。

在强占爱尔兰土地的基础上,不列颠就将自己的生产关系强加于爱尔兰,使其仍然成为殖民地。根据马克思的分析,这个过程如下:减少粮食产地,增加饲料地,增加牧场。“从前的大片耕地变成了休耕地或永久的草地,而同时一大部分从前未开垦的荒地和泥沼地被用来扩大畜牧业”。[1]从1860年到1865年,在畜牧业中,牛、马的数量绝对减少,羊、猪的数量绝对增加,羊的增加尤其显著。这是不列颠用强占爱尔兰的土地,用暴力消灭耕地上的小农的办法进行的。由于畜牧业的资本有机构成较高,使用的劳动力较少,丧失土地的小农,因大多数不能转化为农业工人,就离开农村。这样,虽然“随着人口的减少,用在农业上的生产资料量也减少了,但是用在农业上的资本量却增加了,因为从前分散的生产资料中的一部分转化成了资本”。[2]换言之,从前分散在个体经营上的生产资料较多,但这并不是资本,现在个体经营逐渐消灭,集中在大生产上的生产资料,因技术改进不大,其量虽只是原来个体经营中生产资料的一部分,亦即没有绝对增大,但是这却是资本量的增加。这是在技术没有变革条件下,个体经济转变为资本主义经济的特征。

这样,不列颠在爱尔兰发动的“农业革命的第一个行动,就是以极大的规模,像奉天之命一样,拆除耕地上的那些小屋。因此,许多工人不得不到村镇和

[1] 《资本论》,第1卷,第772页。
[2] 同上书,第770页。

城市里去寻找栖身之所。在那里，他们就像废物一样被抛进阁楼，洞窟，地下室和最糟糕的街区的屋角里”。[1]那些男人，现在必须到邻近的租地农场主那里找寻工作，由于劳动力供过于求，他们只能按日受雇佣，而且工资收入极不稳定。大量找不到工作的人，成为农业地区中的过剩的工人，城市不得不加以收容。这些过剩的工人，只有在春秋农忙季节，才回到农村里去工作，其余大部分时间都闲着没事干。也有这样一些过剩人口，流入英格兰，寻找工作，成为英格兰资本家压低英格兰工人工资的工具，并以此来离间英格兰和爱尔兰工人。还有一些，则流到美洲。

这样，我们在爱尔兰就看到，它的“普遍贫困并不像马尔萨斯所设想的那样同人口成正比，而是同人口成反比”；[2]我们也看到，它和英格兰有不同的规律，“在工业国的英格兰，工业后备军是从农村得到补充。而在农业国的爱尔兰，农业后备军则是从城市，从被驱逐的农业工人的避难所得到补充。在英格兰，过剩的农业工人变成工厂工人，而在爱尔兰，被驱逐到城市里去的农业工人，虽然对城市的工资形成压力，但仍然是农业工人，并不断地送回农村去找活干”。[3]

爱尔兰唯一的大工业，是亚麻加工业，它需要的成年男工比较少。仍然居住在农村的贫困居民，成为巨大的衬衫厂的基础，这类工厂的劳动大军大部分散布在农村中，他们从事的是家庭劳动制度，即他们领来原料后，各自在家里加工，这可节省工厂主的厂房、照明、取暖等支出。

这样，我们就可以看到爱尔兰这个被不列颠以资本主义生产关系强加于它的殖民地的特点了：“爱尔兰仅仅是英格兰的一个被大海峡隔开的农业区，它为英格兰提供着谷物，羊毛，牲畜，工业新兵和军事新兵”。[4]

与爱尔兰不同，不列颠使印度在经济上殖民地化的过程，主要是在流通过程中通过垄断贸易和一般贸易来进行的。垄断贸易，由东印度公司实行。1600年至1858年的英国东印度公司，“除了在东印度拥有政治统治权外，还拥有茶

---

[1]《资本论》，第1卷，第774页。
[2] 同上书，第771页，注(186a)。
[3] 同上书，第776页。
[4] 同上书，第769页。

叶贸易、同中国贸易和对欧洲往来的货物的垄断权。而印度的沿海贸易和各岛屿之间的航运以及印度内地的贸易,却为公司的高级职员所垄断。对盐、鸦片、槟榔和其他商品的垄断权成了财富的取之不尽的矿藏。这些职员自定价格,任意勒索不幸的印度人"。[1]在这种条件下,不列颠人就可以使印度生产世界市场所需要的产品。自由贸易则是以英国的机器制品击败印度的手工业,以此摧毁印度公社的自给自足经济和农、工结合的生产机体。至于在生产领域,如上所述,在印度发展交通运输,修筑铁路,则是为了便于取得印度的农产品,这种资本主义生产关系,并不摧毁印度封建主义的基础。

北美等地殖民地化的过程,如上所述,是在没有前资本主义生产关系的自由土地进行的。[2]母国对它们的限制,一方面是阻止工人能自由获得土地,成为个体生产者,另一方面是在贸易和航海上(对北美)的垄断,使母国得益,殖民地受害。这些殖民地最初都是农业国,以农产品和母国的工业品相交换。当他们在经济上改变这种局面时,根据马克思的理论,就再也不是经济上的殖民地了。

1885年,恩格斯深刻地指出,英国资产阶级的一切活动,都"服从于一个目的,然而对工业资本家来说却是极为重要的目的:减低各种原料特别是工人阶级的生活资料的价格,减少原料费用,压住(即使还不能压低)工资。英国应当成为'世界工厂',其他一切国家对于英国应当同爱尔兰一样,成为英国工业品的销售市场,同时又供给它原料和粮食。英国是农业世界的伟大的工业中心,是工业太阳,日益增多的生产谷物和棉花的爱尔兰都围绕着它运转"[3]。不列颠不同的殖民方法,都是为了达到这个目的。

五、恩格斯论两种殖民地的不同发展

马克思没有明确地指出两种殖民地的发展是不同的,这个理论上的不足由

[1] 《资本论》,第1卷,第820—821页。
[2] 加拿大原为英法殖民地,后经18世纪60年代历时5年的英法战争,加拿大全部成为英国殖民地。
[3] 《马克思恩格斯全集》,第21卷,第225页。

恩格斯弥补了。1882年恩格斯在致考茨基的信中指出："依我看，真正的殖民地，即欧洲人占据的土地——加拿大，好望角和澳大利亚，都会独立的；相反地那些只是被征服的、由土著人居住的土地——印度、阿尔及利亚以及荷兰、葡萄牙、西班牙的领地，无产阶级不得不暂时接过来，并且尽快地引导它们走向独立。"[1]他还指出："只要欧洲和北美一实行改造，就会产生巨大的力量和做出极好的榜样，使各个半文明国家自动跟着我们走，单是经济上的需要就会促成这一点。"[2]这就是说，经过不同的发展阶段，原来不同的殖民地和原宗主国都走向社会主义。

其后，共产国际第二次代表大会，根据恩格斯的论述指出："必须将下列两种殖民地区别开来：一类是资本主义国家用来作为它们剩余人口的殖民地区的殖民地，从而也就成了他们的资本主义生产体系的延续……另一类是帝国主义者首先用来作为销售市场、原料产地和投资场所而进行剥削的殖民地。这种区别不仅有历史意义，而且有重大的经济和政治意义。"[3]认为殖民地区的殖民地，就不是母国的销售市场、原料产地和投资场所，是不对的，但指出它们是母国资本主义生产体系的延续，从而和另一种殖民地不同，则是正确的。

历史已经证明，两种殖民地的发展是不同的。

---

[1][2]《马克思恩格斯全集》，第35卷，第353页。
[3]《共产国际文件》，莫斯科1933年俄文版，第838页。

资本主义垄断阶段的殖民地理论

第二篇

垄断前的资本主义，即自由竞争占统治的资本主义，发展到顶点的时期是19世纪60年代和70年代。其后，随着向垄断资本的过渡，向金融资本的过渡，资本输出成为垄断资本主义的重要特征。正是从这个时期开始，垄断资本主义的殖民政策加强了，争夺殖民地的斗争更尖锐了，分割世界领土的斗争达到极其尖锐的程度，世界也分割完毕。下面将论及的英国经济学家霍布森指出，从1884年到1900年，这是欧洲国家加紧扩张的时期；在这一期间，英国夺得了370万平方英里的领土连同5 700万人口；法国夺得了360万平方英里的土地连同3 650万人口；德国夺得了100万平方英里的土地连同1 470万人口；比利时夺得了90万平方英里的土地连同3 000万人口；葡萄牙夺得了80万平方英里的土地连同900万人口。殖民政策的加强，主要表现在两方面：第一，极力夺取更多的殖民地；第二，将殖民地和宗主国连起来，织成殖民帝国。

对于这种新的殖民现象，不同的理论家从不同的立场出发，并从不同的角度予以论述。一般的“帝国主义”理论家，描绘殖民帝国，并说明它是怎样形成的。尽管这种描绘和说明是具有阶级倾向的，但不像其后论述的那样明显。因此，我将他们归为一类加以论述，并不意味着我认为他们的倾向是相同的。

帝国主义者，不论打的是什么旗号，总是鼓吹殖民政策的。其中当权的政治家，赤裸裸地叫嚣要占领新的领土，语言毫无理论色彩，全是政策或口号，我就不予论述。例如，英国帝国主义分子罗得斯1895年说：为了解决失业工人的吃饭问题，为了使联合王国避免内战，他这样的殖民主义政治家就应当主张占领新的领土，来安置过剩的人和销售商品；这种纯属政策的东西，似乎没有什么论述的必要。反之，日本帝国主义理论家秋泽修二，为日本用武力侵占我国、妄图将我国纳入其“共荣圈”的帝国主义政策服务，利用马克思论述的亚细亚生产方式，提出的建立殖民帝国理论，则必须加以论述。

如果说，一般的帝国主义理论家，大体上只是描绘殖民帝国，而没有对宗主国和殖民地的经济关系加以分析，那么，无产阶级的理论家，则吸收前人理论中的合理因素，尤其是根据马克思的有关理论，分析这种关系，说明资本主义垄断阶段的殖民地的特有作用。由于各理论家受前人理论影响不同，分析问题的方法不完全相同,各自的理论修养不同,认识就有正误和深浅之别,但作为一个认识总过程,它是逐步深化和日益正确的。

在下面我们将看到,只有无产阶级的理论家,只有以马克思的基本经济理论为依据,才能在一个理论体系中研究殖民地问题,包括研究宗主国和殖民地的经济关系。其他的理论家,不可能这样研究问题。这就是说,像古典经济学家那样,在一个理论体系中研究殖民地,在这些理论家那里看不到了。原因很简单,马克思主义产生后,资产阶级为了反对它,连古典派的基本理论即劳动价值学说也加以反对。这样一来,当然就不可能在一个理论体系中说明问题,而且无法说明问题。没有理论和没有深度的情况日益明显。

第七章　殖民地成为新产生的帝国的组成部分

——殖民帝国产生时期的殖民地理论

一、概　　述

资本主义垄断阶段以前的殖民地,除爱尔兰同宗主国英国于 1801 年组成大不列颠及爱尔兰联合王国,即殖民帝国外,其余的殖民地都是各自存在着,并没有同宗主国在政治上连在一起,组成各种形式的殖民帝国。资本主义进入垄断阶段,情况就发生变化:殖民地成为新产生的殖民帝国的组成部分。帝国主义这个从古罗马帝国时产生的名词,现在又在新的经济条件下,在政治和经济生活中重新出现。殖民帝国产生的重要经济条件,是垄断资本主义所特有的资本输出,由于输出资本,就形成经济势力范围,由于垄断资本主义国家之间的竞争,就要将势力范围变成殖民地,并且将它和原有的殖民地和宗主国组成帝国,以保证宗主国的统治。垄断资本主义输出资本的目的在于攫取垄断利润。

这里论述的一般帝国主义理论家的殖民地理论,其主要特点是说明新产生的殖民帝国是怎么一回事。对于资本输出及其目的,他们论述不多。这些理论家分属于不同阶级,他们的帝国主义理论,作为一个总体也有不同的阶级倾向,但就其中的殖民地理论来说,这种倾向并不明显。至于它们由不同阶级的理论家加以发展,那是另一问题。

二、考茨基的殖民地理论

第二国际重要领袖考茨基和伯恩斯坦同样从 1898 年就开始谈论殖民地问题。但是,考茨基是从理论上谈的,并且开始时还没有为帝国主义的殖民政策辩护,这和下面论述的伯恩斯坦不同。伯恩斯坦是从政策上提出资本主义和社会主义不能没有殖民地的。

考茨基说,他在 1898 年就考察了“各种资本对殖民政策采取什么态度,并且还……说明了新的帝国主义政策与以前的殖民政策区别何在”[1]。

他认为从有文字记载的历史开始,就有一种以取得贡纳为目的的殖民政策,它是与原始村社即原始社会后期存在的农村公社,及其在以后的社会中仍然存在相联系。这就是,异族统治者只能从公社或共同体,而不能从个人那里取得贡纳。这种情况直到英国统治印度,荷兰统治印尼时仍然存在,因为前者实行的税收制度,后者实行的农业徭役制,都是建立在“这种共产主义基础之上的”[2]。这种政策在促进工业发展方面并没有起作用,而只在得到更多的奢侈品方面起作用。另外有一种殖民政策,是为了解决宗主国的人口过剩,但他认为这不是资本主义的殖民政策,因为他看到垄断资本主义国家的无产阶级也有腐朽的倾向,因而要从落后国和殖民地输入劳动力,从事“下贱”劳动的情况。

[1] 《民族国家、帝国主义国家和国家联盟》,三联书店 1973 年版,第 19 页。
[2] 同上书,第 22 页。

还有一种殖民政策,是为了取得更多数量的土地,这是中世纪封建统治者和美国南方奴隶主实行的政策,它与“促进经济进步简直是毫不相干”[1]。

随着商品生产的发展,出现一种旨在取得黄金的殖民政策。因为“那种在任何情况下都意味着权力和财富的商品,当然引起最强烈的扩张要求,因为人人都可以用得着它,人人都能取得它,谁也不会嫌它太多,这种货物就是钱币、黄金和白银”。[2]个别地区还有一些产品,比起金银来意义虽然小些,但也是重要的,这就是皮货、香料、象牙、橡胶和成为奴隶的劳动者,也是殖民政策的对象。考茨基没有明确地说,像这样的殖民政策是由那一种资本实行的。他只说:“从黄金财富这四个字的严格意义上来讲,它还不是帝国主义性质的”;力图要占有金矿的,“与其说是已经变成财政资本的工业资本,还不如说是纯粹的财政资本。力图要开拓那个国家的,与其说是出于一种用日益增长的出口来取得黄金的需要,还不如说是出于一种不通过商品交换而取得黄金的需要”[3]。这样说来,这里的纯粹的财政资本,应该是商业资本,这种殖民政策应该是商业资本,或不如说资本原始积累时期的殖民政策。

考茨基认为,工业资本“从一开始就显示出与商业资本和财政资本完全不同的趋向。它倾向于国际和平,倾向于用议会和民主制度来限制绝对的国家权力”,它“一直是反对食品和原料关税的。它往往甚至把工业税看成是一种教育性质的税收,看成是工业落后的结果,这种落后应该随着经济的发展而消失”[4]。这不外是说,工业资本倾向于实行自由贸易政策,它用这种政策可以向落后的农业国取得粮食和其他农产品,而不必实行殖民政策和占有殖民地。这与历史事实不符。

财政资本就不是这样。在考茨基看来,财政资本的第一个特征,就是财政资本国家化,也就是拥有托拉斯和大银行的资本家掌握国家政权。换句话说就是,工业资本时期的议会和民主制度,在财政资本时期地位下降。财政资本的

[1] 《民族国家、帝国主义国家和国家联盟》,三联书店1973年版,第23页。
[2][3] 同上书,第24页。
[4] 同上书,第19—20页。

第二个特征,就是出口的不仅仅是供外国用于消费的商品,而是用来充作资本的商品即生产资料,也就是输出资本[1]。这样,“那些拥有维护自己的独立所必需的力量的农业国家,不仅利用输入的资本修建铁路,而且利用它来发展自己的工业,例如在美国和俄国就是这样”;因此,“对抗竞争的愿望成了资本主义国家把农业地区直接当作殖民地或者间接地当作势力范围来加以征服的新的动机,这是为了阻止农业地区发展自己的工业,为了迫使它们只限于从事农业生产”。[2]因此,“随着工业国家扩大向世界农业地区资本输出的欲望的增长,使这些地区服从它们的国家政权的意图也就加强了”。[3]这就是财政资本殖民地的产生。

考茨基还说明殖民帝国,即宗主国将殖民地和它一起组成帝国的历史根源。英国曾经独占世界制造业和机器工业的生产,是世界工厂。但是,后来“西欧各国和美国东部各州同英国的工业相对立而从农业国发展成工业国。它们以保护关税来对抗英国的自由贸易。它们用大工业国对于世界上还没有被占领而又无力抵抗的那些农业地区的瓜分来代替英国所追求的、在英国的工业工场同所有其他地区的农业生产之间的世界分工。英国对此进行了反击。帝国主义就这样产生了”。[4]在英国最早产生的帝国主义,就是殖民帝国。

关于这一点,考茨基是这样说明的。1904 年他说:“大约一个世代以来,英国人把帝国主义一方面理解为把巨大殖民国家的所有部分同宗主国合并成一个统一国家的意图,另一方面理解为越来越扩大这个国家的意图。在‘大不列颠’以外的其他国家中,所谓帝国主义实际上只是指后一种意图,因为没有别的国家像英国那样拥有独立的殖民地”。[5]

考茨基还以英国为例,考察了殖民帝国构成中的殖民地。他指出:“构成不列颠殖民帝国的两根支柱之一的是欧洲作物的三大农业殖民地:加拿大、南非、

[1] 参见《民族国家、帝国主义国家和国家联盟》,第 20 页。
[2] 《帝国主义》,上海人民出版社 1960 年版,第 15 页。
[3] 同上书,第 14 页。
[4] 同上书,第 13 页。
[5] 同上书,第 1—2 页。

澳大利亚。它们的居民当然是很少的……但是它们意味着巨大的经济和政治力量……无论在国家制度上或者……思想上，都没有封建主义和专制主义时代的遗迹的拖累”[1]。另一个支柱是印度。“它的人口就是一个非常庞大的数字……自然界还赋予印度十分富足的物产资源……它所包含的社会发展阶段也比欧洲复杂得多。人们可以在印度看到还处在我们所知道的最低级的社会发展阶段的人……看到从这个阶段起一直到资本主义阶段的各个发展阶段的人”[2]。

但是，考茨基认为，扩大国内市场的最好办法并不是建立殖民帝国。他说：“扩大国内市场的最好和最有前途的办法不在于把民族国家扩展为多民族国家，而在于把各个具有同等权利的国家联合成国家联盟。大帝国的形式应该是国家联盟，不是多民族国家，也不是殖民国家”[3]。其理由不是经济方面的，而是政治方面的。据说，不必说殖民帝国，即使是多民族国家，都是同广大群众的民主要求背道而驰的。这种国家联盟可以有多种形式，也可以由若干联盟组成，最终可以发展为世界联盟。当时已有的形式是美利坚合众国；不列颠帝国实质上已经成为一个联邦即国家联盟；德意志帝国同它的邻国组成一个关税同盟，会成为欧洲合众国的起点。[4]

对于考茨基的殖民地理论，列宁有批评，留在后面谈。

三、霍布森的殖民地理论

1902 年，霍布森在其初版的《帝国主义》中说：“本书试图发现和探讨构成帝国主义政策基础的一般原则，这种政策的例证主要来自英帝国主义最近三十年来的发展”[5]。该书表列了 1900 年英国的殖民地和附属国，他对此加以说明时认为：“虽然为了便利起见，把 1870 年当作有意识的帝国主义政策开始的一

[1] 《民族国家、帝国主义国家和国家联盟》，第 34—35 页。
[2] 同上书，第 40—41 页。
[3][4] 同上书，第 77 页。
[5] 《帝国主义》，序言部分，第 17 页。

年,但显然这一运动直到80年代中间才突飞猛进地发展起来”。[1]他在这里的论述,同考茨基论述的英国人的帝国主义概念形成,在时间上相同,都是垄断资本主义产生之时。

霍布森从区分帝国主义、国家主义、国际主义和殖民主义,来确定什么是殖民地,然后再说明为什么要组成殖民帝国。但是在提出这个问题的该书首章“国家主义与帝国主义”中,他并没有回答什么是国际主义。他说:“一个国家向无人居住或人口稀少的国家移民,移民充分享有祖国的公民权利,或则建立近似祖国制度的地方自治,并在祖国的最后支配之下,这种殖民主义可以认为是国家的纯粹扩张”。[2]按此说法,这种殖民主义是对北美和大洋洲实行的,这些地方就是马克思说的移民垦殖殖民地。他认为,“在殖民地与宗主国远隔的场合,历史上长此维持这种情况的殖民地是少有的”。[3]它有两种情况:第一,切断这种联系而另行建立国家,这种可以认为是“国家主义明显扩张的远殖民地的唯一形态,是大洋洲和加拿大的英属自治领”。[4]其他的自治领如好望角等,那里的多数白人并非英国移民的后裔,“劣等”人种占人口的多数,气候和其他条件,表明其文明有别于宗主国的文明,“这种殖民地比大洋洲和加拿大殖民地,在时间的过程中更肯定地要凭内在的成长发展为各自的‘国家主义’的”。[5]第二,在主要方面完全保持政治上的束缚,“在这种情况下,帝国主义这一名词至少是同殖民主义一样适用的”。[6]除了移民垦殖殖民地中的加拿大、大洋洲和好望角等,“其他的殖民地都显然地是帝国主义精神的代表,而不是殖民主义精神的代表”。[7]这就是说,发展到后来,殖民主义的对象发展为独立国家,而帝国主义的对象则仍是殖民地。

对于真正殖民地的情况,霍布森的描述是:“在殖民地国家有相当一部分人口包括英国移民在内,他们和家属都是遵照英国的社会、政治习惯和法律生活:在多数情况下,他们是少数人对多数异邦的和隶属的人民进行政治和经济上的

[1]《帝国主义》,序言部分,第15页。
[2][3] 同上书,第3页。
[4] 同上书,第3—4页。
[5][6][7] 同上书,第4页。

统治，他们本身则在帝国政府或其地方委任者的专制政治的支配之下”。[1]他认为，其他欧洲国家的殖民地也是这样。

霍布森这种理论，其实是恩格斯两种殖民地有不同的发展的理论的重述。

现在的问题是，霍布森怎样说明殖民地的产生和殖民帝国的形成。殖民地产生的反面，就是帝国的扩张。他认为虽然骄傲、威望、好斗等各种现实而有力的动机，以及较为利他地自称为文明的使命结合在一起，被称为是帝国扩张的原因。但“主导的直接动机都是各个帝国主义国家出口阶级和金融阶级对市场和有利投资的需求”。[2]这种经济需求的迫切，是由于在新的资本主义的机械和动力的技术条件下，工业生产力的增长趋势超过了国内市场的需求，也就是生产率超过了国内消费率。霍布森由于信奉萨伊定律，于是对自己提出的论点加以反问：既然生产出来的东西属于与生产有关的人，他们或者自己消费，或者以之交换其他消费品，那么除非生产力在不同工业部门间的分布发生比例不调，否则过剩商品需要国外市场就是不合理的。对于这反问，他自己回答说，原因在于储蓄过度和消费太少，这不是由于“各个储蓄者的愚蠢，而是一般收入的分配使工人阶级所占的份额太少，雇佣阶级和占有阶级所占的份额太多。储蓄过度正是由后者所造成的”。[3]这个阶级收入的增长远远超过其奢侈生活的需要，于是储蓄就迅速增加；这些储蓄如用于投资，就不仅受到托拉斯化的限制，而且即使能在这一领域投资，就又增加了新的巨额收入和储蓄。于是，出路就是夺取国外市场。

为了进行对外贸易和投资，即夺取国外市场，本来并没有必要去占领一个国家，英国曾经是这样，它的理论家主张在经济上“解放”殖民地。但是，现在情况不同了，因为“被认为是一种政策的近代帝国主义的新奇之处，主要在于它为若干国家所采用。互相竞争的帝国这一概念，主要也是近代的事情”。[4]既然这样，占领殖民地，并使它在政治上和宗主国连成一起，即组成殖民帝国，就是

[1]《帝国主义》，序言部分，第40页。
[2] 同上书，导言部分，第1页。
[3] 同上书，导言部分，第3页。
[4] 同上书，导言部分，第5页。

由同一条件决定的了。霍布森说:“为了经济上的效果,增加的土地必须归入本国版图”;[1]“国旗所至,贸易随之”[2]:说的就是这个意思。

按照霍布森的理论逻辑,他还要回答为什么成为真正殖民地和成为殖民帝国的一部分的,是除了加拿大、大洋洲和好望角之外的那些殖民地,即大都是有色人种居住的地方。他认为,第一,英国“在同其他国家人民通商时,尽管我们确实无需去占领那个国家”,但在“古老的、人口众多的亚洲文明地区,和比较原始的、人口稀少的非洲和北美洲地区……差别很大”;[3]以印度为例,东印度公司原来纯粹是贸易公司,但实际上直到19世纪中叶都执行巨大的帝国扩张政策,如果几个先进国家也从事同样的活动,就会发生冲突,角逐者都要取得本国政府和印度土著的帮助,得到这种帮助的商业团体就获得主权,于是就把印度人置于自己的政治统治之下。[4]第二,“帝国主义扩张几乎都是在政治上并吞热带或亚热带的土地,白人是不愿意在这些地方安家立业的;几乎所有这些土地都稠密地居住着‘低等人种’”。在这些地区,“白人统治者带来了本国的统治方式,工业和其他文明的技术。随着这些新领土之‘占领’而来的,出现少数白人,其中有官吏、商人和工业家,他们对广大居民实行政治和经济统治,这些居民被认为是低等的,在政治上或工业上都不能行使相当的自治权”[5]。这是离开生产关系,而从白人优越,非白人应接受其统治,去论证有色人种地区命定为殖民地,并成为帝国组成的一部分。

第一次世界大战后的1938年,霍布森为其初版于1902年的《帝国主义》再度印行,写了一篇导言。他认为,三十多年来,虽然帝国主义在其经济和政治的特征方面的一般趋势,并未改变;但许多国家对帝国主义的态度,已有相当变化。他认为值得注意的是:第一,帝国主义一般趋势的唯一例外是美国。美西战争后,美国占有古巴和其他殖民地,实行的是有限制的帝国主义。但第一次

[1] 《帝国主义》,导言部分,第5页。
[2] 同上书,导言部分,第3页。
[3] 同上书,导言部分,第3—4页。
[4] 同上书,导言部分,第4页。
[5] 同上书,导言部分,第22页。

世界大战后，美国拒绝参加国际联盟、放弃对殖民地的积极支配，实行政治孤立主义，这"如何同美国的迅速工业发展无可避免地要与外国发生的贸易和信用关系"，要建立殖民帝国，不相矛盾，"这是个最近的将来煞费思索的一大问题"[1]。第二，俄国实行共产主义，对他国领土并不怀有侵略意图，但它一开始就要促使他国共产主义的成长。这就使一些国家的"占有阶级吓得想以稍有伪装，但非常现实的专制政治，来代替战后时期的浅薄的民主主义"，据说这就是意大利法西斯专政产生的原因。在这种条件下，资产阶级的国际主义就以反对布尔什维克主义为名，推行殖民主义，这样，"关税、禁运和其他惯例的孤立的经济国家主义，就同帝国主义的、可能以干涉弱小国家的自由来解决它们本身的政治和经济事务的对外政策积极地勾结起来"[2]。

霍布森所以发生第一个问题，是由于他只把殖民地的决定性特征，只看成是占有土地，而美国随着经济力量的壮大，实行的大都是不占领土地的殖民政策。第二个问题他提得很好，恰好预示了第二次世界大战后，美国一度建立的殖民帝国的特点：贫困产生共产主义，为扼制共产主义就要由美国实行外援，在种种名义的外援下，美国不仅控制了英、法的前殖民地，而且一度控制西欧和日本，建立了基本上不占领土地的美元殖民帝国。

四、洛里亚的殖民地理论

意大利经济学家和社会学家阿里尔·洛里亚(Achille Loria，1857—1943)，其著作在我国能看到的不多。我们大体上只知道恩格斯在《资本论》第三卷编者序言中批评他，揭露他在马克思逝世后的 1886 年，发表文章认为政治状态和政治事件应由相应的经济状态来说明，这一发现根本不是马克思于 1845 年作出的，而是他洛里亚 1886 年作出的；认为马克思的剩余价值理论和平均利润率是绝对不能相容的。其实，他的著作很多。他对社会问题的基本观点是：人和

[1] 《帝国主义》，导言部分，第 16 页。
[2] 同上书，导言部分，第 15—16 页。

土地要有一定的比例关系,比例破坏就发生社会问题,我们在这里着重研究的,是他关于两个帝国主义概念的理论。

1907年,他在《国际经济》杂志第三卷上,发表一篇题为《帝国主义的两个概念》的文章,实质上提出了殖民帝国可以包含两种不同殖民地的理论。他将帝国主义分为两种:第一,"经济的"帝国主义,它的目标是热带国家;第二,"商业的"或"贸易的"帝国主义,它的目标是其环境适合于欧洲殖民的国家。可以看出,事实上这就是恩格斯和霍布森关于两种殖民地理论的重申。但是,洛里亚没有停留在这里,他要论述这两种殖民地和宗主国在政治上组成殖民帝国,有不同的原则和方法。

他认为宗主国和热带国家组成殖民帝国,采取武力征服和占领的方法,热带国家在殖民帝国中的地位是没有差别的,也就是和欧洲殖民的国家成为自治领不同,热带国家是另一种殖民地;而宗主国和欧洲殖民的国家(当时已独立的美国除外)组成殖民帝国,则采取订立和平条约的方法,殖民地国家一般都成为自治领,自治领情况各异,宗主国对它们分别实行全面同化、统一关税和特惠关税等政策。

我们在前面说过,斯密主张英国在经济上"解放"殖民地,结果行不通。其后,边沁提出有些殖民地可以实行自治,并参与活动。加拿大、澳大利亚和新西兰,分别于1867年、1901年和1907年成为英属自治领。这是洛里亚的思想材料。

五、费边派的殖民地理论

英国的费边社成立于19世纪80年代。它由最有教养的资产阶级知识分子组成。它是马克思主义和社会主义运动的对立面。其后和其他一些组织加入并改组英国工党。费边派的理论就成为英国工党纲领的基础。

应该指出,英国工党对英国实行殖民帝国政策的态度,同其他资产阶级政党的态度并没有什么不同。就这个问题,恩格斯曾经指出:英国工人对殖民政策和对一般政策的想法一样，英国没有真正的工人政党，有的只是保守党和自由激进党，而工人十分安然地同他们共享英国的殖民地垄断权和在世界市场上的垄断权。马克思和恩格斯认为，这是英国无产阶级资产阶级化的经济根源。

费边派的重要成员肖伯纳在《费边主义与帝国》中，提出了英国所需的殖民帝国理论。他说：第一，对问题的认识应当从对效能的要求出发。不论对自己的国家、政府，还是对整个世界，都应这样。地球是属于全人类的，应该发挥其效能为全世界的利益服务。任何国家都不能不顾他人的利益而任意使用自己的领土；第二，国际交通和通商是人们的权利。为了实现这一权利，需要有和平执行契约的政府。本国政府如做不到这一点，则外来的商业强国必须建立适应这种要求的新政府，来代替原来的政府；第三，一个国家对于世界的价值，在于其文化的性质，妨碍国际文化之国，不论大小，必将灭亡；促进文化之国，则得到西方列强的保障[1]。

这里宣传的是垄断资产阶级的世界主义，否认落后国家的主权，将其置于“商业强国”统治之下，甚至公然干涉他国内政，或进行颠覆活动，建立新政府来取代原来的政府。这样一来，当时的商业强国英国就可以建立其霸权，成为殖民帝国了。不过，这里涉及的已是主权理论问题，我们不多谈。

其后，在30年代的大经济危机之后，英国费边社社员、工党理论家拉斯基教授对这个问题的看法，和肖伯纳的十分相同。他否认国家对外有主权，因而说：“一个民族变成国家，并坚持国家的特权的历史是与维持和平所依赖的条件不相容的历史”，“一个民族存在的事实，并不就使这个民族具有……全副武装的权利”。[2]在这一基础上，他具体说明这种理论要达到的经济目的，那就是：“国际秩序想要有效，必须控制如币制，关税，劳动标准，移民，原料供应，落后区域的开发等等事项，但要控制这些事项，它必须能够废止现有的种种用国家主权作保障的既得利益”[3]。

[1] 参见蔡中兴：《帝国主义理论发展史》，上海人民出版社1989年版，第54页。
[2] 《现代国家中的自由权》，商务印书馆1959年版，第147、151页。
[3] 《国家的理论与实际》，商务印书馆1959年版，第160页。

很明显，当时的英国是最强盛的垄断资本主义国家，这种理论企图使许多落后国家放弃主权、取消国防，接受英国的经济和政治统治，确保英国殖民帝国的地位。

六、希法亭的殖民地理论

1910年希法亭写了一本书，书名是《金融资本论》，副名是《对资本主义最新现象的研究》。列宁写《帝国主义是资本主义的最高阶段》时，对这本书和霍布森的《帝国主义》加以充分的利用。列宁还指出，霍布森是个改良主义者，幻想保留资本主义的生产，而改变它的分配；写作《金融资本论》时的希法亭基本上还是个马克思主义者，这从他论述帝国主义和殖民地问题，可以看出来，他的机会主义倾向表现在对垄断资本的看法，以及对社会主义革命应采取的步骤的看法上。列宁还指出，1912年第二国际召开过两次会议讨论帝国主义和战争问题，其内容很少越出这两位理论家论述的范围。

希法亭认为，帝国主义是金融资本采取的政策。所谓金融资本，就是由银行家所有而借给工业家使用的资本，完全是一种财产借贷或租赁关系，犹如土地所有者将土地租给农业资本家使用一样。原因是由于在流通领域中，最重要的是在银行中首先形成垄断，银行拥有巨额的来自社会的货币和资本，借给工业家使用，促使工业部门也形成垄断。换句话说，垄断不是由生产引起的，而是由流通引起的。他说："资本主义工业的发展使银行的积聚得到发展。积聚的银行体系本身是达到资本主义积聚的最高阶段即卡特尔和托拉斯的重推动力"；由于"现代工业是以比工业资本家所占有的全部资本还要远远大得多的资本来经营的"，这样，"随着资本主义及其信用组织的发展，工业对银行的依赖性增加了"，通过这种方式"实际上变成了工业资本的银行资本，即货币形式的资本，我把它叫作金融资本"[1]。

[1] 《金融资本》，转引自《第二国际修正主义者关于帝国主义的谬论》，三联书店1976年版，第187—190页。

在希法亭看来,金融资本实行的政策就是帝国主义。实行这种政策,是由于金融资本要输出资本。输出资本的必要,又是由于:第一,卡特尔化意味着获得额外的超额利润;第二,卡特尔化又意味着投资放慢,因为卡特尔限制产量,非卡特尔工业利润率下降使人不敢投资:由此产生的过剩资本就要求输出。

在这里我要特别指出,希法亭如何对资本输出下定义。他的定义包括两层:第一,为了在国外生产剩余价值的价值输出;第二,在国外生产的剩余价值要输入国内。他说,如果德国的价值(资本)输到加拿大去,生产的剩余价值不输入德国,这是德国资本的加拿大化,就不是德国资本输出。尽管希法亭不一定认识到这一点,但这暗含着资本输出是国内资本进行再生产的条件的思想。现在,有些人认为只要资本离开国境就是资本输出,这是一种形式主义的看法。

金融资本的政策即帝国主义要追求三种目的:"第一,建立尽可能大的经济地区;第二,应当用关税壁垒来防止外国在这些地区进行竞争;从而,第三,应当使这些地区变成民族垄断同盟经营的地区"[1]。这就是,金融资本要求宗主国和经济上的殖民地连成一个殖民帝国。

1915年在一篇论战文章《历史的必然性和必然的政策》中,希法亭将上述思想说得更明确。他说,帝国主义是金融资本的世界政策;这种政策在国内,使生产以越来越大的规模垄断地组织在卡特尔和托拉斯之中,为了这种组织的利益,它力图通过保护关税制度使国内市场由卡特尔等独占,从而大大地加剧了国家之间的对立;在对外方面,它的首要目的是资本输出,这就要求对不发达地区实行政治统治,金融资本为此就利用它所支配的国家政权。由于这样,"开拓越迅速,资本的输出量就越大,国内资本的周转就越快,仅仅由于这一点,就必须用武力征服殖民地;在短期内争先恐后地还把不发达的地区纳入发达国家的统治或利益范围"[2]。这就是殖民帝国的建立。

希法亭认为,无产阶级对金融资本的经济政策,对帝国主义的回答,不可能让其倒退为或回复到自由贸易,那是改良主义者的幻想,或反动的理想,而只能

[1] 《金融资本》,转引自《列宁全集》第39卷,第374页。
[2] 《历史的必然性和必然的政策》,转引自《第二国际修正主义者关于帝国主义的谬论》,第218页。

是社会主义。

我认为,希法亭关于殖民帝国的论述是正确的。缺点是将帝国主义看成是一种政策,但这缺点是时代的产物,因为在19世纪和20世纪之交,一般人都认为帝国主义是同自由贸易相对立的政策。他的重大错误在于:从流通即信用出发,说明银行资本支配工业资本就是金融资本。正是这种流通决定论,使他错误地认为,只要在流通领域实行社会化,在德国只要将柏林六家大银行社会化,就能实现社会主义。

希法亭的另一错误,是认为垄断可以完全消灭竞争,发展到最后由一个庞大无比的卡特尔囊括整个国民经济,此时由于只有一个所有者,商品生产就消灭了,无政府状态就成为有组织的经济。这也是流通社会化。据说,这样一来,"资本主义经济组织在一方、国家组织在另一方就明显地对立起来了,而问题在于我们打算怎样使它们互相渗透"。[1]资本主义经济组织和国家组织,即经济基础和上层建筑从来不会对立。对立的,只能是社会化的生产力和私人资本主义的占有。希法亭的流通决定论,使他看不到这一点。

希法亭试图在马克思之后,解释资本主义最新的经济现象,他的正确与错误,同样影响很大。

[1]《社会民主党在共和国中的任务》,转引自《第二国际修正主义者关于帝国主义的谬论》,第225页。

第八章　殖民地是实现资本积累的环境

——卢森堡的殖民地理论

一、概　　述

卢森堡的殖民地理论，见于她的在 1913 年出版的《资本积累论》。她的资本积累理论，是对马克思的资本积累理论，即社会资本扩大再生产理论的否定，她认为在资本主义条件下，在只有资本家和工人的条件下，资本积累是无法实现的；只有存在着资本家和工人以外的"第三者"，资本积累才能实现。她的资本积累理论包含着她的殖民地理论和帝国主义理论。她认为殖民地是由政治力量控制的实现资本积累的非资本主义环境(即"第三者")，帝国主义是争夺实现资本积累的非资本主义环境。由于她认为没有"第三者"或非资本主义环境，资本积累就不能实现，而随着资本积累的进行，非资本主义环境就逐渐消灭，到全部消灭时，资本主义就因不能积累而自行消灭或崩溃。由于她认为殖民地是实现资本积累的环境，它和资本主义在再生产上联系在一起，她就认为殖民地被压迫民族不应具有民族自决权。

资本积累理论是社会资本再生产理论中的一部分。再生产问题一直存在争论。争论的第一阶段，争论双方都接受斯密教条，即认为商品价值只分解为收入，不分解为资本，从而只看到个人消费，而忽视生产消费。在这共同的前提下，有的如老穆勒、萨伊、李嘉图认为，没有"第三者"，再生产能实现；有的如西斯蒙第和马尔萨斯认为，没有"第三者"，再生产不能实现。马克思批判了斯密教条,指出争论双方的错误,提出了他的社会资本再生产理论,认为资本积累可以在资本主义内部实现。卢森堡反对马克思的理论,开始了争论的第二阶段。她是否定斯密教条的。卢森堡的理论,受到鲍威尔的批评,对此她进行反批评。她的理论,也受到布哈林的批评。

二、批评马克思的社会资本扩大再生产理论

卢森堡对马克思社会资本扩大再生产理论的否定,以及对理论家们对她的批评进行的反批评,可以简述如下。

卢森堡认为,马克思的扩大再生产图式,第一,是兜圈子式的循环推论。因为第一部类扩大生产,为的是满足自己和第二部类扩大生产的需要,第二部类扩大生产,又是为了满足自己和第一部类扩大生产时增加工人的需要,这样,"资本家们就成为一种为了扩大生产而扩大生产的糊涂虫了";[1]第二,同马克思论证的资本主义生产和消费之间存在着矛盾,因而使资本主义生产过程中断这一理论相矛盾;第三,没有考虑劳动生产力,即资本有机构成和剩余价值率的提高;[2]考虑了这些因素,就会产生生产资料不足,而消费资料过剩的现象;[3]第四,没有表明产业后备军的存在;[4]这样,工人的自然繁殖,无论在时间上,还是在数量上,都不能和资本积累的要求相适应;第五,没有解决为了实现剩余价值,所需要的追加货币来源的问题。[5]对此,她的结论是:资本积累只能由资本家和工人以外的"第三者",只能在非资本主义环境里才能实现;它们消失了,资本主义就自动崩溃。

在反批评中,她特别强调:第一,"如果资本主义生产能够无限地充当它自己的消费者,即生产和市场是一体的话,那就完全不可能解释周期性危机的出

[1] 《资本积累论》,三联书店 1959 年版,第 262 页。
[2] 同上书,第 263 页。
[3] 同上书,第 265 页。
[4] 同上书,第 285 页。
[5] 同上书,第 234 页。

现”；[1]第二，如果资本主义生产能为自己建立一个“充足的市场，资本主义积累就（客观上）变成无限的了”，甚至当人类只存在着“资本家和无产者的时候也是这样，因为资本主义的经济发展是没有尽头的”；[2]第三，如果是这样，“为最遥远的市场和资本输出而竞争这个现代帝国主义最突出的特点”，也就是征服殖民地，亦即“资本的历史运动以及伴随而来的现代帝国主义变得完全不可理解”。[3]

卢森堡这些看法，表明她并不了解马克思的理论。社会资本的扩大再生产，是竞争的压力迫使各个资本家都要努力扩大生产的结果。社会资本扩大再生产所需要的实现条件，只表明必须具备一定的比例，扩大再生产才能实现，不是说资本主义时刻都具备这种条件，恰恰相反，资本主义的矛盾，使它的扩大再生产常常是在破坏中、即通过危机来实现，普遍的生产过剩危机的发生，不是由于用来积累的那部分剩余价值不能实现，而是由于商品的全部价值不能实现。在资本有机构成提高条件下，社会资本扩大再生产的实现，如后来列宁所分析的那样，也是需要一定的比例的，这比例同样可以由资本主义生产本身提供。至于资本主义的灭亡，不是由于它本身不能积累，而是由于生产关系妨碍生产力的发展，由工人阶级起来推翻它，也就是说，资本能自己进行积累也要灭亡。根据马克思的理论，资本主义无需非资本主义环境也能实现资本积累，它夺取国外市场和殖民地，如下面将指出的，是由其他原因造成的。

卢森堡指责马克思的扩大再生产图式既不反映资本有机构成的提高，又不反映产业后备军的存在，这表明她不了解马克思的方法，即在一般情况下实现扩大再生产的条件，也就是更多的生产资料、消费资料和成长的工人子女是具备的，至于产业后备军那是由资本主义矛盾产生的，当然不应包括在图式中。她一方面强调资本有机构成提高，另一方面又强调劳动力不足，这两者是自相矛盾的。她对鲍威尔进行反批评时，也是自相矛盾的。鲍威尔只不过将卢森堡

[1]《帝国主义与资本积累》，黑龙江人民出版社1982年版，第84页。
[2] 同上书，第85页。
[3] 同上书，第86页。

的理论在逻辑上发展一步，指出“在资本主义社会里，需要调整资本积累，以适应人口增长”；[1]并认为帝国主义增加工人的数量，采用的方法是“通过摧毁殖民地里旧的生产方式并从而迫使千百万人或者移居到资本主义地区或者在本国——资本已在那里投资——为欧洲或者美国的资本服务”。[2]在下面我们将进一步看到，这是对卢森堡理论的运用。但卢森堡却加以驳斥，而在驳斥中显得自相矛盾。她说：“恰恰相反，在帝国主义资本的本国里，在老牌资本主义国家里，不断存在一支完整的巩固的无产阶级产业后备军，而在殖民地里资本却老是埋怨劳力短缺。”[3]

至于扩大再生产的实现，需要更多的货币，这并不是由剩余价值的实现而引起的，在没有剩余价值生产，但社会生产总价格在增大的地方，都有这个问题。问题的答案已由马克思提供了，这就是：信用制度发达，货币流通加速，货币由贮藏状态到流通状态的转化，[4]作为货币材料的贵金属生产者生产的金银；这种货币极少磨损，并可以若干世纪地贮藏下来，这和一般商品不同。因此，在一般情况下，不存在货币数量不足，因而扩大再生产无法实现的问题。前面提到，资本主义发生和发展期，某些殖民地如北美、澳大利亚和南非，由于盛产黄金，加速了殖民者的到来，他们夺取黄金，是为了取得绝对的价值，取得可以转化为资本的货币，这种货币数量的增加，对于实现增大的商品总价格，当然有作用，但这绝对不是只对于实现资本化的剩余价值有作用。

三、资本积累必要条件的“第三者”和殖民地

卢森堡自以为驳倒了马克思之后，就提出她的资本积累理论。在她看来，资本积累问题就是剩余价值实现问题，但在只存在着资本家和工人的资本主义生产方式中，剩余价值是不能实现的，一定要在资本家和工人以外，存在着某种

[1] 转引自《帝国主义与资本积累》，第118页。
[2] 同上书，第154页。
[3] 同上书，第155页。
[4] 参见《马克思恩格斯全集》，第24卷，第383页。

"第三者",资本积累才能实现。实现的过程可分为两步。第一步:用于积累的剩余价值物质化在生产资料和消费资料中,资本家将它们卖给"第三者",例如农民,从农民手中取得货币,但这只是剩余价值的实现,还不是扩大再生产的实现,因为货币还没有转化为生产资本。于是就有第二步:资本家再用货币向"第三者"购买生产资料和劳动力(她在前面分析的生产资料和劳动力不足的问题,已为此准备了条件),这样,经过资本家和"第三者"之间的两次交换,资本积累才不仅在价值上,而且在物质上都实现了。她认为:"这两者都是资本主义生产与周围非资本主义世界之间的交易。所以从剩余价值的实现及不变资本物质要素的取得两方面来看,国际贸易,一开始就是资本主义历史存在的首要条件。"[1]

这些理论是错误的。首先,没有孤立的剩余价值实现问题,剩余价值是在价值实现中实现的。其次,她曾指责马克思的理论是循环推论,是为了扩大生产而扩大生产,但她的解决办法,即上述的两次交换,导致的结果是一样的,她兜了圈子之后,还是回到这一点上来。这正如马克思所说,在社会资本再生产问题上,将国外贸易拉进来,只起干扰作用,对问题的解决,毫无裨益。关于从理论上看,扩大再生产可以不需要国外贸易,但资本主义事实上有国外贸易,以及卢森堡所说的国际贸易的含义何在,所有这些问题,我们在后面结合殖民地问题,逐层讨论。

卢森堡认为,"第三者"或资本积累条件,除了个体农民即个体生产者或简单商品经济之外,还有国际借款和军国主义。国际借款对资本积累的作用是:资本主义国家把非资本主义阶层的货币变为资本;将这些资本用来购买或生产军需品和铁路材料;通过借款形式将铁路和军需品移入落后国家。[2]这就等于资本主义国家的"第三者"先用货币购买铁路材料和军需品(这两者是剩余价值的物质担当者),再将它们以贷款形式借给落后国家即"第三者",他们日后再偿

[1] 《资本积累论》,第 283 页。
[2] 参见《资本积累论》,第 335 页;这里原来说"移入新的资本主义国家",但从理论逻辑和整个论述看,至少应包括前资本主义国家和新产生的资本主义国家,故称为落后国家。

还。问题还是和以前一样,不同的是要另付利息。

卢森堡认为,军国主义所以成为资本积累的条件,在于它由国家财政来支持,也就是国家可以用赋税收入来购买体现在军火上的剩余价值。她着重的是能转嫁的间接税。资本主义企业交纳了间接税,商品价格相应提高,工人货币工资不变,实际工资降低,这就等于用劫夺工人劳动力的部分价值,来购买工人生产而由资本家占有的剩余价值,这既不是生产也不是实现剩余价值的方法。此外,工人在这里不是"第三者",因此和卢森堡的理论体系矛盾。

纳税的还有非无产阶级的消费者,例如农民。国家也可以用这些赋税收入来购买资本家的剩余价值(军火)。资本家得到货币后,再向农民购买生产资料和劳动力,以实现扩大再生产,情况和从前说的一样。所不同的是,由于农民要交税,这就等于资本家低于价值向农民购买,低于价值的部分就是农民交的税,再用它来购买资本家的剩余价值(军火)。这是违反经济规律的要求的,但符合卢森堡的理论体系:农民或非无产阶级消费者是"第三者"。

卢森堡这些理论和她的殖民地理论是相关联的。她认为资本积累有两个不同的方面。一个是纯粹的经济过程,它包括资本家和工人之间,以及资本家和"第三者"之间的交换,这两种交换,"只限于等价物的交换",在这里,"至少在形式上和平、财产和平等占支配地位"。[1]换句话说,从这一角度看,"第三者"无论是国内的还是国外的,都不是殖民地。至于在这条件下,"在资本积累的进程中,所有权如何变为对他人财产的掠夺,商品交换如何变为剥削,平等如何变为阶级支配,这些问题则有待于科学分析上锐利的辩证法才能加以阐明"。[2]她这种提法,显然受到马克思的影响;马克思说:"以商品生产和商品流通为基础的占有规律或私有权规律,通过它本身的内在的、不可避免的辩证法转变为自己的直接对立物",[3]也就是"商品生产按自己本身内在的规律越是发展成为资本主义生产,商品生产的所有权规律也就越是转变为资本主义的占有规

[1][2]《资本积累论》,第364页。
[3]《马克思恩格斯全集》,第23卷,第640页。

律”。[1]但是，她始终无法阐明，也就是无法说明在纯粹关系上殖民地是怎样形成的。因此，她将这一经济过程同殖民地形成加以割裂。

资本积累的另一面，“涉及资本主义与非资本主义生产方式之间的关系，而这些关系是开始在国际舞台上出现的。它的主要方法是殖民政策，国际借款制度，势力范围政策和战争”。[2]这就是殖民地的形成过程。本来，根据她的资本积累理论，作为积累必要条件的“第三者”，既可以是国内的，又可以是国外的，其经济作用相同。但当她谈到殖民政策时，却强调资本主义和“第三者”的关系，是要在国际舞台上出现的，即导入一个非经济的因素：国家的政治疆界。接着而来的，就是含有政治因素的国际借款制度、势力范围政策和战争(后两者就是军国主义)。这样，她就强调政治或暴力在殖民地形成中的作用。她说：“在这里是完全赤裸裸的暴露出公开的暴力、欺诈、压迫和掠夺。”[3]

她将资本积累两方面结合起来并指出：“政治上的暴力，只是经济过程的一种工具。资本再生产的条件本身提供了资本积累两个方面有机地相互结合起来的纽带。只有把这两方面结合起来，才能理解资本主义的历史事迹”。[4]这集中地表明，她不懂得揭示资本积累规律所需遵守的方法。暴力能促进或阻碍经济发展，但揭示积累规律，必须将暴力排除在外。就殖民地来说，暴力虽能加速它的形成和巩固它的地位，但揭示资本积累的规律时，必须将暴力的作用去掉。她也承认：“要想从这些乱纷纷的政治上暴力和权利的掠夺中，探求出经济过程的严密规律，那是需要费一点气力的”。[5]应该说，即使费气力也无法从暴力中找经济规律。布哈林就从这方面批评她。

总起来说就是，卢森堡的资本积累理论以及作为它的构成部分的殖民地理论，都是错误的；她不仅错误地认为“第三者”的存在是积累的必要条件，而且又错误地将具有同样作用的“第三者”以国家限界区分开来，认为被施加以暴力的国外“第三者”就是殖民地，但又不能说明有暴力在其中起作用的资本积累的规

[1]　《马克思恩格斯全集》，第23卷，第644页。
[2][3][5]　《资本积累论》，第364页。
[4]　同上书，第364—365页。

律是什么。

四、殖民地的作用和什么是帝国主义争夺的殖民地

卢森堡一直认为，作为“第三者”的一个部分的殖民地，其作用就是成为资本积累的环境。由此她又认为：“帝国主义是一个政治名词，用来表达在争夺尚未被侵占的非资本主义环境的竞争中所进行的资本积累的”。[1]这两段话说明，在错误的资本积累理论的基础上，存在着十分严密的逻辑联系。这就是说，根据她的资本积累理论，她必然逻辑地认为，争夺资本主义环境，以及再争夺已被侵占的从前的非资本主义环境，都被排除在帝国主义之外，即使事实上存在着这样的争夺和再争夺，这被争夺和再争夺的对象，由于已经是资本主义，以及已经处在资本主义化的过程中，它们本身不但不能成为资本积累的环境，相反地还要去取得这样的环境，因此它们无论如何都不可能变成作为资本积累环境的殖民地。

卢森堡的批评者鲍威尔是理解卢森堡理论中这种逻辑联系的；他说：“卢森堡同志用下面的方式来解释帝国主义：剩余价值变为资本，在一个孤立的资本主义社会里将是不可能的。这只有在资产阶级不断地扩大它的市场，以便能够在尚未有资本主义生产的地区（着重号为引者所加）出售包含积累起来的这部分剩余价值在内的那部分剩余价值的情况下，才是可能的。这是帝国主义的目的。大家知道，这个解释是不正确的。”[2]糟糕的是，鲍威尔未能正确地批判卢森堡的资本积累理论，并指出帝国主义为什么要夺取殖民地，以及什么是帝国主义争夺的殖民地。

前面我们曾经论述过鲍威尔是沿着卢森堡的理论方向前进，来批评卢森堡的。当时我们举的例子是，鲍威尔认为资本积累首先受到人口增长的限制，因此资本主义和帝国主义都要征服殖民地，以便取得资本积累所需的劳动力。这

[1]《资本积累论》，第359页。
[2] 转引自《帝国主义与资本积累》，第149页。

本来是符合卢森堡的理论的，因为她也认为资本主义和非资本主义之间的第二次交换，是前者向后者购买生产资料和劳动力。但是，由于鲍威尔不但没有强调第一次交换，即剩余价值要由非资本主义环境来实现，却相反地指出，用于积累的剩余价值完全可以由资本主义来实现，此外又提出资本积累要受人口限制的理论，这就被卢森堡批评为"新人口论"。卢森堡还根据事实，指出："鲍威尔想象出一个从殖民地流向资本主义生产的古老中心的工人'洪'流，而任何有眼者都能够看到，恰恰相反，工人随着资本从古老中心输往殖民地而迁往殖民地"。[1]但是，也有资本在殖民地实行奴隶制和强制劳动，以及从殖民地输入廉价劳动力的事实，这就不是实现资本积累的需要，而是为了加强剥削的需要。

鲍威尔还认为，帝国主义需要殖民地，也是为了取得海外原料和获取新的市场，这本来也是符合卢森堡的积累理论的。但卢森堡批评说，在鲍威尔那里，取得海外原料不仅是个次要问题，而且和"他的积累理论没有经济关系"，[2]因为如果从殖民地取得原料，为的是原料便宜，能够提高资本的利润，那就和资本积累的实现没有关系了。至于获取新的市场，只要它不是前资本主义经济性质的，不能成为资本积累环境，那么在卢森堡看来，对资本来说是坏事，因为这个市场不仅不是资本积累环境，而且它本身要求有这样的环境。

总之，卢森堡反复错误地说明，殖民地是实现资本积累的环境，而不是为资本主义和帝国主义提供超额利润和垄断利润的场所。鲍威尔未能从这里批评卢森堡，并说明帝国主义为什么要争夺殖民地。以后我们看到，布哈林虽然能从这方面批评卢森堡的帝国主义定义，并说明帝国主义为什么要争夺殖民地，但他并不了解卢森堡的资本积累理论和她的帝国主义定义之间的逻辑联系。

卢森堡是从她的资本积累理论来论证帝国主义，以及什么是帝国主义争夺的殖民地的。因此，她虽然也认为帝国主义是一个历史阶段，但这绝不是垄断资本主义阶段，或金融资本阶段，而是资本积累的一个阶段。

她认为资本积累可分为三个阶段，这就是："资本对自然经济的斗争，资本

---

[1] 《帝国主义和资本积累》，第155页。
[2] 同上书，第156页。

对商品经济的斗争,资本在世界舞台上为争夺现存的积累条件而斗争”。[1]所有这些斗争,只要是为了取得国外的积累环境或条件,并且是借助政治力量进行的,如上所述,这种积累环境就是殖民地。但当资本主义国家之间无需相互争夺就取得殖民地时,这时就只有殖民政策或殖民主义;但发展到某一阶段,资本主义国家之间相互争夺去取得殖民地时,相互争夺的政策就是帝国主义。所以她同样认为,帝国主义是资本主义国家相互竞争争夺殖民地采取的政策。

但是,根据她的资本积累理论和帝国主义定义,资本主义国家之间争夺早已确立了资本主义生产方式的地区,例如德国向法国争夺亚尔萨斯和洛林,这种争夺的政策就不是帝国主义政策,亚尔萨斯和洛林即使被割去也不是殖民地,因为其资本主义生产方式使它们不可能成为资本积累的环境,相反地,却要去取得这样的环境。

根据同样道理,资本主义国家之间再争夺、再分割已经成为资本积累环境的殖民地,例如美国和西班牙再争夺西班牙的殖民地菲律宾和古巴,也不是帝国主义政策。这是因为,这些殖民地虽然原来存在的是前资本主义生产方式,正由于这样,它们才能成为资本积累的环境,但是它们成为这样的环境以来,由于在资本积累中那两种交换的不断进行,它们也产生着资本主义生产方式,逐渐地再也不可能成为资本积累的环境了,因此对它们的再争夺,就不是帝国主义政策。

五、错误的殖民地理论导致否定民族自决权

卢森堡认为,“第三者”逐渐地最终也会发展为资本主义生产。这时由于没有“第三者”,她就认为资本主义会自动崩溃。卢森堡又由于认为,殖民地作为资本积累的环境,在资本积累过程中,它不仅会产生资本主义生产方式,而且必然逐渐同资本主义宗主国的经济,在再生产上连在一起,一旦切断就发生经济

[1]《资本积累论》,第291页。

混乱,因此她错误地提出,殖民地被压迫民族不能有民族自决权。这是由她的错误资本积累理论导致的重大错误政治理论。下面谈论她如何产生后一错误。

卢森堡是从反对波兰独立到反对民族自决权的。所谓民族自决权,在帝国主义条件下,指的就是在殖民帝国统治下的殖民地被压迫民族,脱离殖民帝国,组织独立民族国家的权力。

早在 1908 年,卢森堡就反对波兰从俄国统治下脱离出来,组织成一个独立民族国家,反对民族自决权。她说,考茨基所说的民族国家,只是一种抽象的东西,实际上存在的是强盗国家;资本主义列强的发展和帝国主义,使弱小民族的"自决权"成为虚幻的东西。接着,她又指出小国家在经济上依赖于大国家,资产阶级国家为了用强盗手段去征服异族而互相斗争,因而存在着帝国主义和殖民地等事实。

反对民族自决权,忽视殖民地被压迫民族组成民族独立国家对发展经济的作用,当然是错误的。资本主义经济发展的历史表明,在全世界,资本主义彻底战胜封建制度的时代,总是与民族运动相连的。这种运动的经济基础在于:为了保证商品生产的充分发展,就必须使资产阶级夺取国内市场,必须使操同一语言的人民,在所居住的地域内,用国家的形式联系起来,并运用政权铲除一切妨碍资本主义商品生产发展的障碍。这就是民族国家的产生原因和历史作用。正因为这样,列宁很同意考茨基的论述,即单一民族国家是资本主义较为发达的标志,多民族国家,也就是由一个资本主义较为发展的民族,去统治较为落后的民族的国家,是资本主义较为落后的标志。殖民帝国,即由资本主义宗主国和殖民地组成的各种形式的帝国、联邦、共同体,从某一点看就是多民族国家。在这种条件下,殖民地被压迫民族,脱离宗主国的统治,组织成独立的民族国家,对经济的发展,当然有重大的作用。卢森堡对此加以反对,显然是错误的。

卢森堡产生这种错误的理论根源何在呢?我经过反复思考,并联系她的思想发展过程,初步认为就是她的资本积累理论。

她原为波兰人。1898 年去德国,同年取得德国国籍。1908 年至 1914 年在德国社会民主党中央党校任教,并着手写一本《国民经济学》。在写作过程中觉得马克思《资本论》第二卷有些问题，同当时的帝国主义政策有关，为了深入研究这些问题，她便先写成《资本积累论》。《国民经济学》的手稿，是她在1919年牺牲在敌人的屠刀下之后，才以《国民经济学入门》为名正式出版。

在《国民经济学入门》中，她写道："世界经济的发展，又引起一系列对资本主义生产有重大意义的现象"；欧洲的资本主义侵入到欧洲以外诸国，是通过两个阶段的："第一，通过商业的侵入，把土著居民卷入商品交换中，部分地还将土著居民现有的生产形态转化为商品生产；第二，采用各种手段，掠夺土著居民的土地，从而攫取他们的生产资料。这种生产资料在欧洲人手中转化为资本，而土著居民则变成无产者。但是，照常规看来，继以上两个阶段后，迟早应该出现第三个阶段——即或者由欧洲移民，或者由富有的土著居民在殖民地建立起自己的资本主义生产"。这样，"由于世界市场的创立，不仅资本的权力和统治扩大到全世界，而且资本主义生产方式本身也不断遍及于全世界"。[1]这些思想在《资本积累论》中，就发展为理论。

正是在这种思想指导下，她在1908年反对波兰独立和民族自决权，并引用她于1898年写的博士论文《波兰工业的发展》的材料，说明波兰已迅速地把工业制品向俄国出售，由此认为在俄国和波兰的关系中，现代资本主义的纯粹经济因素已经占优势。既然在再生产方面，波兰和俄国，即殖民地和宗主国是连在一起的，波兰就不应独立，即殖民地不应有民族自决权，不应独立为民族国家。

这里的错误，从理论看，仍然是资本积累理论的错误。她的理论既然如此，那么，如果我们的批判，只是着重说明，就俄国和波兰的关系而言，俄国是带有资本主义前期特点，即具有宗法专制制度特点的国家，而它的殖民地波兰却是资本主义迅速发展的民族隔绝地区，俄国和波兰之间的联系，不是现代资本主义式的，而是宗法专制制度式的，因而，它妨碍波兰资本主义经济的发展。这就不能击中要害。同样道理，认为殖民地不独立为民族国家，其资本主义就不能

[1]《国民经济学入门》，三联书店1962年版，第258页。

发展，这固然正确，但也不能击中要害。

但是，即使根据卢森堡的资本积累理论，她反对民族自决权也还是错误的。因为殖民地被压迫民族争取独立，组成民族国家，在经济上并不意味着必然要切断同宗主国的联系，再生产不会由此引起混乱。她是错误地将民族国家独立问题，看成是必然在经济上同宗主国相决裂的问题了。

六、错误理论中的积极因素

卢森堡的资本积累理论无疑是错误的。但错误的理论有两种，一种是毫无积极的因素，不能启发人们去思考一些问题，并由此得出新的理论，另一种则是有积极的因素，能启发人们去思考一些问题。我认为卢森堡的理论属于后者。我经过反复思考，觉得卢森堡的错误理论能启发我们去思考问题，并由此能得出新的理论的，最重要的有两点：

第一，她根据资本积累理论认为，资本主义是“第一个自己不能单独存在的经济形态，它需要其他经济形态作为传导体和滋生的场所”。[1]这个其他经济形态，可以有国内的和国外的，国外的再加上是由政治力量控制的，这就是卢森堡所理解的殖民地。资本主义之所以需要殖民地，并不是由于实现资本积累的需要，这在前面已经说明，后面将进一步说明。她这个命题中包含的方法论问题是：有的经济形态是不能单独存在的。这是值得我们思考的。后面将说明，垄断资本主义经济成分就是这样，因为垄断利润要来自非垄断资本主义经济，即垄断资本家和他雇佣的工人以外的“第三者”，也就是说，垄断资本主义需要有殖民地才能存在。[2]这事实上是对社会发展史提出问题。

第二，她根据资本积累理论认为，“国际贸易，一开始就是资本主义历史存在的首要条件。因为国际贸易，在实际的情况下，基本上是资本主义生产形态

[1]《资本积累论》，第376页。

[2] 奴隶制经济也是不能自己单独存在的。因为奴隶作为最重要的劳动力，不是由奴隶成立家庭自然繁殖出来的，而是捕捉、俘虏而来的。这些劳动力应是奴隶制以外的成员。参见马克思《资本论》第2卷，第539页。

与非资本主义生产形态之间的交易”。[1]可见，她说的国际贸易，就是恩格斯说的世界贸易。从这里出发，她进一步认为，“应该修正内部市场和外部市场这两个概念，这两个概念在关于积累问题的争论中是很重要的。内外市场在资本主义发展过程中，确实起着很大的，但完全不同的作用”。从资本主义生产的观点上看时，“国内市场是资本主义的市场，资本主义生产是它自己的生产物的购买者及其自身的生产要素的供应者。国外市场是吸收资本主义的生产物并供给资本主义以生产要素及劳动力的非资本主义环境”。因此，“德国与英国在相互交换商品上，主要构成了国内市场。但德国工业与德国农民间的交换，就德国的资本上看，表现为国外市场的关系”。[2]从交换双方经济成分的异同，来区分国内市场和国外市场，或内部市场和外部市场，这是有启发性的，虽然这思想本身来自列宁。从这里出发，她就认为，资本主义国家必然用政治力量加强夺取国外的外部市场，使其成为殖民地，用关税壁垒保护国内的外部市场，使其不成为外国的殖民地，这对于我们研究垄断资本主义如何攫取垄断利润是有启发的。

将上面两点结合起来，再运用卢森堡以资本积累理论为基点的外部市场和内部市场的概念，并将外部市场中存在的国家政治因素，即将国家疆界和政治暴力因素去掉，然后将这个被卢森堡错误地理解为资本积累的环境看成殖民地，这样，资本主义的殖民地就可以区分为国外的和国内的了。从资本积累的观点看，这是错误的；但从政治经济学的观点看，尤其是从攫取垄断利润的观点看，这是正确的。下面将谈到，列宁和其他理论家都认为帝国主义的殖民地，可以区分为国外的和国内的两种。

由于卢森堡的错误理论中包含着非常宝贵的思想，我想将这些错误和英国古典政治经济学鼻祖威廉·配第的错误相比。配第一开始就认为，通过对等量劳动进行估价，是平衡和衡量各个价值的基础，但在实际运用中，情况是多种多样和错综复杂的。因此，为了达到某些具体目的，他又认为，必须找出土地和劳

[1] 《资本积累论》，第283—284页。
[2] 同上书，第289—290页。

动之间的自然的等同关系，以便使价值可以随意在这两者之一，或更好是在这两者之中表现出来。他认为在土地和劳动之间可以建立等同关系，这当然是错误的，但马克思说这迷误本身是天才的。卢森堡的错误，可否也这样说呢？

列宁说，卢森堡在波兰独立问题上犯过错误，在资本积累理论问题上犯过错误，在其他问题上也犯过错误，但她曾经是只鹰，而且现在仍然是只鹰，不仅对于她的纪念将永远对全世界的共产党人是宝贵的，而且她的传记和全集都将成为教育全世界数代共产党人的最有益的读物。列宁的教诲，既正确，又深刻。

第九章　殖民地是金融资本实现额外利润的场所
——布哈林的殖民地理论

一、概　　述

布哈林的殖民地理论是其帝国主义理论的构成部分。他的帝国主义理论主要见诸1915年写成、1918年才出版的《世界经济和帝国主义》,和1925年出版的旨在批判卢森堡积累理论的《帝国主义与资本积累》。如果说,列宁主要是从资本主义发展的垄断阶段的角度来研究帝国主义的,那么,布哈林就主要是从世界经济的角度来研究帝国主义的。由于这样,我们也要从世界经济的角度来研究布哈林的殖民地理论。

在布哈林看来,世界经济是资本国际化和资本民族化的产物。资本国际化和民族化事实上是资本运动相互联系的两个方面。资本国际化指的是资本要突破民族国家的界限,资本民族化指的是突破民族国家界限的资本,要将它到达的地区置于自己的统治之下。由于资本这种运动,国民经济就变成世界经济,而世界经济就是全世界范围的生产关系和与之相适应的交换关系的体系。

在世界经济形成的条件下,帝国主义政策的产生和帝国主义殖民地的形成,布哈林认为是由于金融资本的产生。他说:“在现代,金融资本的利益首先要求扩张本国领土,也就是说,施行征服政策,采用军事压力,推行‘帝国主义的兼并’路线。然而,在由于特殊历史条件且在很大程度上维持旧时的自由贸易制度,而且国家领土十分大的地方,我们看到与施行征服政策并行出现的一个趋向，即把国家有机体的分散部分结合起来，使殖民地与宗主国合并，组成一个具有共同关税壁垒的广大的统一帝国的趋向。”[1]这就是金融资本政策下的殖民地。

二、金融资本政策的三个根源

布哈林认为，作为世界经济交叉点的国民经济是不断变化着的，它的变化是世界经济变化的基础。随着国民经济的变化，资本家的垄断组织就产生。这是资本积聚与集中过程的逻辑的和历史的延续。这种垄断组织，不仅有同一生产部门的横向集中，而且有不同生产部门的纵向积聚与集中。因此，“从整个社会范围来看，这全部过程趋向于使整个‘国民’经济成为所有各生产部门间有组织联系的一个统一的联合企业。上述过程也在另一方面迅速进行着：银行资本向工业渗透，从而资本变为金融资本”。[2]所谓整个国民经济成为一个统一的联合企业，这理论是错误的，它对布哈林殖民地理论的影响，下面再谈。这里先谈金融资本和殖民地的关系。

布哈林是从资本纵向的积聚和集中的角度来论述金融资本的产生的。因此，正确的说法就不应该是银行资本向工业渗透，而是银行资本和工业资本混合生长或日益融合。列宁正是从这一角度来理解布哈林的论述，并加以肯定的[3]。

那么，金融资本为什么要夺取殖民地，并将它和宗主国组成殖民帝国呢？我们记得，希法亭是怎样解释金融资本政策追求的目标的，这就是垄断化的部门限制了资本的投资，非垄断化的部门则由于利润率有下降的趋势，使资本不愿在这一领域投资，于是过剩的资本就要输出，这就产生了金融资本政策追求的目标，即夺取殖民地。希法亭的金融资本定义，显然影响了布哈林，但布哈林对金融资本政策产生原因的解释和希法亭不同。布哈林认为，垄断的金融资本

[1] 《世界经济和帝国主义》，中国社会科学出版社 1983 年版，第 56—57 页。
[2] 同上书，第 48 页。
[3] 参见《帝国主义是资本主义的最高阶段》，第 38 页。

要取得额外利润,就要以高关税来保护国民经济。“正是由于关税,使垄断组织获得额外利润,这笔额外利润被垄断组织在争夺市场的斗争中(倾销)用作出口奖励金。一般地说,这种额外利润可以通过两条途径来增加。第一,在国家的现有领土范围内增加销售;第二,扩大国家领土”。[1]要增加国内销售是有困难的,因为资产阶级不可能增加工人阶级所得的份额,这使国内市场受到限制。于是,资产阶级要求扩大经济领土。在其他条件不变的情况下,经济领土越扩大,额外利润就越多,要支付出口奖励金并施行倾销就越容易,因而国外销售额就越大,利润率就越高。

经济领土之所以能给垄断组织提供额外利润即垄断利润,在布哈林看来是由于经济领土已成为垄断组织的商品销售市场、原料市场和投资范围。因此,他对金融资本政策原因的解释,虽然和希法亭不同;但他对希法亭关于金融资本目标的说明都完全同意。他写道:“希法亭极其中肯地描述了现代政策的基本目标。他说:‘金融资本的政策追求三重目标:第一,建立尽可能大的经济领土;第二,这个领土必须用关税壁垒保护起来,以防国外的竞争;从而第三,这个领土必须成为本国垄断公司的剥削场所’。”因为“经济领土的扩大给民族卡特尔开辟了农业区,从而开辟了原料市场,并且扩大了销售市场和投资范围;关税政策可以抑制外国的竞争,取得超额利润,并且使倾销这个破城槌发生作用。这一整套办法有助于垄断组织提高利润率。”[2]布哈林认为,金融资本这种政策就是帝国主义,而这种经济领土就是殖民地,或者是殖民地的主体。

以下我们分别从销售市场、原料市场和投资范围三方面说明经济领土是怎样为垄断组织提供超额利润的。

三、殖民地是金融资本实现额外利润的场所

布哈林对资本主义生产要夺取销售市场的分析,和卢森堡完全不同。他强

[1] 《世界经济和帝国主义》,第56页。
[2] 同上书,第80—81页。

调的是攫取超额利润，反对的是实现资本积累。他认为资本总利润取决于商品销售量和单位商品利润。后者又取决于单位商品售价和成本，而单位成本和销售量成反比。假如由于扩大销售量而使单位成本降低，那么，在国外增加的销售量即使无利可图，即使按照生产成本销售，总利润量也仍然增加。“所以，利润的运动，驱使商品越出国家疆界”。[1]这是第一个原因。

第二个原因是，“在经济结构不同的国家之间进行商品交换”[2]，比较发达的国家可以取得超额利润。在这里，布哈林引用了马克思的有关说明，这就是我们在前面论述过的那些原理。[3]布哈林特别指出：在这里，“马克思已经预见并且解释了，在一定的领域里，由于垄断组织的支配地位，会发生超额利润的某种固定性。这种情况，在现代具有特别重要的意义。”[4]这里说的是，马克思针对李嘉图批评斯密的有利的外贸能提高一国平均利润率的论述时，曾经说过，如果没有垄断的妨碍，这种超额利润就参加平均利润的形成，并由此提高平均利润率。

争夺销售市场，其表现是各民族资本主义之间的竞争。因此，“社会机制各部分没有均衡，没有协调的发展，最近比任何时候都更严重，因此发生深重的危机和急剧的变化”。[5]

关于夺取原料市场，布哈林强调的也是攫取利润。资本主义利润率下降趋势的规律，使资本要寻求廉价的生产资料和劳动力。这是第一。

第二，更为重要的是，“工业的发展与为制造业提供原料的农业发展之间的不均衡”[6]，从而引起农产品价格上升，从而使利润率下降。农业落后于工业的原因，他根据马克思的分析，认为是土地私有权。

由于这样，“各个‘国民经济’的资本家要求扩大原料市场的倾向愈加强烈”；在这里，“各列强国家资本家在争夺原料方面的利害冲突，与在销售方面的

[1][2]《世界经济和帝国主义》，第59页。
[3]参见《资本论》第3卷，第264—265页。
[4]《世界经济和帝国主义》，第61页。
[5]同上书，第64页。
[6]同上书，第66页。

竞争同样激烈”。[1]总之,“资本主义发展的步伐愈迅速,经济生活的工业化与农村都市化进程愈强有力,工业与农业之间的不均衡就愈严重,工业发达因为占有落后国而竞争也愈激烈,这就不可避免地引起它们之间的公开冲突”。[2]

关于夺取投资范围,布哈林首先引用了马克思的有关分析,说明增加了资本而利润不增加,就是资本过剩,说明资本输往国外,是因为在国外能按更高的利润率来使用。但是,他并没有如像马克思那样,说明落后国的利息率和利润率为什么比发达国家高。他着重说明的,是金融资本为什么要输出资本。重要的原因有两个:第一,垄断组织限制产量,即限制投资,非垄断部门由于要给垄断部门提供垄断超额利润,所以利润率下降得使人不愿投资,因此资本要输到国外。第二,高关税的存在,使商品输出受阻,但丝毫不影响资本输出,相反,它还促进了资本输出,因为资本输出可以绕过高关税,得到与当地资本家相同的保护。此外,当资本输出以贷款形式进行时,除得到利息外,又可促进商品输出。

他认为,“从现代资本组织形式的扩展的观点来看”,资本输出,是“有组织的‘民族’工业、‘民族’金融资本对新的投资范围的攫取和垄断化罢了。资本输出是金融集团实现其经济政策最便利的方法,它最能容易地征服新领土。因此,各国间竞争的尖锐化在这里表现得最为明显”。[3]

由于金融资本争夺销售市场、原料市场和投资范围,“在 1876—1914 年期间,列强获得了大约 2 500 万平方公里的殖民地土地,相当于欧洲面积的两倍。全世界在强大国家的‘经济’之间被瓜分了”。[4]

四、殖民地再生产着金融资本的生产关系

布哈林始终是从世界经济的角度来研究帝国主义政策和殖民地问题的。当他这样做的时候,他又以历史唯物论为研究问题的工具,深刻地指出:“在一

[1] 《世界经济和帝国主义》,第 68—69 页。
[2] 同上书,第 70 页。
[3] 同上书,第 77 页。
[4] 同上书,第 63 页。

定生产制度基础上产生的政策，其职能就是促进该种生产关系的简单再生产或扩大再生产。封建统治者的政策，就是要加强和扩大封建的生产关系；商业资本的政策，就是要扩大商业资本的统治范围；金融资本的政策，就是要在更大的范围里再生产金融资本的生产基础。”[1]

根据这一点，他先指出：如果只给战争下定义，说它是征服，那就远远不够了，因为这种说法没有指明最根本的东西，那就是这个战争所巩固或扩大的，究竟是什么生产关系；[2]再指出：“我们已给帝国主义下了定义，认为它是金融资本的政策。这就揭示了这个政策的职能：它支撑金融资本的结构；使全世界服从于金融资本的统治；它以金融资本的生产关系代替古老的前资本主义生产关系和旧的资本主义生产关系。”[3]

那么，什么是金融资本的生产关系呢？他说，当我们谈到金融资本的时候，是指高度发达的经济有机体，因而具有一定广度与一定深度的世界性的联系而言，一句话，就是指存在着发达的世界经济而言。[4]

在布哈林看来，这个经济有机体或发达的世界经济，指的是由一方有组织的垄断资本，或国家资本主义托拉斯，和另一方农业国家或落后国家组成的有机体。关于国家资本主义托拉斯是怎样形成的，它和殖民地问题有什么关系，以及农业或经济落后国家是怎样形成的，它为什么成为殖民地，这些问题留在下面再谈。这里先谈国家资本主义托拉斯与农业或经济落后国家两方如何组成一个有机体，并再生产着金融资本的生产关系。

前面曾经谈到，金融资本政策的三个根源，即争夺销售市场、原料市场和投资范围，事实上是资本主义发展为金融资本主义的结果。但是这个政策，又巩固和再生产着金融资本主义的生产关系，即再生产着一个经济有机体。这是因为，资本集中有横向的和纵向的两种形式，纵向的形式，比如国家资本托拉斯吞并一个在经济上的补充单位，即吞并一个农业国家时，这就组成一

[1]《世界经济和帝国主义》，第86页。
[2] 同上。
[3] 同上书，第88页。
[4] 同上。

个经济有机体。他认为,“在这里,与在‘国民经济’的范围内一样,表现了同样的矛盾和同样的动力,具体地说,就是原料价格的上涨,导致联合企业的成立。这样,在斗争的更高阶段,在不同部门之间再生产出同样的矛盾,但规模大大扩大了”。[1]换句话说,宗主国和殖民地组成一个国家托拉斯工业和落后农业相结合的有机体,或联合企业。这样,殖民地再生产着金融资本的生产关系是不言而喻的。

我认为,布哈林在论述过程中,事实上已将殖民地是为金融资本提供固定的额外利润的场所的论点,变成殖民地是金融资本进行再生产的一个物质部门的论点了。这在下面的论述中表现得很清楚。他说:金融资本政策的三个根源,就其中的某些关系来说,需要寻求销售市场的“制成品的生产过剩,同时也就是农产品的生产不足。农产品的生产不足在下述情况下对我们来说是重要的:工业方面的需求过度巨大,即有大量制造品不能换到农产品;这两个部门之间的比例关系被破坏了(而且程度愈益严重)。因此,不断增长的工业寻求农业的‘经济补充’……这一情况必然表现为以武力征服农业国家”。[2]这同卢森堡的没有“第三者”资本主义就无法实现扩大再生产的论点实质上一样。

在上述论述中,包含着布哈林理论的另一错误,即认为垄断资本的工业品生产过剩,原因在于农产品生产过少,也就是工农业两大部门比例被破坏。其实,生产过剩的真正原因在于资本主义生产有无限扩大的趋势,而广大劳动者的消费却相对落后这一矛盾。尽管工农业两大部门是符合比例的,但由于这样,不仅工业品,而且农产品都会同时过剩。

五、国家资本主义托拉斯理论的影响

布哈林以希法亭的纯粹垄断资本主义或有组织资本主义理论为起点,提出他的国家资本主义托拉斯理论,这对他确定哪些地区为殖民地,有重大的影响。

---

[1] 《世界经济和帝国主义》,第94页。
[2] 同上书,第78—79页。

希法亭认为,垄断发展到最后,非垄断的经济成分完全消灭,各垄断组织合并为一个庞大的垄断组织,整个国民经济置于它的统治之下,由于只有一个所有者,生产无政府状态就被计划经济所代替——这就是纯粹垄断资本主义或有组织资本主义理论。对于这种错误理论(因为垄断不消灭竞争,非垄断经济成分不会完全消灭,也不可能只存在一个庞大的垄断组织)布哈林完全同意。他写道:“在国家疆界之内相互斗争的托拉斯,起初是以牺牲没有参加托拉斯的‘第三者’而成长起来,只是把中间集团消灭之后,它们才特别凶猛的厮杀”。[1]厮杀的结果,就是“各个生产部门,还以各种各样的方式,结为一个集合体,大规模地组织起来了”。[2]这就是希法亭理论的复述。布哈林对此的发展是:国家政权和这个庞大无比的垄断组织结合起来,组成国家资本主义托拉斯。他说:“‘国民经济’成为一个由金融资本集团与国家合伙组成的巨大的联合托拉斯。这个组织,我们称为国家资本主义托拉斯”。[3]

国家资本主义托拉斯理论的前提,是发达资本主义国家内部非垄断的资本主义经济成分,以及前资本主义经济成分消灭殆尽,这样,布哈林曾经说过的从非垄断经济成分攫取超额利润的情况再也不存在了。换句话就是说,国家资本主义托拉斯理论,使布哈林在逻辑上排除了在垄断资本主义国家内部存在殖民地的可能性。

这里还要进一步说明一个问题。按照布哈林的看法,国家资本主义托拉斯的经济结构,“就像是没有奴隶市场的奴隶占有制经济”。[4]对于奴隶是可以加强剥削,由此是可以得到超额利润的。但如果以此来说明殖民地的存在,那就等于说垄断资本主义经济以其本身为殖民地了。

关于垄断资本主义存在国内殖民地的问题,我们留在下面再谈。

按照布哈林的理论,国家资本主义托拉斯虽然在国内消灭了非垄断资本主义经济,但在国外却不是这样,因此殖民地只存在于国外。为什么在国内可以

[1]《世界经济和帝国主义》,第94页。
[2][3] 同上书,第92页。
[4] 同上书,第126页,注①。

有一个庞大的垄断组织囊括整个国民经济，而在世界上却不可能有这样的情况，以致在国外可以有殖民地呢？布哈林认为，这是由于在国外不可能消灭竞争。其理由是：第一，在国家范围内克服竞争，要比在世界领域里容易得多，因为国际协定通常是在国内垄断已经存在的基础上产生的；第二，由于生产力水平不同，生产成本也就不同，这样一来，限制销售量和划分销售范围的国际协定就不利于先进国，它们就往往破坏协定；第三，国家疆界本身就是一种确保额外利润的垄断，例如保护关税就起这样的作用。由于这些原因，布哈林认为，国家资本主义托拉斯在国外展开尖锐的竞争。

他对这种竞争加以概括："国家资本主义托拉斯之间的竞争战，起初表现在争夺尚未被占领的土地，为取得'先占权'而相互斗争，然后进行重新分割殖民地，最后，当斗争愈益激化时，连本国的领土也被卷入重新分割的过程。"[1]在布哈林看来，所有这些都是被国家资本主义托拉斯占领和被分割的对象。

六、落后的农业国是殖民地的主体

由于国家资本主义托拉斯的竞争，布哈林指出："世界资本主义，即世界性的生产体系，现在呈现如下面貌：一方面是少数几个组织强固的经济体（"文明的强国"），另一方面是外围的半农业或农业体制的不发达国家。这一组织化的过程（顺便说一下，这一过程决不是资本家先生们活动的目标或动机，像他们的思想家所声称的那样，而是追求最高利润的客观结果）具有超出'国家'疆界之外的倾向。"[2]这里包含两层意思：第一，发达工业国和落后农业国之间，如上所述，不仅在再生产上连在一起，而且这种联系是"组织化"了的，这些错误留在后面论述；第二，落后的农业国是殖民地，这从上面论述过的垄断组织争夺销售市场、原料市场和投资范围来看，也是这样。应该说，历史确实如此。

现在的问题是：布哈林是怎样论述世界划分为工业国和农业国的？只有这

[1] 《世界经济和帝国主义》，第 94 页。
[2] 同上书，第 51—52 页。

个问题解决了,他的殖民地理论才是建立在理论逻辑分析和经济发展过程相结合的基础上。关于国际分工的原因,他的论述如下:“国际分工需要有两种前提:一种是由于各‘生产机体’生存的自然环境不同所决定的自然前提,另一种是由于各国文化程度不同、经济结构不同与生产力发展水平不同所决定的社会前提”;[1]在这两个前提中,“生产条件的自然差别虽然重要,但是,如果同各国生产力发展不平衡所造成的差别比起来,它的作用愈益减少了”;[2]例如,如果不具备开采煤炭的技术和经济前提,煤矿藏就会成为“死的资本”;更重要的是,“随着生产力的不平衡发展,出现了各种不同的经济类型和各种不同的生产部门,从而使国际分工的范围扩大起来”,[3]即出现了工业国和农业国之间的差别和交换。

从分析中可以看出,布哈林认为社会生产中工业和农业的分工,和工业国和农业国的国际分工是一致的,工业国就是整个国家成为“城市”,而农业国就是整个国家成为“乡村”,其原因说到底是由自然前提决定的,因为社会前提只是促使自然前提发生作用的因素。

布哈林重视自然因素在国际分工中的作用,还可以从他对卢森堡的批评中看出来。卢森堡反对布尔加科夫的实现理论,因为后者认为资本主义国家必须输入农产品,而出口工业品只是作为支付输入的手段。卢森堡认为这是把国际贸易看成不是由资本主义生产方式产生的,而是由有关国家的自然条件产生的,并指出这一理论不是从马克思,而是从德国资产阶级经济学家那里抄袭来的。[4]对此,布哈林加以评论时说:不考虑国际分工的自然条件,国外贸易即资本主义和非资本主义的交换仍然是费解的;并指出,在马克思看来,公社的自然条件不同,产品不同,自然条件的差别引起产品交换;[5]以此来证明马克思似乎是用自然条件来说明国际分工的。

---

[1] 《世界经济和帝国主义》,第 2 页。
[2] 同上书,第 3 页。
[3] 同上书,第 4 页。
[4] 参见《资本积累论》,第 239 页。
[5] 参见《帝国主义与资本积累》,第 259 页正文和脚注。

事实并非如此。在马克思看来,公社产品不同,是由自然条件决定的;工农业国的国际分工,是由产业革命引起的,[1]只有这样,才能理论分析和历史发展相结合地说明问题。布哈林未能做到这一点。

布哈林认为,国家资本主义托拉斯争夺的对象,除了农业国之外,还有较弱小的国家资本托拉斯,前者是纵向的集中,后者是横向的集中。他说:"德国征服比利时就是横向的帝国主义兼并的例子,英国征服埃及则是纵向兼并的例子。"[2]

被兼并的农业国是殖民地,这是清楚的;被兼并的较弱小的国家资本主义托拉斯是不是殖民地呢,布哈林没有明确的回答。他说,虽然有两种不同形式的兼并,"但人们一般还是习惯地只把征服殖民地看作帝国主义,这是个"根本错误的观念"。[3]这就是说,兼并农业国是帝国主义政策,被兼并的农业国是殖民地;兼并弱小的国家资本主义托拉斯也是帝国主义政策,至于被兼并的国家资本主义托拉斯是不是殖民地,布哈林没有回答。

可以看出,布哈林被一个理论问题难住了。他的殖民地定义,是为垄断资本提供额外利润的地区。农业国作为销售市场、原料市场和投资场所,都能起这样的作用。弱小的国家资本托拉斯是工业和银行高度垄断的结果,它不能起这样的作用。殖民地定义和殖民地现实之间的矛盾,布哈林未能解决。

七、殖民地与无产阶级

布哈林明确指出:"殖民政策,对于强大的国家,即对于这些国家的统治阶级,对于'国家资本主义托拉斯',是巨大的收入源泉。因此,资产阶级实行殖民政策。也正因为如此,资产阶级才有可能榨取殖民地被征服的、未开化民族来提高工人的工资。"[4]因此,从暂时的观点看,欧洲的工人是得益者,他们由于

[1] 见本书第五章。
[2] 《世界经济和帝国主义》,第94页。
[3] 同上。
[4] 同上书,第132页。

"产业繁荣"而提高了工资。

正是在殖民掠夺对无产阶级有相对利益的基础上，无产阶级同资产阶级帝国主义国家的资本家组织的联系，就发展和加强起来。由于这样，布哈林认为，在社会主义文献里，这就表现为社会民主党人机会主义者的"国家"观点；"这种在一切场合加以强调的'国家哲学'，意味着对革命的马克思主义观点的全面背叛"。[1]

因此，由国家资本主义托拉斯争夺而导致的世界大战爆发之后，"先进资本主义国家的工人阶级，拴在资产阶级国家政权的战车上，出力为助，这是不足为奇的。先前的全部事态发展，已经为无产阶级的这种行为作了准备。这是无产阶级与金融资本的国家组织相关联的结果"。[2]

但是，战争已经向无产阶级证明，无产阶级在帝国主义政策中得到的利益，同战争使他们遭受的痛苦比起来，是微不足道的。这是因为，如果说，帝国主义的残暴，从前是施加于殖民地人民的，那么现在在战争中，则施加于无产阶级。"欧洲工人从帝国主义的殖民政策中得到的几文钱，与几百万被屠杀的工人、战争吞噬的无数财富、猖狂的军国主义骇人听闻的镇压、恣意破坏生产力的暴行、高昂的生活费用和饥馑比起来，又算得了什么呢"！[3]

这样，就出现了帝国主义的危机和无产阶级社会主义的再生。世界大战摧毁了使工人束缚于资本家的最后枷锁，即工人结束了对帝国主义国家机器的奴隶般的服从。国际无产阶级要进行武装斗争，推翻金融资本的专政，摧毁金融资本的国家机器，建立新的政权——工人阶级反对资产阶级的政权。这个政权提出废除国家疆界，把所有各民族融合成一个社会主义家庭的口号，来代替保卫或扩张那种束缚世界经济生产力的资产阶级国家疆界的思想。这样，"无产阶级在经过痛苦的探寻之后，终于成功地掌握了它的真正的利益——通过革命达到社会主义"。[4]

---

[1] 《世界经济和帝国主义》，第133页。
[2] 同上书，第134页。
[3] 同上。
[4] 同上书，第135页。

八、对洛里亚的批评及其不足

意大利著名经济学家阿希尔·洛里亚提出具有“完全异质关系”的两种帝国主义概念。他把帝国主义区分为“经济的”帝国主义和“商业的”帝国主义。他认为前者的目标是热带国家，后者的目标则是其环境适于欧洲殖民的那些国家；前者使用的方法是武力，后者使用的方法是订立和平条约；前者没有差别或等级，而后者情况各异，从最大限度的全面同化或者实行统一的关税到不完全的形式，例如在殖民地与母国之间实行特惠关税，等等。[1]

布哈林不同意洛里亚关于两个帝国主义的概念。他认为不应将“和平条约”与武力对立起来，因为帝国主义政策的趋势就是武装冲突。这个批评，从帝国主义概念就是金融资本实行的对外侵略政策来看，是正确的，因为这总要导致武装冲突。但是，只是这样批评洛里亚，我认为是片面的。

洛里亚的理论有其积极的因素。很显然，两个帝国主义概念的背面，就是两种殖民地概念。他所说的帝国主义目标，显然就是殖民地：一种是不适于欧洲人劳动的热带国家，另一种是适于欧洲人劳动的国家。这就是恩格斯和霍布森论述过的两种殖民地。洛里亚试图从政治方面，对它们加以论述。这一论述本身就是有意义的。布哈林未能从这方面评价洛里亚。

布哈林在其《世界经济和帝国主义》中，曾引用了列宁在帝国主义论中的列强占有的殖民地领土统计表。[2]列宁在这里指出，有一种半殖民地国家，而列宁同意资产阶级经济学家的提法，即阿根廷是英国的商业殖民地，这也是一种半殖民地。可见，列宁认为在殖民地中，有一种是商业殖民地。布哈林引用了列宁的统计表，但忽视了表中应有的商业殖民地这一概念。在布哈林的论述中，没有区分两种不同的殖民地，这是不够的。这也是他对洛里亚的批评有片

[1] 参见《世界经济和帝国主义》，第 81 页。

[2] 参见《世界经济和帝国主义》第 63 页正文和注②。布哈林的著作完稿于 1915 年，列宁的著作出版于 1917 年。布哈林之所以能引用列宁的统计表，有两种可能：他读了列宁的手稿；他完稿后，于 1918 年出版前，根据列宁出版的著作，引用其中的统计表，即对完成稿再作小小的补充。

面性的原因。

九、对考茨基的批评及与其合流

布哈林写作《世界经济和帝国主义》目的之一，就是批判考茨基的“超帝国主义论”。但是，由于方法论上的原因，他虽努力批判，但不仅未能达到目的，反而与“超帝国主义论”合流。这在理论逻辑上，使他不得不认为金融资本的发展，会达到由一个囊括世界的垄断组织剥削殖民地，以攫取超额利润的阶段，即“超帝国主义”阶段。

我们记得，考茨基是这样论述“超帝国主义”的：现在的帝国主义政策被新的、超帝国主义的政策取代，后者用国际上联合起来的金融资本对全世界的共同剥削，来代替各国金融资本之间的相互斗争，从纯经济的观点看，这趋势是不可避免的，而世界大战的教训，使有远见的资本促使全世界的资本家联合起来；这个局面一旦出现，就像由一个罗马帝国剥削其殖民地一样，由一个统治世界的垄断组织剥削其殖民地，这样，罗马式的世界和平就再度来到人间。

布哈林怎样批判“超帝国主义论”呢？前面说过，他认为金融资本可以在国内消灭竞争和非垄断经济，组成国家资本主义托拉斯，但由于种种原因，在国外却不可能消灭竞争，这就表现为国家资本主义托拉斯之间的竞争，其最尖锐的表现就是世界大战。但是，这种国内外竞争不同论，从方法论上看是二元论，是站不住脚的。正由于这样，布哈林不得不承认，从理论逻辑上，“超帝国主义论”是可能的。他说：“正如我们大家都知道的，帝国主义不过是国家资本主义托拉斯之间竞争的表现。因此，这种竞争一旦消除，帝国主义政策的基础也就消除了，而分开为许多‘民族的’集团的资产阶级就转变成一个统一的世界性的组织——一个与全世界无产阶级相对立的全世界托拉斯”。[1]他认为，“如果抽象

[1]《世界经济和帝国主义》，第106—107页。

地从理论上谈问题，这样的托拉斯是完全可以设想的。因为一般来说，卡特尔化在经济上是没有界限的”。[1]从逻辑上看这完全正确。因为只要在理论上错误地认为垄断完全消灭竞争，在逻辑上就必然同意，不仅在国内，而且在全世界，都可能只存在一个垄断组织。在这里，妄想维持方法论上的二元论，当然是行不通的。但这样一来，他就同考茨基的“超帝国主义论”合流了。

他不能从经济方面进行批判，就只好从社会和政治方面进行批判了。他说：“这个抽象的经济的可能性决不意味着现实性”。[2]因为，“从资本主义的角度看，集中过程必然同一个与之对抗的社会政治趋向发生冲突，因此，它决不能达到逻辑上的终点就崩溃了”。[3]这无非是说，当一个从经济上看有可能出现的世界唯一的垄断组织产生前，阶级矛盾已经使资本主义灭亡了。但是如果以此能够说明世界唯一的垄断组织事实上不可能形成，那么一国的唯一垄断组织，由于同样理由，事实上也不可能形成。这里同样是方法论上的二元论在作祟。

现在回到殖民地问题上。考茨基的“超帝国主义论”意味着唯一的世界性垄断组织和平地剥削殖民地。布哈林的理论，从逻辑上看也是这样。随着国内非垄断经济成分的消灭，超额利润的来源就只能存在于国外的非垄断经济成分，尤其是落后的农业国；而在世界上，唯一的垄断组织逐渐在形成，当世界无产阶级能够起来消灭世界资本主义之前，这个形成中的垄断组织就和平地剥削作为殖民地的农业国，以攫取垄断组织不能片刻缺少的超额利润。这也是同考茨基的理论合流。

十、对卢森堡的批评及与其合流

布哈林写作《帝国主义与资本积累》的主要目的，就是批判卢森堡的《资本积累论》。应该说，批判是正确的，尖锐的。但是，由于布哈林宣扬平衡理论，因

---

[1][2]《世界经济和帝国主义》，第107页。
[3] 同上书，第113页。

此就认为,殖民地和帝国主义国家之间的关系一旦瓦解,平衡不能维持,资本主义体系就瓦解。这就同卢森堡的资本积累环境一旦消灭,资本主义就自动崩溃的理论合流。

对于卢森堡的理论,从某方面看,布哈林非常了解。他正确地批评卢森堡认为没有“第三者”资本积累就不能实现的错误。但在这一前提下,他从另一角度对其进行评价。他说:“卢森堡在理论上的最大功绩,是她提出了资本主义和非资本主义环境之间的关系问题。但是,她仅仅提出了这个问题。她默默地或者几乎是默默地避开了与这个广泛问题有关的许多特殊问题……但是毫无疑问,仅仅提出这个问题也应大受尊敬。”[1]

我们知道,卢森堡对资本积累所必需的资本主义和非资本主义的交换,称为国外贸易,其中存在于资本主义国外并以政治力量加以巩固的国外贸易环境,就是殖民地。对于这种国外贸易观点,布哈林完全了解,因此说:“外贸一词不一定表明生产方式的区别”,[2]并建议,最好将其称为“同非资本主义环境相交换”。[3]

卢森堡认为,资本主义之所以需要殖民地,它们之间需要进行两次“国外”贸易,一是为了剩余价值在价值上实现,二是为了资本积累在物质上实现,这都与攫取额外利润无关。因此,布哈林对其进行尖锐的批判;他说:“这样,实现问题就同更大的利润问题分开了,从而同剥削非资本主义经济形式的问题也分开了”;[4]但是,“根本的经济事实是,我们面临的是额外利润的实现,而不是其他任何实现”。[5]正是从这里出发,他又指出:照考茨基的说法,帝国主义是争夺新的农业国家,考茨基和卢森堡都无法理解“大垄断资本主义组织的斗争不可能满足于这一目的。帝国主义行动的破坏性影响不仅扩及到依附性的‘第三者’,而且扩及到资本主义领土;是的,甚至扩及到外国的金融资本的领域。争

[1] 《帝国主义与资本积累》,第284—285页。
[2] 同上书,第258页。
[3] 同上书,第259页。
[4] 同上书,第263页。
[5] 同上书,第264页。

斗已从单纯地争夺农业国的分配变成瓜分世界”。[1]尽管他没有明白说，这样的资本主义领土和金融资本领域，是不是殖民地；但这一论述是正确的。

从上述观点出发，布哈林批判卢森堡的帝国主义定义，因为按照这定义，“争夺那些已经成为资本主义领土的，不是帝国主义”；“争夺‘被占领的’领土的，也不是帝国主义”；[2]批判完全正确。但是，布哈林并不了解卢森堡产生这错误的理论根源，仍然是其资本积累理论。这表明从另一方面看，他又不了解卢森堡的理论。

对于卢森堡的帝国主义定义，布哈林概括地加以批评；他说：“人们一般还是习惯地只把征服殖民地看作帝国主义。这个根本错误的观念在从前曾找到一点理由，即由于资产阶级遵循阻力最小的路线，因而倾向于用夺取那些阻力较小的、未被占领的土地的办法，来扩大其领土”。[3]认为卢森堡将帝国主义定义为争夺未被占领的土地，是因为这里阻力较小，这种看法完全错误。如上所述，已占领的土地正在资本主义化，它和资本主义一样，在卢森堡看来，不能成为资本积累环境，所以对它的再争夺，就不是帝国主义。在这里，关于帝国主义定义中的错误，同资本积累理论的错误，有着密切的联系，对此，布哈林显然看不到。

虽然布哈林正确地批评了卢森堡的殖民地是实现资本积累的环境的理论，认为殖民地作为销售市场、原料市场和投资范围，其作用是提供额外利润，这是正确的。但布哈林却错误地认为，这样一来，帝国主义国家和殖民地就在再生产上联结在一起，然后从平衡理论出发，认为这种联系一旦破裂，资本主义体系就瓦解。

布哈林认为，在世界大战前，世界经济处于动态的平衡状态，它将世界经济体系各个部分联结起来；战争使平衡破坏，世界经济体系分裂为许多小单位，由于平衡破坏，资本主义体系的崩溃将从组织方面和资本主义方面最薄弱的环节

[1] 《帝国主义与资本积累》，第272页。
[2] 同上书，第270页。
[3] 《世界经济和帝国主义》，第94页。

开始，俄国就是这样的环节。他还认为，“资本主义体系瓦解的最大因素是帝国主义国家同它的无数殖民地之间联系的瓦解”。[1]从平衡破坏，即再生产条件破坏，来说明资本主义体系崩溃，以及殖民地起义和独立，将使资本主义体系瓦解，这是错误的。

卢森堡从资本积累环境消灭的角度，布哈林从再生产条件破坏的角度，来说明殖民地的消灭，将使资本主义崩溃，这是他们在理论上的合流。

[1]《过渡时期经济学》，三联书店1981年版，第135页。

第十章　殖民地的新作用是提供垄断利润
——列宁的殖民地理论

一、概　　述

列宁从事理论研究，是由于无产阶级革命的需要。他的殖民地理论，也是这样。

19 世纪最后十年，列宁开始革命活动时，在俄国发生影响的是反对马克思主义的民粹派。他们认为剩余价值不能在资本主义条件下实现，但俄国国内非资本主义的农民经济在消灭，俄国国外非资本主义环境早已被先进资本主义国家占去，俄国这个后起的资本主义国家来得太晚。由于这样，资本主义在俄国只是个偶然现象，它不能发展，无产阶级也不能发展壮大，革命的力量应该是农民。

为了批判民粹派，列宁写了《俄国资本主义的发展——大工业国内市场形成的过程》。他阐述了马克思的实现理论，认为剩余价值的实现并不需要非资本主义环境，农民经济消灭正是资本主义市场的扩大，资本主义已在俄国发展了；指出资本主义之所以需要国外市场(外部市场)不是由于剩余价值实现，而是由于历史上的原因；并论证了在俄国国内存在着殖民地，而俄国在国内的殖民政策，可以同德国在非洲的殖民政策媲美。

随着帝国主义的产生，19 世纪末 20 世纪初，在不到十年的时间里，爆发了三次帝国主义战争，即美西、英布和日俄战争，目的是重新瓜分殖民地。1912 年社会民主党两次国际会议，都指出由于两个帝国主义国家集团矛盾加深，帝国主义国家间的世界大战即将爆发，并制定正确的政策。但 1914 年帝国主义世界大战爆发后，社会民主党内的机会主义者，却宣扬资产阶级的爱国主义，号召无产阶级为保卫祖国而战，否认战争的帝国主义性质。为了批判以考茨基主义为代表的机会主义思潮，列宁写了《帝国主义是资本主义的最高阶段》。他分析了帝国主义是资本主义的垄断阶段，帝国主义时代世界已划分为宗主国和殖民地国家（包括半殖民地国家），帝国主义时代殖民地的新作用是提供垄断利润；帝国主义国家经济发展不平衡，使它们之间必然爆发重新瓜分殖民地的战争，当时爆发的战争就是这样的战争。为了写这本著作，列宁阅读了许多书刊，写下评注，这构成《关于帝国主义的笔记》，其中也有他的殖民地理论。

帝国主义世界大战为殖民地被压迫民族的解放运动创造了条件。列宁首创地将殖民地和被压迫民族问题联系起来。

二、历史上不同的殖民地

列宁将历史上的殖民地加以区分，他深刻地指出："殖民政策和帝国主义在资本主义最新阶段以前，甚至在资本主义以前就已经有了。以奴隶制为基础的罗马就推行过殖民政策，实行过帝国主义。但是，'一般地'谈论帝国主义而忘记或忽视社会经济形态的根本区别，这样的议论必然会变成最空洞的废话或吹嘘，就像把《大罗马和大不列颠》拿来相提并论那样。"[1]

《大罗马和大不列颠》是英国柳卡斯爵士所著，1912 年牛津出版社出版。列宁对它的评价是："把罗马和大不列颠作了内容贫乏、多半是卖弄法律词句、杂文式的、哗众取宠的、夸大其词的对比。"[2]

那么，以奴隶制为基础和以封建制为基础的帝国主义，从社会经济形态来看，它们的殖民地有何特点，使得列宁得出上述结论呢？

[1]《帝国主义是资本主义的最高阶段》，人民出版社 1964 年版，第 74 页。
[2]《关于帝国主义的笔记》，《列宁全集》，第 39 卷，第 629 页。

关于奴隶制帝国殖民地的经济作用,马克思指出有两方面:第一,提供贡纳。他说:“小亚细亚的城市每年向古罗马缴纳贡款……罗马则用这些货币购买小亚细亚城市的商品,而且按高价购买。小亚细亚人通过贸易从征服者手里骗回一部分贡款,从而欺骗了罗马人。但是,吃亏的还是小亚细亚人”。[1]贡纳是奢侈品,贡款购买的也是奢侈品。即是说,殖民地从这方面看,和奴隶制社会再生产无关。第二,提供奴隶。奴隶制社会劳动生产率极其低下,剩余生产物很少,一般不采用让奴隶成立家庭的办法,来取得大量的劳动力。马克思说:“奴隶市场本身是靠战争、海上掠夺等等才不断得到劳动力这一商品的,而这种掠夺又不是以流通过程为媒介,而是要通过直接的肉体强制,对人的劳动力实行实物占有。”[2]殖民地的另一作用,就是提供奴隶,这种情况,甚至在现代还存在,例如美国南部存在过的奴隶制,就由非洲殖民地提供奴隶。即是说,殖民地从这方面看,和奴隶制社会再生产有关。

以封建制为基础的蒙古帝国,征服欧洲殖民地的目的是取得社会财富的代表——牛羊。斯密分析蒙古人的殖民目的时说:法国国王派一位使者去见成吉思汗的一位王子。据这位使者说,鞑靼人常问到的,只是法国的牛羊多不多,是否值得他们征服。斯密认为,鞑靼人和其他一切牧畜民族,大都不知道货币的用处,在他们中间,牲畜便是交易的媒介,便是价值尺度。所以,在他们看来,财富是由牲畜构成。当然,封建制帝国也从殖民地取得贡纳即奢侈品。即是说,从这方面看,殖民地和封建制社会再生产无关。

三、垄断阶段前资本主义的殖民地

列宁指出:“资本主义过去各阶段的资本主义殖民政策,同金融资本的殖民政策也是有重大差别的。”[3]这同样是对历史和前人理论的概括。

[1] 《马克思恩格斯全集》,第23卷,第185页。
[2] 同上书,第24卷,第539页。
[3] 《帝国主义是资本主义的最高阶段》,第74页。

资本原始积累时期殖民地的作用，主要是提供可以转化为资本的货币或黄金。斯密指出，美洲发现后，有一个时期，西班牙人每到一个生疏的海岸，第一个要问的问题，就是近处有无金银发现，他们就由此决定那个地方有没有殖民的价值，乃至有没有征服的价值。马克思进一步指出这一历史阶段的殖民主义的作用，这就是美洲金银产地的发现，土著居民被剿灭，被奴隶化，被埋于矿坑，正在开始的东印度的征服与劫夺，非洲被转化为商业性黑人猎夺场所，所有这一切都表现了资本主义生产时代的曙光，因为这能增加原始的货币资本的积累，很快就促使暴发户即资本家的产生，促使资本主义生产方式的产生。

资本主义发展时期殖民地的作用，主要是阻止资本主义利润率的下降趋势，它表现为提供廉价粮食、原料，以及成为资本主义的销售市场和投资场所。资本主义发展时期，尤其是产业革命以来，由于资本有机构成提高，利润率就有下降趋势。关于对外贸易（包括殖民地贸易）能提高一国的平均利润率，李嘉图和马克思都有所论述。前面已经说过，李嘉图认为，进口廉价（包括有出口补贴的）粮食，由于能降低货币工资，就能提高利润和利润率；至于进口廉价原料，虽不能增加利润量，但能提高利润率，因为它能降低不变资本的价值，但由于李嘉图信奉斯密信条，否认不变资本价值的存在，就看不到进口廉价原料的作用。

马克思全面地论述了殖民地能提高宗主国的平均利润率的作用。他认为，包括殖民地贸易在内的对外贸易，"一方面使不变资本的要素变得便宜，一方面使可变资本转化成的必要生活资料变得便宜，它具有提高利润率的作用，因为它使剩余价值率提高，使不变资本价值降低。"[1]他明确地提出"一般利润率会不会由于投在对外贸易、特别是殖民地贸易上的资本具有较高的利润率而提高"[2]的问题。回答是肯定的。原因有两个：第一，工业国或宗主国，如前所述，虽然农产品较贵，工业品却因劳动生产率高而较贱，但在殖民地贸易中，因与劳动生产率低的产品竞争，就可以获得超额利润；第二，"投在殖民地等处的资本，它们能提供较高的利润率，是因为在那里，由于发展程度较低，利润率一

[1] 《资本论》，第3卷，《马克思恩格斯全集》，第25卷，第264页。
[2] 同上。

般较高,由于使用奴隶和苦力等等,劳动的剥削程度也较高”。[1]在没有垄断的妨碍时,这些超额利润就参加一般利润率的平均化,并使其提高。

列宁很重视殖民地作为原料供应者这种作用。他说:“资本主义愈发达,原料愈缺乏,竞争和追逐全世界原料来源的斗争愈尖锐,那末占据殖民地的斗争也就愈激烈。”[2]

从上述可以看出,既然殖民地的作用是促使资本主义的产生和阻止平均利润率的下降,那么它和资本主义社会再生产就没有本质的联系,没有它,资本主义生产发展不过缓慢些罢了。这是马克思和列宁的殖民地理论,同卢森堡的殖民地理论的本质区别。

四、资本主义为什么需要国外(外部)市场

殖民地问题的一个侧面,是国外或外部市场问题。前面谈到,卢森堡提出资本积累理论时,不以国家疆界而以经济成分的同异来区分国内外市场,是受到列宁的影响的。现在我们从殖民地问题的角度,谈一谈列宁的国外市场理论。

首先要指出,列宁并不以国家疆界来区分国内外市场。他说:“国内市场与国外市场的界限在什么地方呢? 采用国家的政治界限,那是太机械的解决办法,而且这是否是解决办法呢? 如果中亚细亚是国内市场,而波斯是国外市场,那末把希瓦与布哈拉列在哪一类呢? 如果西伯利亚是国内市场,中国是国外市场,那末把满洲列在哪一类呢?”[3]可以看出,国内外市场的区分,不是以国家疆界为准;但也不是以经济成分为准,这可以从下面的论述看出来。他说:俄国北方的阿尔汉格尔斯克省主要产品是木材,它一直输往英国,因此,“欧俄的这一区域就成为英国的国外市场,而不是俄国的国内市场了”。[4]如果该省的经

[1] 《资本论》,第3卷,《马克思恩格斯全集》,第25卷,第265页。
[2] 《帝国主义是资本主义的最高阶段》,第74页。
[3] 《俄国资本主义的发展》,《列宁全集》,第3卷,第544—545页。
[4] 同上书,第546页。

济成分是非资本主义的，那么以经济成分为准，它就是资本主义的国外市场。但列宁认为，木材输往英国，它就是英国的国外市场，而不是俄国的国内市场。

但从列宁论述资本主义不是由于不能实现产品，尤其不是由于不能实现剩余价值而需要国外市场来看，列宁论述的国外市场指的又是非资本主义的经济环境。列宁说："资本主义国家对国外市场的需要，决不取决于社会产品(特别是额外价值)的实现规律，而取决于下面几点"。[1]第一，"资本主义只是广阔发展的、超出国家界限的商品流通的结果"。[2]这就是说，资本主义是简单商品经济发展到一定高度，从而引起商品生产者分化的结果。资本主义从简单商品经济中产生出来后，除资本主义内部交换外，还存在着资本主义和简单商品经济之间的交换，这就是国外市场或外部市场。第二，资本主义生产要求各生产部门之间有一定的比例性。但是，"彼此互为'市场'的各种生产部门，不是均衡地发展着，而是互相超越着，因此较为发达的生产部门就寻求国外市场"。[3]从理论上分析到底，这样的国外市场，不可能是国外资本主义经济和简单商品经济，因为它们本身就存在着生产无政府状态，而只能是自然经济，即资本主义破坏自然经济，寻求市场。第三，和以前的经济形态不同，"资本主义生产的规律，是生产方式的经常改造和生产规模的无限扩大"。[4]因此，资本主义要扩大市场。这有两种办法：向深度发展，即随着资本有机构成提高，市场容量增加；向广度发展，即"资本主义统治范围推广到新的领土"，[5]这新的领土就是非资本主义环境，这样，市场容量也增加。

从前说过，卢森堡从资本积累理论出发，认为作为资本积累环境的、在国家疆界以外的外部市场是殖民地。列宁对于内外市场和殖民地的关系，没有正面论述。但从他概括的马克思关于政治经济学殖民地的定义，就可以看出：第一，内外市场都可以是殖民地，条件是它生产农产品交换对方的工业品，并且这种

[1]《俄国资本主义的发展》，《列宁全集》，第3卷，第44页。列宁当时称剩余价值为额外价值。
[2]《俄国资本主义的发展》，《列宁全集》，第3卷，第44页。
[3] 同上书，第45页。
[4] 同上。
[5] 同上书，第545页。

交换关系是固定的。正因为这样,1866 年马克思根据美国仍向英国输出棉花和谷物,认为它是欧洲的殖民地;1890 年恩格斯根据同样原因,认为美国殖民地的性质并没有完全消失。[1]我们知道,1860 年南北战争前,美国南部是奴隶制的种植园经济,其他地区由于容易获得土地,以个人劳动为基础的小农经济发达,资本主义农业并不发达,1866 年这种情况才开始发生变化;1890 年资本主义大农业就很发达了。这就是说,在马克思和恩格斯看来,前资本主义的和资本主义的农业地区,都可以是殖民地。第二,前资本主义经济,要变成资本主义的外部市场,并进而变成殖民地,要具备一些条件,要经历一个过程。像北美、澳大利亚和新西兰,最初土地是无主的,欧洲移去的工人容易获得土地,成为个体农业(包括畜牧)经营者,成为欧洲工业原料的供应者和欧洲工业品的购买者,并且关系固定,这样,它们一开始就是欧洲资本主义的外部市场和殖民地。像印度和亚洲其他地区,最初存在的是自然经济的农村公社,农业和手工业结合在一起,此外还有独立的手工业,这对欧洲资本主义工业有顽强的抵抗力,欧洲资本主义工业如让价值规律的自发作用将这些地区开辟为外部市场,必将是一个漫长的过程,于是经济力之外的暴力起作用,这就是发动商业战争,包括对中国的鸦片战争。[2]就印度而言,先在经济上沦为殖民地,后由于英国的征服战争,又丧失主权而在政治上沦为殖民地国家。

五、帝国主义是垄断资本主义剥削殖民地的世界体系

在论述垄断时期殖民地的新作用之前,有必要说明帝国主义是垄断资本主义剥削殖民地的世界体系。

前面为了说明的方便,我曾说,如果说列宁是把帝国主义看成是一个历史阶段的,那么布哈林就是把帝国主义看成是一个世界体系的。其实这样说并不全面。布哈林也把帝国主义看成是一个历史阶段。列宁为布哈林的《世界经济

---

[1] 参见《资本论》,第 1 卷,第 495 页注 234。
[2] 参见《资本论》,第 1 卷。

和帝国主义》写的序言指出："这本书的科学意义特别在于：他考察了世界经济中有关帝国主义的基本事实，他把帝国主义看成一个整体，看成极其发达的资本主义的一定的发展阶段。"[1]不过，布哈林确实只从世界经济的角度，来研究帝国主义和殖民地。列宁在把帝国主义看成是垄断阶段的基础上，又把它看成是一个世界体系。列宁说："资本主义已成为极少数'先进'国对世界上大多数居民施行殖民压迫和金融扼制的世界体系。"[2]全面地认识列宁把帝国主义既看成是帝国主义，又看成是世界体系，对理解列宁的殖民地理论非常重要。

帝国主义是一种世界体系，这一命题的含义是：成为帝国主义的垄断资本主义是不能单独存在的，它要攫取垄断利润，而垄断利润不能从垄断资本主义本身产生，只能从前资本主义经济、非垄断资本主义经济，以及垄断资本主义以外的社会成分中产生，这些经济成分没有国内外之分。我们记得，卢森堡从其错误的资本积累论出发，认为资本主义经济形态是一个不能单独存在的经济形态，认为"资本如果没有全地球的生产资料与劳动力，那是不成的。为得要使积累运动顺利进展，必需要地球上一切地带的自然财富及劳动力"。[3]这种论述，从理论内容看，是错误的；但从方法论看，则是有启发性的。前面谈到，奴隶制经济形态，是不能单独存在的，现在又看到，垄断资本主义经济，也是不能单独存在的，这两者都是世界体系。

理解垄断资本主义经济是不能单独存在的，关键在于说明垄断利润不能由垄断企业内部产生出来，而要从其他经济和社会成分中挖过来。本来按照劳动价值理论这是不难理解的。近来有一种意见反对我们这种看法，认为垄断企业内部就能产生垄断利润。如果确实能够这样，垄断资本主义经济就可以单独存在，就不是一种世界体系了。但这种意见是错误的。第一，它以垄断企业之间的超额利润代替垄断利润本身，这样一来，最差的垄断企业就没有垄断利润；第二，它认为垄断企业可以联合成为一个庞大无比的组织，因而直接劫夺劳动力

---

[1]《世界经济和帝国主义》，第Ⅱ页。
[2]《帝国主义是资本主义的最高阶段》，第7页。
[3]《资本积累论》，第288页。

价值，使其变成垄断利润。布哈林在理论上有过类似的设想，但这就不是垄断资本主义经济，而是不可能产生的某一种经济，布哈林称它为“像是没有奴隶市场的奴隶占有制经济”。[1]

列宁注意到同样作为一种世界体系，以奴隶制为基础的帝国主义和以垄断资本主义经济为基础的帝国主义，两者的区别集中在同殖民地的关系上。他引用了霍布森在《帝国主义》中的论述：“新帝国主义和老帝国主义不同的地方在于：第一，一个日益强盛的帝国的野心，已经为几个相互竞争的帝国的理论和实践所代替，其中每个帝国都同样渴望扩大政治势力和获得商业利益；第二，金融利益或投资利益统治着商业利益。”[2]霍布森还说：“互相竞争的帝国这一观念，主要也是近代的事情。古代和中世纪帝国的根本概念，即是在霸权之下，用概括整个公认的世界的普遍名词，如罗马所用的**罗马的和平**这一名词那样，把国家联合起来。”[3]这就是说，和以前由一个帝国统治世界殖民地不同，现在是由几个帝国为了金融资本的利益而争夺殖民地。其所以如此，说到底是，由于各国金融资本追逐垄断利益，就要统治殖民地，就造成各国发展不平衡，就要争夺和重新瓜分殖民地。

资本主义生产的目的是剩余价值，而剩余价值是资本主义自己产生的，这使资本主义可以不是一种世界体系，可以没有殖民地。垄断资本主义则与此不同。这种不同，使马克思的以揭示资本主义经济规律为目的的《资本论》，和列宁的以揭示垄断资本主义经济规律为目的的《帝国主义是资本主义的最高阶段》，有不同的方法。《资本论》在揭示资本主义生产、流通和分配规律时，以舍弃掉非资本主义经济，将资本主义经济抽象出来，在纯粹的条件下进行研究为条件。《帝国主义是资本主义的最高阶段》则不同，它揭示垄断资本主义的经济规律时，以包摄非垄断资本主义、前资本主义经济，或其集中代表即殖民地在内，一起加以研究为条件。这种不见诸文字，只藏在字里行间的方法，对研究殖

[1] 《世界经济和帝国主义》，第126页注①。
[2] 转引自《帝国主义是资本主义的最高阶段》，第83页。
[3] 《帝国主义》，第5页。

民地问题来说，十分重要。

六、殖民地的新作用是提供垄断利润

资本主义的殖民地，从某一点看，一直是母国或宗主国的销售市场、原料市场，其后又是投资范围，但这只是它和母国或宗主国之间表面的经济联系，这是人们的直观都能感到的，而这种经济关系内部包含的经济规律，则要加以研究才能揭示，并且由于研究者的观点和方法不同，就有正确与否和深度如何的问题。

例如，对于殖民地的作用，考茨基认为是为宗主国提供农产品和销售工业品，这不仅只看见表面的经济联系，而且没有看到殖民地在垄断时期成为投资领域这一重要现象，这是由他的资本主义工农业生产不平衡理论决定的；卢森堡认为是实现剩余价值和提供生产要素，这是由她的资本积累理论决定的，在这一理论指导下，她认为殖民地成为投资领域也是为了实现剩余价值；布哈林认为是为宗主国提供固定的超额利润，这是正确的，但对于如何能提供固定的超额利润，他没有进行深入的分析。

列宁认为，殖民地作为宗主国的销售市场、原料市场和投资领域，这种经济联系在垄断以前就存在了，在垄断时期殖民地的新作用是提供垄断利润。他从两方面进行分析。

第一，关于原料市场。列宁指出，在垄断阶段有这样的特点："对于金融资本来说，不仅已经发现的原料来源，而且可能发现的原料来源，都是有意义的"，因此，"金融资本必然力图扩大经济领土，甚至一般领土"[1]。对于已占领和控制的原料供应地，例如英国对埃及，就在那里发展棉花生产，这样，"就能更容易地打败外国的竞争者，更容易地垄断原料来源，更容易地成立一个实行'联合'生产、包揽棉花种植和加工各个过程的、更经济更盈利的纺织业托拉斯"[2]。

[1]《帝国主义是资本主义的最高阶段》，第75—76页。
[2] 同上书，第76页。

第二,关于销售市场和投资领域。列宁通过资本输出,说明殖民地成为投资领域,有助于它成为销售市场,而这两者都能提供垄断利润。资本输出有两种形式:借贷资本和生产资本。输出借贷资本,除了这笔资本可以取得高额利息外,还可以要借款国用这笔货币购买贷款国以垄断高价出售的商品,这是“从一条牛身上剥下两张皮来”[1];输出生产资本,这生产资本就包括了商品,生产资本在殖民地所以能攫取垄断利润,是因为在这里“资本少,地价比较贱,工资低,原料也便宜”[2],这样就能获得超额利润,由于生产资本经营的是垄断企业,这超额利润就不参加宗主国利润的平均化,就成为垄断利润,此外,垄断企业也可以用垄断高价出售、垄断低价购买的办法取得垄断利润。

在资本主义产生和发展时期,欧洲资本主义国家向殖民地输出劳动力;但在垄断资本主义时期,殖民地向欧洲资本主义国家输出的劳动力,多于后者向殖民地输出的劳动力。应该怎样解释这个现象?我们记得,卢森堡和鲍威尔在这问题上有争论,前者认为资本主义国家劳动力输往殖民地,后者则认为相反。此外,考茨基也说:“现代殖民政治家硬说,为了容纳工业国的过剩人口,殖民地是必要的,这种论调是再富于欺骗性也没有了。今天,像俄国、巴尔干国家、爱尔兰和印度等农业国都是对外移民国家。人口稠密的工业国都是容纳移民的国家。”[3]他们都未能正确描述和解释宗主国和殖民地相互输出入劳动力的变化状况和原因。

列宁认为,上述情况的产生,原因是殖民地提供了垄断利润,宗主国的无产阶级也得到一些好处,使他们也产生腐朽或寄生的倾向。列宁指出:垄断资本主义国家的上层阶级,“从亚非两洲获得巨额的贡款,并且利用这种贡款来豢养大批驯服的职员和仆役,这些职员和仆役不再从事大宗的农产品和工业品的生产,而是替个人服务,或者在新的金融贵族监督下从事次要的工业劳动。”[4]这样,它们就要从殖民地输入大批劳动力,从事那些“下贱”的、工资最低的工作。

---

[1] 《帝国主义是资本主义的最高阶段》,第106页。
[2] 同上书,第56页。
[3] 《民族国家、帝国主义国家和国家联盟》,第22页。
[4] 《帝国主义是资本主义的最高阶段》,第93—94页。

由此可见，殖民地的劳动力流入宗主国，多于宗主国的劳动力流入殖民地，这个新现象的产生，是由于殖民地为宗主国提供垄断利润。

七、国内殖民地和被统治民族聚居地

前面谈到，列宁曾根据马克思的论述，对政治经济学上的殖民地下了定义。根据这定义，列宁看到不仅在国外存在着与是否具有主权无关的殖民地（例如独立后的美国有一段时间仍是欧洲的殖民地），而且在国内也存在着殖民地。列宁是在对俄国的经济关系进行研究时提出这一看法的。

列宁在《俄国资本主义的发展》中指出："俄国边区有充足的闲地可供移民开垦，所以同其他资本主义国家比较起来，俄国是处于特别有利的情况。不必说亚俄，就是在欧俄也有这样的边区。"[1]列宁分析了俄国谷物生产中心的转移后又指出："改革后时期草原边区曾经是久有人满之患的欧俄中部的移民区。大片的闲地吸引着移民大量流入这里，他们很快就扩大了播种面积。商业性的播种面积所以能够广泛发展，只是由于这些移民区一方面同俄罗斯中部，另一方面又同输入谷物的欧洲国家有密切的经济联系。"[2]这情况就同马克思分析过的美国农业和欧洲工业的关系一样。

俄国国内殖民地，大多数与被压迫的少数民族聚居地有关，尽管按照政治经济学上的殖民地定义，不一定是这样。列宁根据烈美佐夫的《野蛮的巴什基里亚生活写照》指出，该书"生动地描写了'移民者'如何砍伐造船木材，把'肃清了''野蛮的'巴什基里亚人的土地变成'小麦工厂'。这是殖民政策的组成部分，它足以与德国人在非洲任何地方的某些丰功伟绩媲美。"[3]列宁在《帝国主义是资本主义的最高阶段》的序言中谈到，为了对付沙皇俄国的书报检查，他不得不用日本做例子，但"细心的读者不难用俄国来代替日本，用芬兰、波兰、库尔

[1]《列宁全集》，第3卷，第545—546页。这里的"殖民"，原译为"移民开垦"，现根据解放社旧译本改译。旧译本在这一点上比新译本正确。以后新译本译为移民区的，都根据旧译本改为殖民地。
[2]《列宁全集》，第3卷，第222—223页。
[3]《俄国资本主义的发展》，《列宁全集》，第3卷，第222—223页注。

兰、乌克兰、希瓦、布哈拉、爱斯兰和其他非俄罗斯人居住的地区来代替朝鲜。”[1]很明显,这些非俄罗斯人居住的地区,就是俄国的国内殖民地。

我们如果将俄国这个多民族国家和英帝国作一比较,就可以看出国内殖民地和国外殖民地没有本质的区别,并且可以转化。我们知道,俄国是由基辅罗斯公国发展而来的。15 世纪末,伊凡三世摆脱鞑靼人的压迫,建立统一的俄罗斯中央集权国家。1547 年伊凡四世即伊凡雷帝改称沙皇,并开始扩张。此后,上述那些非俄罗斯人居住的地区,相继被并入沙俄版图。由于并入版图,它们就成为国内殖民地。我们也知道,大不列颠和它的国外殖民地爱尔兰于 1801 年组成大不列颠及爱尔兰联合王国,从 19 世纪 80 年代起,联合王国和它的国外殖民地又组成松散的大英帝国。如果将大英帝国看成是一个国家,那么,它就是多民族国家,殖民地就是国内殖民地;但从联合王国看,除爱尔兰是国内殖民地外,其余的殖民地都是国外殖民地。

国内殖民地存在于资本主义垄断阶段之前和垄断阶段。但在垄断阶段,它的作用和国外殖民地一样,都是提供垄断利润。前面曾经谈到,英国怎样在国外殖民地埃及发展棉花生产,并将埃及的棉花生产和英国的棉纺织业组成联合体,以便攫取垄断利润的情况。这同样适用于国内殖民地。列宁指出,俄国资本家在自己的殖民地土尔克斯坦[2]也这样做。[3]根据列宁的说明,“俄国消费的土尔克斯坦(+希瓦+布哈拉)棉花大约 1 100 万普特(1 亿卢布),美洲棉花大约 1 100—1 200 万”;土尔克斯坦为 150 万平方公里,差不多比德国大两倍半;“居民是‘印度—伊朗’混血种,大部分是‘土耳其—蒙古’混血种”[4]。

可以这么说,列宁研究的俄国国内殖民地,绝大多数是被统治的少数民族聚居地。

[1] 《帝国主义是资本主义的最高阶段》,人民出版社 1964 年版,第 4 页。
[2] 现在的土库曼、乌兹别克共和国等地。
[3] 参见《帝国主义是资本主义的最高阶段》,第 76 页。
[4] 《关于帝国主义的笔记》,《列宁全集》,第 39 卷,第 597 页。

八、殖民地占有国家和殖民地国家

列宁指出，“资本主义向垄断资本主义阶段的过渡，向金融资本的过渡，是同分割世界的斗争的尖锐化联系着的。”[1]这是因为，垄断资本要攫取垄断利润，就要加紧资本输出，就要夺取殖民地。具体地说，19 世纪和 20 世纪之交，世界分割完毕，地球上未被占据的土地都被霸占完了。世界第一次划分为殖民地占有国家和殖民地国家。

从历史上看，政治经济学上的国外殖民地，有两种前途。一种如像美国，原是欧洲，特别是英国大工业的殖民地，到了垄断资本主义阶段，它不仅工业迅速发展起来。改变了全部输出农产品的落后局面。而且随着垄断资本主义的发展，开始夺取殖民地，成为殖民地占有国家。列宁在图表中指出，美国是六大列强之一，1914 年它占有的殖民地，其面积和日本占有的相等，都是 70 万平方公里。[2]另一种如印度。1600 年英国东印度公司成立后，如马克思所指出的。它就“拥有茶叶贸易、同中国的贸易和对欧洲往来的货运的垄断权”；[3]1608 年它就以商业势力完全征服了印度：印度已成为英国的政治经济学上的国外殖民地。但印度在政治上成为殖民地国家，即英国在政治上完全征服印度，则在 1849 年。更多的政治经济学上的国外殖民地，是在 19 世纪最后 20 年沦为政治上的殖民地国家的。此外，也有一些原来并不是政治经济学上的国外殖民地，例如下面将要提到的葡萄牙，成为殖民地国家，或半殖民地国家和附属国。这一切，都与垄断资本攫取垄断利润有关。

所谓殖民地国家，指的是丧失政治独立和国家主权的国家。这是垄断资本攫取殖民地提供的垄断利润，而垄断资本主义国家之间又相互争夺的产物。列宁指出，“对于金融资本最‘方便’最有利的当然是使从属的国家和民族丧失政

[1] 《帝国主义是资本主义的最高阶段》，第 70 页。
[2] 同上书，第 72 页。
[3] 《资本论》，第 1 卷，《马克思恩格斯全集》，第 23 卷，第 280—281 页。

治上的独立这样的支配”。[1]根据经济上从属的实质和政治上丧失独立的程度，列宁认为，与殖民地占有国家相对立的殖民地国家，其中又可区分为殖民地、半殖民地和附属国。

在经济上从属于宗主国这个前提下，从政治上看，殖民地就是完全丧失独立、主权被剥夺的国家；至于半殖民地国家，列宁认为“它们是自然界和社会各方面常见的过渡形式的例子”[2]，即从政治上独立向丧失独立演变，这就是当时的波斯、中国和土耳其；附属国，列宁认为“它们在政治上、形式上是独立的，实际上都被财政和外交方面的附属关系的罗网包围着”，[3]当时的阿根廷就是这样，因为它从属于英国，是英国的所谓“商业殖民地”。另外还有一种政治上独立、财政上和外交上不独立的例子。这就是葡萄牙。列宁指出，葡萄牙是一个独立的主权国家，但从 18 世纪初开始，二百多年来一直处在英国保护之下，垄断资本主义时期，英国向“葡萄牙及其殖民地输出商品，尤其是输出资本”，并利用“葡萄牙的港湾、岛屿、海底电缆”。[4]列宁特别指出，像英国和葡萄牙这种“大国和小国之间的……关系一向是有的。但是在资本帝国主义时代，这种关系成了普遍的制度，成了‘分割世界’的全部关系中的一部分，成了全世界金融资本活动中的一些环节”。[5]

九、殖民地剥削和工人贵族的产生

列宁认为，垄断资本主义从殖民地中攫取了巨额的垄断利润，就可以将其中一部分用来收买无产阶级中的上层分子，使他们资产阶级化，这是在国际共产主义运动中，在工人运动中，产生机会主义的经济根源。

马克思和恩格斯密切注意工人运动中的机会主义，同英国资本主义的帝国主义特点之间的联系，并有所论述。列宁根据他们的论述，分析了英国无产阶

[1][2] 《帝国主义是资本主义的最高阶段》，第 73 页。
[3] 同上书，第 77 页。
[4][5] 同上书，第 78 页。

级实质上没有代表自己根本利益的政党，他们拥护资产阶级的殖民政策，同英国一国在世界上处于垄断地位之间的关系。列宁指出："原因是：(1)这个国家剥削全世界；(2)它在世界市场上占有垄断地位；(3)它拥有殖民地垄断权。后果是：(1)英国一部分无产阶级已经资产阶级化了；(2)英国一部分无产阶级甘愿受那些被资产阶级收买或至少是领取资产阶级报酬的人领导。"[1]这样，这部分无产阶级就拥护资产阶级的政策，同资产阶级共享英国的殖民地垄断权和英国在世界市场上的垄断权。

垄断资本主义时期，英国一国垄断全世界的局面已经发生变化，接着而来的是几个帝国主义国家争夺世界，这仍然"意味着极少数最富有的国家享有垄断高额利润，所以，它们在经济上就有可能去收买无产阶级的上层，从而培植、形成和巩固机会主义"[2]。列宁进一步指出，"这个资产阶级化了的工人阶层即'工人贵族'阶层，这个按生活方式、工资数额和整个世界观说来已经完全市侩化了的工人阶层，是第二国际的主要支柱，现在则是资产阶级的主要社会支柱(不是军事支柱)。"[3]前面我们已看到，考茨基主义就是这种机会主义的集中表现。下面还要谈这个问题。

十、殖民地被压迫民族和宗主国无产阶级的团结

列宁首创地将民族问题和殖民地问题联系起来，提出全世界无产阶级和被压迫民族，即宗主国无产阶级和殖民地被压迫民族团结起来，进行共同的革命斗争，推翻地主与资产阶级统治的战斗纲领。在这之前，马克思谈论爱尔兰问题，事实上是将民族问题和殖民地问题联系起来的，不过他并不认为应该由被压迫的爱尔兰民族和英吉利的无产阶级团结起来，而认为应该由爱尔兰的无产阶级和英吉利无产阶级团结起来，既推翻英吉利的也推翻爱尔兰的资本主义统

[1]《帝国主义是资本主义的最高阶段》，第98页。
[2] 同上书，第94页。
[3] 同上书，第9—10页。

治，在消灭阶级压迫的同时，消灭民族压迫，结束爱尔兰的殖民地命运，即英吉利和爱尔兰都发生社会主义革命。由于英国资产阶级实行英国无产阶级资产阶级化的政策，英吉利工人仇视爱尔兰工人，他们之间的团结战斗成为不可能。因此，马克思这一纲领未能实现。现在的问题是，马克思为什么不提被压迫的爱尔兰民族，而提被压迫的爱尔兰无产阶级和英吉利无产阶级团结战斗？这是因为，马克思认为，第一，民族压迫是阶级压迫的产物，民族压迫是在阶级压迫的消灭中消灭的，因此能解放爱尔兰的不是民族运动，而是工人运动；第二，英国统治爱尔兰的办法，是用资本主义的生产关系去改造其原有的生产关系，爱尔兰的无产阶级在资本主义生产中壮大。因此，马克思对那些没有发展到资本主义阶段的殖民地如印度，就既不提印度各民族，也不提印度无产阶级和英国无产阶级团结战斗的纲领，而只认为在大不列颠本国现在的统治阶级还没有被工业无产阶级推翻以前，或者在印度人民还没有强大到能够完全摆脱英国枷锁以前，印度人民是不能收获到大不列颠资产阶级在他们中间所播下的社会新因素的果实的。总之，马克思虽然将民族问题和殖民地问题联系起来，但是并没有提出被压迫民族和无产阶级团结战斗的纲领。这个纲领是列宁首先提出来的。

列宁认为，要将被压迫的、附属的、丧失主权的民族，和压迫的、剥削的、享有主权的民族区分开来，从而揭露资产阶级民主制的虚伪性；正是这种民主制的虚伪性，掩盖了金融资本与帝国主义时代的特有现象，即由极少数最富强的先进资本主义国家，对地球上绝大多数人口所施行的殖民地奴役和金融奴役的事实；共产国际在民族与殖民地问题上的主要政策，应当是使一切民族和各国无产者与劳动群众团结起来，进行共同的革命斗争，去推翻地主与资产阶级的统治；必须向一切国家，特别是落后国家的最广大劳动者说明并揭露帝国主义列强一贯进行的欺骗政策，它们建立一些在政治上表面看来是独立的，但在经济上、金融上和军事上却完全依赖于自己的国家；当时必须实行这样的政策，就是将民族解放运动与殖民地解放运动，同苏维埃俄国结成联盟，并根据落后国家或落后民族中工人和农民的资产阶级民主解放运动发展的程度，来确定这一联盟的形式。这就是列宁关于殖民地被压迫民族和无产阶级团结战斗的重要论述,这是他在1920年的《民族与殖民地问题提纲初稿》中提出来的。该提纲是为共产国际第二次代表大会而作的。

上面我对列宁关于殖民地和民族问题的理解,和斯大林对它的阐述有些不同。他说,第二国际时期和列宁主义时期的民族问题不同:第二国际的活动家把"民族问题限制在主要和'文明'民族有关的问题的狭隘范围内",他们关心的是爱尔兰人、匈牙利人、波兰人、芬兰人、塞尔维亚人以及欧洲其他一些没有充分权利的民族的命运,而"那些遭受最粗暴最残酷的民族压迫的千百万亚洲人民和非洲人民,通常都不放在他们的眼里。他们不敢把白种人和黑种人,'文明人'和'不文明人'相提并论";列宁主义则揭露了这种现象,把"民族问题和殖民地问题联结起来了。于是民族问题就由局部的和国内的问题变成了一般的和国际的问题,变成了附属国和殖民地被压迫民族摆脱帝国主义的世界问题"[1]。认为第二国际的活动家不把东方被压迫民族放在眼里,这是正确的,原因前面已提过;认为列宁揭露了这种现象,把白种人和有色人种相提并论,从而使民族问题成为一个国际问题,这也是正确的。但是,由此认为,只谈论欧洲被压迫民族的命运,民族问题就只是国内问题,民族问题就不能和殖民地问题相联系,这就未必正确。说到底,这等于说爱尔兰不是大不列颠的殖民地,波兰等不是俄国的殖民地,它们被并入宗主国的版图后,它们的前途问题,只是国内问题。我觉得这不符合列宁的原意。

前面说过,马克思和列宁都认为爱尔兰是大不列颠的殖民地,列宁认为波兰和芬兰是俄国的殖民地;列宁明确指出,英国反动势力靠奴役爱尔兰来巩固和取得营养,正如俄国反动势力靠奴役俄国许多民族来取得营养一样;[2]至于匈牙利,曾被奥地利吞并,组成奥匈帝国,塞尔维亚曾被奥匈帝国统治,它们也是殖民地。因此,第二国际的活动家们即使把民族问题局限在欧洲被压迫民族,如果能从经济关系而不是从法律观点来考察问题,也能看出这些民族问题

[1] 《斯大林全集》第6卷,人民出版社1956年版,第122页。
[2] 参见《论民族自决权》。

同时也是殖民地问题。虽然就范围而言,它不像东方被压迫民族和殖民地问题那样,是国际问题和世界问题,但绝对不是同国际问题和世界问题相对立的国内问题。

十一、对布哈林殖民地理论的影响

列宁的殖民地理论同布哈林的关系,可以分为两方面:其一是,布哈林使其纳入自己原有理论的体系,即使其布哈林化;其二是,使布哈林提出自己原来没有的理论,即对布哈林有重大的影响。

1928 年布哈林在共产国际第六次代表大会上,作关于共产国际纲领草案的报告时谈到,报告中谈到的殖民地问题,是充分注意到列宁在第二次代表大会上的有关论述的。布哈林认为,"拿殖民地和工业国对比,前者是世界农村,后者是世界城市";因此,"从经济观点来看,我们同殖民地人民的兄弟关系取决于强大的工业中心和广大的农村两者之间的经济联系的绝对必要性。而从阶级观点看,在这方面就是在世界范围内提出工业无产阶级和……世界殖民地农民之间的相互关系问题"。[1]经过这样的议论,他就认为:"我们进行过多次争论的所有列宁主义的专门问题,现在在世界范围内向我们提出来了"[2]。其实,列宁并不认为宗主国同殖民地的关系,直接地就等同于世界城市同世界农村的关系,它们之间的经济联系,更不是工业和农业之间要有一定的比例关系那种联系;列宁更不认为世界无产阶级同殖民地之间的阶级联系,是他们同世界殖民地农民之间的关系,而认为是同被压迫民族之间的关系。很明显,布哈林将列宁的理论布哈林化了。

由于列宁的影响,布哈林提出了自己原来没有的殖民地理论。布哈林说:"我想稍微解释一下无产阶级取得世界性胜利后的未来发展进程,并稍微发展一下列宁曾经谈到过的一个论点,即共产国际应当论证和证明所谓'不文明'民

[1][2] 《在共产国际第六次代表大会上关于共产国际纲领草案的报告》(摘录),《布哈林文选》下册,人民出版社 1983 年版,第 381 页。

族非资本主义即社会主义发展的可能性问题”[1]；他努力说明这些民族的非资本主义发展，同取得胜利的无产阶级结成联盟的重要，以及如何结成联盟，因为列宁认为，如何结成联盟是很难解决的问题。

他认为应该区别两个问题。一个是，“在某些殖民地，资本主义已经相当发达，在这些地方我们提出关于无产阶级领导权的问题，但在这些地方无产阶级的内部力量仍然没有发展到没有外来的进一步援助就能推动社会沿着社会主义道路继续发展的程度”，[2]在这里，我们就要提出无产阶级已经取得政权的国家，对一个建设社会主义国家的无产阶级提供援助的问题，在经济方面落后的国家，问题就是这样。经济落后国家的无产阶级是领导着该国的农民的，这样通过援助，先进国即革命已经胜利的无产阶级，经过落后国的无产阶级，也就领导着落后国的农民。

另一个是，“在资本主义实际上还处于萌芽状态的地方，在还存在着前资本主义形态的地方，在资本主义还没有特别深入社会经济生活的地方，问题就不一样”，[3]因为这里无产阶级只占居民中极小部分，或者简直没有无产阶级。在这里，革命已经胜利的无产阶级，就要把上述那些“农民外围区纳入自己的影响范围”[4]，情况就像苏联工业城市影响苏联农村一样。他认为，“在革命以后，在发达的无产阶级专政的条件下，我们将把所有这些地区通过联邦形式或者其他不同形式统一起来，那么，纯农民地区——原来的殖民地——在无产阶级专政的世界体系中就会像村苏维埃在我国整个苏维埃体系中所起的那种作用”。[5]

很明显，布哈林这种看法是受到列宁的影响之后才产生的，因为他原来从工业和农业生产要有一定的比例关系，工业国是世界城市，殖民地是世界农村的观点出发，认为只要殖民地起义，经济联系中断，资本主义工业国就灭亡，根

[1]《在共产国际第六次代表大会上关于共产国际纲领草案的报告》(摘录)，《布哈林文选》下册，第385页。
[2] 同上书，第382页。
[3] 同上书，第382—383页。
[4] 同上书，第383页。
[5] 同上书，第384页。

本不需要探讨工业国和殖民地之间的联盟形式问题。但是,即使有了这些变化,只要将他所谈的联盟环节抽掉,实质还是无产阶级和农民之间的联盟问题。他最后说:“如果我们谈论无产阶级和它在全世界革命中的领导作用问题,那么极重要的基本任务之一就是要解决世界无产阶级对世界农民的领导问题”[1]。这个提法,同列宁的无产阶级同被压迫民族团结战斗的纲领中不同。布哈林是在坚持自己的理论基础的前提下,受到列宁的影响的。

十二、对考茨基殖民地理论的批判

列宁特别着重批判考茨基的帝国主义定义和超帝国主义论,这自然涉及考茨基的殖民地理论。

考茨基将帝国主义定义为:帝国主义是高度发展的工业资本的产物。它体现在每个工业资本主义国家的这种要求中:即征服和兼并越来越大的农业地区,不管其中居住着哪些民族。按照理论逻辑,这些农业地区就是殖民地。考茨基的帝国主义定义是从他的资本主义工农业生产不平衡,以及资本主义国家竞争激烈理论产生的。他认为,资本主义工业越发展,农业就越落后,要取得农产品,有两种适用于不同条件的政策:当资本主义国家竞争不激烈时,如像 19 世纪七八十年代前英国一国独霸世界时那样,可以用自由贸易政策取得;当竞争激烈时,如像 19 世纪 80 年代以来那样,就要用帝国主义政策取得,就是说帝国主义是一种政策,是取代自由贸易政策取得农产品的另一种政策。很明显,要在后一条件下,才产生现代的殖民地。考茨基说:“对抗竞争的愿望成了资本主义国家把农业地区直接地当作殖民地或间接地当作势力范围来加以征服的新动机,这是阻止农业地区发展自己的工业,为了迫使它们只限于从事农业生产”[2]。

这样的殖民地只能是资本主义自由竞争时期工业资本的殖民地,而不能是垄断时期金融资本的殖民地,因为垄断的金融资本要攫取垄断利润,这样就不

[1] 《在共产国际第六次代表大会上关于共产国际纲领草案的报告》(摘录),《布哈林文选》下册,第 385 页。
[2] 《帝国主义》,第 15 页。

仅要将农业地区，而且要将工业地区，甚至任何地区变成殖民地。正是这样，列宁在批判考茨基的帝国主义定义时，也批判了他的农业殖民地理论；他说："考茨基定义的错误是十分明显的。帝国主义的特点，恰好不是工业资本而是金融资本。在法国，恰好是金融资本特别迅速的发展……从上一世纪 80 年代开始，就使兼并政策（殖民政策）特别加紧地推行起来"；而"帝国主义的特点恰好不只是力图兼并农业区域，甚至还力图兼并工业极发达的区域（德国对比利时的野心，法国对洛林的野心）"[1]。

考茨基说："从纯经济的观点看来，资本主义不是不可能再经历一个新的阶段，也就是把卡特尔政策应用到对外政策上的超帝国主义阶段。我们当然必须像反对帝国主义一样激烈地反对超帝国主义，不过它的危险不在军备竞赛和威胁世界和平这一方面，而是在别的方面。"[2]

列宁指出，考茨基称为超帝国主义的东西，就是霍布森比他早十三年称为联帝国主义的那个东西。其实质就是"拿资本主义制度下可能达到永久和平的希望，对群众进行最反动的安慰，其方法就是使人们不去注意现代的尖锐矛盾和尖锐问题，而去注意某种所谓的'超帝国主义'的虚假前途"[3]。这就是机会主义。为了揭露这种虚假性，并针对殖民地问题，列宁指出：印度、印度支那和中国，是受英、法、日、美等几个帝国主义剥削的殖民地和半殖民地国家。假定这些国家组成几个彼此敌对的联盟，来保持或扩张它们在上述国家的势力范围，又假定所有这些国家组成一个联盟，来和平分割上述国家，这些联盟都是超帝国主义。情况又怎样呢？永久和平实现了没有？列宁指出，垄断资本主义发展是不平衡的，这必然导致它们之间的矛盾激化，必然使联盟成为两次战争之间的暂时休战；八国联军在镇压义和团时，是一个联盟，但是不久，联盟破裂，第一次世界大战就是由这个联盟分裂成的两个集团打起来的。因此，劳动人民和殖民地被压迫民族，渴望在帝国主义统治下得到永久和平，这是幻想。

---

[1]《帝国主义是资本主义的最高阶段》，第 82 页。
[2]《帝国主义》，第 17—18 页。
[3]《帝国主义是资本主义的最高阶段》，第 108 页。

考茨基论证了超帝国主义的形式。他认为,垄断资本主义联盟,“可以采取多种多样的形式,它可以是一个由若干联盟组成的联盟。它表现为这样一种富于伸缩性的国家形式,它可以有无限的发展可能性,最终可以一直发展到世界联盟”。[1]他还认为,“不列颠帝国之所以强大,应归功于及时把它的最强大和发展最快的殖民地变成联邦”。[2]在这里特别值得我们注意的是,他认为英联邦内的殖民地,至少是他论述到的那些殖民地,再也不是殖民地了。他认为加拿大、澳大利亚和南非对英国工业和资本是很重要的。但这种重要意义“不是基于这三个地区作为殖民地的特性。严格说来,它们根本不是殖民地。它们是享有现代民主的独立国家,也即民族国家……它们实际上并不构成一种受支配的英国属地,而与英国处在一种联邦关系之中,与英国结成一种国家联盟”[3]。应该说,在考茨基论述问题时,不仅南非的,而且加拿大和澳大利亚,都是英国的政治经济学上的殖民地,同时也是英国的殖民地国家。考茨基否认它们是殖民地,所持的理由只是它们与英国处于联邦关系之中,与英国结成国家联盟。这完全是从资产阶级的法律形式看问题,因此认为在联盟之内,各政治实体的政治地位既然平等,就没有宗主国和殖民地的区别了。这正是列宁所揭露的资产阶级民主制的虚伪性。这种虚伪性掩盖了帝国主义列强对地球上绝大多数人口,施行殖民压迫和金融扼制的事实。以后我们看到,第二次世界大战后垄断资产阶级的非殖民地化论,有的就建立在殖民帝国采取了联邦和共同体的形式的基础上。

---

[1][2] 《民族国家、帝国主义国家和国家联盟》,第77页。
[3] 同上书,第36页。

第十一章　殖民地和宗主国的关系是相互帮助和后者帮助前者

——帝国主义辩护者的殖民地理论

一、概　　述

马克思和列宁的殖民地理论，揭示了资本主义宗主国对殖民地的剥削，不利于前者对后者的统治。作为它的对立面，一种为宗主国剥削殖民地进行辩护的理论产生了。这种理论最大的特点是，妄图用马克思的有关理论来达到这个目的。

这里论述的主要是社会民主党右翼领袖的有关论点。他们认为殖民地不仅对资本主义是必要的，而且对社会主义也是必要的。因为欧洲或宗主国要提高物质生活，就要靠殖民地，而殖民地要提高文化水平，就要靠宗主国；整个世界已成为一个经济统一体，它包括了宗主国和殖民地；地球是属于人类的，为了人类的利益，任何人都可以利用其中任何部分。

此外，还有一种论调是为日本帝国主义发动的侵华战争服务的。它认为中国存在着马克思所说的亚细亚生产方式，自己不能发展，要有外力帮助才能发展，日本发动的“圣战”就是这种力量。

二、伯恩施坦的殖民地理论

伯恩施坦是恩格斯逝世后的第二国际领袖。他起初认为，社会民主党的政治地位,决定它对德国今后是否需要殖民地的问题,持否定的态度。但是,他后来又认为,如果看一看现在德国每年从殖民地输入大量生产物的情况,那么就应该直言不讳地说,确实希望将来德国能从自己的殖民地输入这巨额生产物的一部分,即希望德国能夺取更多的殖民地。基于同样理由,他认为只要全世界尚未实现社会主义,已发生社会主义革命的国家,如德国这样的国家,是需要实行殖民政策的。为了说明这一点,伯恩施坦发了长篇的议论。现述评如下:

他说,从经济观点来看,较高的文化同落后的文化相比有这样的特点:较高的文化通过赋予土地或地球以较高的居住能力,比落后的文化能使数量更多的人生活在同一地区。我们记得,这是斯密论述现代社会其所以有两种不同的殖民地时谈论过的。伯恩施坦不过指出其所以如此的原因,这就是部分地由于从技术上提高人类劳动的收益,部分地由于加强法律保护和劳动保护,以及由于经济组织的改善。这种分析是正确的。

由此,他就得出这样的结论:用这种尺度来衡量,在其他条件都相同的情况下,较高的文化同落后的文化相比始终有更大的权利,并在一定条件下使后者从属于自己的历史权利,甚至义务。我们实在不了解,运用上述尺度,怎么会得出这样的结论。

前面谈到,在马克思看来,文化较低的民族(我这里使用的民族,其概念与斯大林谈的不同)统治文化较高的民族,会被后者同化,反之,较高的统治较低的,则相反;印度被异族统治的历史证明这一点。[1]但他绝不认为,文化较高的民族有权利,甚至有义务,使文化较低的民族从属于自己。至于权利和义务,马克思认为,在资本主义制度下,就是等价交换和按资分配。伯恩施坦这种权利和义务观,不知有何理论根据。

伯恩施坦继续说:假设一个岛上住着两个部族,一个从事畜牧业和一些农业,另一个从事打猎,两者人数相等,但由于上述理由,前者占据全岛土地四分之一,后者占据四分之三。两者人数增加,都要扩大占有的土地,于是发生冲突。我们

[1] 下面论述秋泽修二时,我们还要谈论。

应该同情谁？无疑应该同情畜牧部族。他们的胜利将意味着能够在岛上生活的人日益增多，而打猎部族胜利，则会使人口减少，也就是使一部分人绝灭。这就是说，使全岛人都从事畜牧，就能多养活人口。如果说，这个岛就是全球，"冲突"不会伴随和导致奴役和压迫，也就是使全球都提高生产力，养活更多的人，那当然是对的。这就是"世界大同"。但这里谈的都是殖民地理论，这就错了。

他正是这样说的：对于我们这个时代来说，答案只能是这样的：当然应当尽可能保护按照自己的特性进行发展的权利（按照前面所说，落后的只能从属于发达的，还有什么按照自己的特性进行发展的权利）。但是，在一定条件下，对于养活人的可能性的考虑，将会反对无条件地承认这种权利。还有其他考虑，包括对交往利益的考虑，也反对这样做。因为在国家和国家之间、文明区域和文明区域之间建立万里长城，是既不可能又不值得向往的，必须承认较高文化有权督促落后文化建立保障交往安全的机构。这里搬出一个养活人的可能性问题，其目的是说明宗主国养活不了这么多人，因此要向外扩张土地，占领殖民地；而人口稀少的落后国，应该服从宗主国，建立一个保证交往安全的机构，即成为殖民地国家。

马克思说过，欧洲之所以建立北美这样的移民垦殖殖民地，原因之一是解决其过剩的人口；所谓过剩的人口，是对于资本来说的，即失业工人，并不是土地养活不了的人口；爱尔兰的人口在绝对减少，因为大量工人移到英格兰，但留在那里的爱尔兰人却更贫困。因此，问题绝对不是欧洲的土地养活不了其人口。

伯恩施坦终于撇开人口问题谈论夺取殖民地的必要性：如果发现，一个被野蛮部落或半野蛮部落占领的地区蕴藏着一种矿物，这种矿物在别的任何地方都没有发现过，但对文明世界的技术异常有用，那么，人们就不会允许那些本身并不知道怎样利用这些原料的有关部落永久地拒绝别人开采。

这些部落为什么拒绝别人开采？我认为，第一，考虑到将来自己有用；第二，价格太低，近于劫夺。按照马克思的矿产品价值由最劣等生产条件生产所需劳动决定的原理，以及稀有矿产品其垄断价格由需求程度和支付能力决定的原理，只要根据这一原理支付价格，这些部落在自己不需要的前提下，则可以允许别人开采。但按这一原理办事，垄断资本家是得不到垄断利润的，即使对发展技术非常有用，他们也会去开采吗？

伯恩施坦最后强硬地说：地球不属于任何人，它是整个人类的财产和遗产。这就是说，不管是允许还是拒绝，先进民族总是要来的，因为这是人类的财产和遗产。但是，资本主义国家的宪法是要保护这些财产和遗产，不让别人侵犯，不视为人类共有的。这该如何解释？如果说，应将土地收归全社会所有，那么，撇开那一个机构可以代表全社会（全人类）这个问题不谈，这就等于19世纪80年代美国社会学家亨利·乔治的土地国有化的主张。这个主张有利于产业资本家（因为绝对地租消灭了，农产品价格从而货币工资可以降低），但行不通。原因是废除土地私有权，对于资本私有权毕竟是一种威胁。但是，我们不谈这一点，只谈土地社会化了，垄断资本家将如何呢！？

按照马克思的理论，土地私有权不存在，绝对地租就不存在；因经营的土地不同（肥沃程度和位置）和对同一土地连续投资的生产率不同所形成的超额利润，亦即级差地租的实体，就不归土地经营者而归社会所有。这样一来，垄断资本家不仅得不到垄断利润，也得不到这种超额利润，他还会去经营吗？

伯恩施坦终于承认，这丝毫不是理论问题，而是实际问题：今天欧洲人民的食品单中增添了许多富有营养的美味的热带产品，美洲和大洋洲的牧草地有助于降低欧洲工人食用的肉类的价格，这些大陆的广阔田野有助于降低他们的面包的价格，为此，我们应该感激殖民事业。但是，这是不必借助殖民，只要通过贸易就可以得到的。

伯恩施坦的殖民地理论的内容，太着重于占领土地了。这反映出他研究的是与土地不可分离的殖民地。其实，殖民压迫和剥削，其对象并不是土地，而是人民。脱离了这块土地的人民，仍然可以是殖民对象。这一点下面就会谈到。

三、伦纳的殖民地理论

奥地利社会民主党领袖伦纳的殖民地理论以其经济统一体理论为出发点。

所谓经济统一体是指,通过交换共同体的媒介,产生一个规模极大的劳动共同体和消费共同体,其内部分工越来越复杂,组织越来越巩固,因此,这是一个物质的,而不是形式的共同体,是一个有机的,而不是机械的共同体。资本主义经济统一体有意识地汲取自然力,有意识地提高劳动力和消费能力,因此当它在空间上猛烈扩展的时候,本身也逐步稠密。这样,由于自然条件和劳动条件不同,在热带和温带之间本来就产生一种分工,按照这种分工,热带提供大宗衣着和食品的原料,而温带则适合成为世界工场。出口和进口应当同等程度地发展,于是原料的进口和成品的出口就会相抵。日益发展的商品交换使国际贸易共同体的联系日益密切,自由贸易成了最好的国际分工、对一切人最丰富的供应、各民族的友谊和和平的媒介。

但是,他认为这是历史发展的趋势,是一个过程。在这一过程中,地球表面的各单个地区把自己作为特殊的经济区域封锁起来,把自己作为经济个体组织起来,并且在一方面和经济统一体相冲突,另一方面被经济统一体容忍的情况下力求存在和发展。这样,经济区域之间在依存中也有冲突。他认为,现代的冲突和过去的冲突不同。现在一个经济区域侵犯另一个经济区域是通过三方面进行的:商品、资本和劳动力。这就是外国经济区域被看成是本国商品的销售市场、本国资本的投资地区和本国使用当地劳动力的地区(不适合于移民到外国)。由于这样,这些外国经济区域就成为殖民地。他将殖民地区分为农业殖民地、债务殖民地、商业殖民地和工业殖民地。

对这两种经济区域的关系,伦纳也有分析。从商品交换来看,问题取决于出口和进口的是什么东西。谁输入成品和输出原料,谁为了购买包含劳动多的产品而出售包含劳动少[1],或仅仅包含非熟练劳动的产品,它在经济方面的地位就差,尽管它在政治上可能是一个大国,在经济上却是殖民地,例如俄国就是这样。而英国则输入包含少量劳动和非熟练劳动的产品,输出相反的产品,情况就不同。在这里起决定作用的从来不是单纯的出口价值总额或者单纯的决

---

[1] 包含劳动多和少,是何意思,并不清楚。同下面相连,多可能指熟练劳动,少则指非熟练劳动。

算盈余价值总额，而是民族劳动的决算。这样，处于有利条件的国家，工人阶级从利害观点来考虑，是会拥护这种贸易的。

但是，他认为帝国主义殖民政策的标志，不是商品输出，而是国外投资。它意味着一部分在国内创造出来的、从本国工人阶级那里取得的剩余价值外流了。欧洲工人的劳动产品有一部分进入外国。这些产品在外国变成资本，对欧洲劳动市场的需求就减少了。英国资本家阶级有可能最后把所有的工厂都关闭，但仍旧能生活下去，因为其国外投资的利润和利息将会维持他们的富裕生活。对他们来说，本国的工人阶级失去了对于“民族”的生死攸关的重要意义，代替他们的劳动的是埃及农民、黑人和苦力。只要帝国主义者还在促使欧洲资本向其他各洲转移，它也就完全直接地威胁欧洲工人的利益。

伦纳认为，殖民利益中的确有一部分被重新投放在宗主国，但是这一部分是很微小的；殖民地生产的商品中有不少是宗主国希望得到的，例如谷物和肉类，但是帝国主义者的保护关税，使工人得不到这些东西；殖民地生产的棉花、橡胶、矿石和其他工业原料，扩大了欧洲宗主国的生产能力，但这是有期限的，几个世纪以前美国是欧洲的原料仓库，今天它是欧洲的强大竞争对手。

应该说，伦纳的分析，除了认为国际分工是由自然条件决定的以外，其余的还是正确的，“民族劳动的决算”这一提法，可以说是精辟的。现在的问题是，他由此得出什么结论。

他起初还认为，无产阶级应当在一切问题上极力争取同帝国主义者所争取的恰恰相反的东西；从上述分析中也可以看出，这也是合乎逻辑的结论。但是，他接着又相反地认为，绝不可能有某一个无产者对这样的事情发生兴趣，即自己对“自己”的资本实行怠工，因为对于民族资本的“进步”，只要它还是自然的和自由的，工人也有共同的利益。正是从这里出发，他拥护殖民政策，断然认为宗主国的国外投资，将使殖民地建立工业，殖民地本身将在和平的交换中逐渐发展本国的资本，并且随着它们的自然而然的经济发展，作为自由的民族成熟起来，达到文化上的平等地位。为了实现这种殖民政策，他认为殖民地应该排除政治强制，并且按同等条件对一切民族实行门户开放。国际法的协定应当确定这些原则，具有执行权力的国际法庭应当监督这些原则的实行。通过逐步扩大国际法、国际规章、国际裁判和管理，就为达到如下的状况开辟了道路，即自由的民族融合成政治共同体，世界真正达到了和平。按照我们前面的分析，这个政治共同体就是殖民帝国。

最后，伦纳对马克思主义者以教训的口吻说道，从邻人关系和单个国家的角度，当然会把这看成是殖民政策和殖民剥削，统治和奴役等等。这种看法固然是正确的，而从资本的本性来说，也是毫不奇怪的。但是，相当多和相当有名的马克思主义者，完全看不见在殖民政策的日常苦难和邻人敌对后面存在着世界经济一体化的百年大计，并且用一种无可奈何、愁眉苦脸的道德家的态度来对待它，这种态度大大落后于马克思的思想方式水平。他们中间的许多人把自己封锁在小欧洲的视野里，封锁在某种闭关自守的欧洲商业国里。这个商业国只需要以家长方式交换剩余产品以满足过多的需求，暂时把未开化民族抛弃在荒野，自己走最短的特殊道路达到社会主义的天堂，然后社会主义救世主再从漫游中回来，通过传教把社会主义的福音传播给野蛮人。用这种方式来当殖民制度的反对者，等于当世界历史的反对者，而不是当帝国主义的反对者，因为世界历史不是这样实现的。

在这里，伦纳显然违反了马克思的这一教导：在宗主国的统治阶级还没有被无产阶级推翻以前，或者在殖民地人民自己还没有强大到能够完全摆脱宗主国的枷锁以前，殖民地人民是不能收获到宗主国统治阶级在他们中间所播下的社会新因素成熟的果实的，因为伦纳认为历史的发展会自然地达到这一点；也违背了恩格斯关于两种殖民地的发展不同的教导，因为他谈论的殖民地的经济发展的情况，只是对移民垦殖殖民地来说的，奴役土著殖民地的情况不是这样。

四、万-科尔的殖民地理论

荷兰社会民主党领袖万-科尔认为，历史发展给许多国家提供了与宗主国紧密联系的、在政治上根本没有自治习惯的经济殖民地,即使从国际关系的观点来看,让这些殖民地自行其是是不可能的:现代资本主义推动文明国家为寻找新的销售市场、为寻找使资本得以迅速增加的场所而不断进行扩张,这种侵略性政策往往跟暴行和掠夺分不开,对于这种政策,必须进行无情斗争;虽然这样,但是不应不分场合、时间和地点,对任何殖民统治进行谴责;工人阶级胜利后和工人阶级在经济上获得解放后出现的新的需要,将使殖民地在未来的社会主义制度下也是必要的,因为现代国家已无法脱离能够给工业和人类生活需要提供某些原料和热带产品的地区,在还没有可能通过以本地的工业产品的交换而取得一切必需品以前,没有这种地区是不行的。这就是科尔的殖民地理论的最主要的部分。

为了论证社会主义殖民政策的必要,科尔说,问题在于我们是放弃地球一半的土地,而听任那些还处于未成熟时期的、无能开发地下富饶资源和我们星球上最肥沃土地的民族为所欲为呢;还是应当为了全人类的利益而加以干预,使土地这种全人类的财产向全世界居民提供生活资料呢?我们所说的生产资料社会化,不正是指一切生活资料和劳动手段属于所有的人吗?这里所强调的土地是全人类的财产问题,我们在前面已有所论述。

具体说来,他认为社会主义之所以需要殖民地是由于:第一,欧洲的过剩人口,应该在哪些国家寻找安身之处;因为谈论的是社会主义,所以这里的过剩人口指的就不是失业者,而是绝对过剩的人口。欧洲是否有和何时会有这个问题,我们暂且不论。但按照伯恩施坦的有关理论,同样面积的土地,欧洲能养活的人应比其他地区多得多,它不应以此为理由将其过多的人口输出到所谓的殖民地的。如果其他地区同样也有此问题,那就应该协作解决,计划安排,即使有移民的必要,也不是殖民政策,因为这不包含奴役、统治的内容。第二,欧洲工业产品需要市场。这同样不需要殖民政策,贸易便可解决问题,即使他所强调的欧洲不生产的棉花、橡胶、咖啡、烟叶、茶叶等,也可通过贸易取得。

科尔有一个奇怪的逻辑:社会民主党人有义务使落后的民族获得较高的教

育，就必须实行殖民政策或帝国主义政策。他说，社会民主党人要努力提高殖民地土著居民的文化水平，但是如果想得到他们的信任，就应该积极干预殖民问题。如果现在把一架机器带给中非的野蛮人，他们会拿它怎么办？或许他们会围着它跳舞，或对它崇拜。或许我们应该送去一些会开机器的欧洲人。但他们会把他打死，甚至吃掉。这样，就必须手持武器到那里去。这就被称为殖民政策或帝国主义政策。科尔站在"白种人优越论"的立场上，在对有色人种进行污蔑中提出一个如何帮助落后民族的问题。我们认为，如果不是欧洲殖民者在非洲长期实行捕捉黑人的政策，黑人是不会如此报复白人的。在这种条件下，一个胜利了的社会主义国家，帮助那里的居民提高文化教育水平，开始的时候是艰苦的，但只要是真正的社会主义者，实行的是国际主义，很快就会取得他们的信任。这样做，根本不是什么殖民政策。

科尔总结地说：在世界历史中，殖民地只是一种暂时的现象。当有色人种达到高度的文明水平和经济发展水平的时候，当工业和农业都发达起来，而按照契约进行交换成为可能的时候，他们将获得自治的权利，更确切地说，到那时他们已经享有自治。有朝一日，整个地球将成为一个生产力统一协作的世界同盟。但这是遥远的事。在社会主义时代没有到来以前，为了等待这种制度而不去扩大殖民地，那是一种空想。这就等于说，在全世界实现社会主义以前，欧洲某些国家取得社会主义革命胜利，同样要扩大殖民地，成为殖民帝国。

社会民主党右翼领袖的殖民地理论，除了重复宗主国要从殖民地取得农产品、矿产品的论调外，就是提出殖民地要靠宗主国才能提高文化水平的看法。这一点是从霍布森那里拿来的，他们的理论没有什么新花样。当然，社会主义殖民政策是新的提法，但正如列宁所指出的，这个概念本身是荒谬的。

五、秋泽修二的殖民地理论

日本哲学家秋泽修二，为了证明日本帝国主义发动侵华战争是"进步"的，因为它“帮助”中国社会加速发展，而不是变中国为日本的殖民地，便歪曲马克思关于亚细亚生产方式的论述，并片面利用马克思关于不列颠对印度统治的论述，提出一套披着马克思主义外衣的谬论。

秋泽修二认为，中国社会属于马克思所说的那种存在着亚细亚生产方式的社会；因此，按照马克思的论述，它自己是不能发展的，是长不出新的生产方式的。秋泽修二说，中国的商业、工业、农业，即全部经济生活都被亚细亚生产方式的基本经济要素结构“钉死”了，不能动弹，中国社会是个不能孕育胎儿的“石女”，要打破这种局面，只有靠外力的作用。这种论调事实上认为，日本帝国主义从九一八事变开始发动对中国的战争，便起了这种作用，七七事变以来，更是“全面帮助”中国发展，和同种同文的日本“共存共荣”，并进一步组成“大东亚共荣圈”。这种论调 40 年代初便遭到我国马克思主义理论家的有力批判。

秋泽修二完全曲解了马克思关于亚细亚生产方式的作用的论述，并将马克思置于自相矛盾的境地。马克思认为，亚细亚生产方式就是原始社会的农村公社，在原始社会崩溃后，即在私有制的社会里仍然大量存在，其特征是以血缘为纽带和自给自足[1]。但是由此认为，凡农村公社就不会解体，就长不出新的生产方式，那就不能解释原始社会何以崩溃，私有制社会何以产生，亦即无法解释亚细亚生产方式的存在了。这是将马克思置于自相矛盾的境地。这是一。第二，马克思多次说过，商品交换最初是在共同体也就是公社之间进行的，但产品对外成为商品，由于反作用，对内也成为商品，由于商品生产的发展，公社就瓦解；在亚细亚生产方式中，公社生产的产品，“变成商品的只是剩余的产品，而且有一部分到了国家手中才变成商品，从远古以来就有一定量的产品作为实物地租流入国家手中”，[2]这种情况完全适合于中国。既然这样，这些自给自足的公社也要瓦解的，只不过过程较长。因此，秋泽修二认为，中国社会不能孕育新的生产方式，这是片面地利用马克思的理论，并将马克

[1] 马克思在《资本论》第 1 卷，第 395—397 页有详细的论述。
[2] 《资本论》，第 1 卷，第 395—396 页。

思置于自相矛盾的境地。

秋泽修二利用马克思分析印度被异族统治对其历史发展的作用，即在社会发展阶段上落后于印度的异族统治印度，结果被印度同化，相反的则促使印度变化，利用马克思这些分析来歌颂日本的侵华战争。他将日本的侵华战争，比作中国历史上的武王革命中的周灭殷的战争。它的意思是说，既然中国马克思主义历史学家认为，周灭殷的战争是正义的、进步的，那么他们就要承认日本的对华战争也是正义的、进步的，是“圣战”。这种论调是错误的。

首先，根据秋泽修二认为中国只有靠外力的作用才能长出新的生产方式的论点，他显然认为，在周灭殷的战争后建立的新社会制度，是外力，并且是暴力创造的。这是错误的。西周是奴隶制还是封建制社会，这是一个正在研究的学术问题。但撇开这一点不谈，有两个问题是清楚的。其一，周族原来就是殷灭夏的夏族回到西北后繁衍下来的一个分支，受殷的统治，后来周的经济发展起来，就推翻殷的统治。因此，这是内部革命，不是外力作用。其二，周灭殷后建立的新社会制度，是根据殷已有的经济因素和周自己的经济因素，将这两者结合起来而产生的。暴力只能加速或延缓一种社会制度的产生，不能创造一种社会制度。日本发动的侵华战争，以及其扩大即太平洋战争，就是妨碍中国和东南亚各国的资本主义发展的战争。

第二，秋泽修二之所以选择周灭殷的战争，而不选择其他的如蒙古族灭宋建元、满族灭明建清的战争，其主要着眼点在于：前一种战争是由一种先进的生产方式，为了使比其落后的生产方式发展为先进的生产方式而发动的战争，后一种战争就不是这样。这就是说，日本的生产方式比中国的先进，它发动“圣战”就是使中国的生产方式从落后的变成先进的。这当然是错误的。周族的生产方式的社会性质问题，也是一个正在研究的学术问题。撇开这一点不谈，周灭殷的战争之所以是进步的，是由于它促进了新的社会制度的产生，促进了生产力的发展。日本的侵华战争以及太平洋战争，对中国和东南亚人民来说，之所以是反动的，这是由于，日本的生产方式虽较中国和东南亚各国的先进，但它发动战争，不是要完全摧毁这些落后的生产方式，解放和发展生产力,而是要和其劲敌英美帝国主义相争夺,排除它们,独霸中国和东南亚各国,将其变成它的殖民地,然后在此基础上同这些国家的落后的生产关系相结合,攫取垄断利润。

第二次世界大战后,实质相同的论调又出现。那就是认为发展中国家无法从内部产生发展的动力,一定要有外力的作用才能发展。以此为幌子,就可以在新的历史条件下,实行殖民主义。

第三篇 第二次世界大战后的殖民地理论

第二次世界大战后，随着民族解放运动的发展，原来的属于奴役土著的殖民地国家绝大多数陆续地获得政治独立，恢复国家主权；这时，原来的属于移民垦殖的殖民地国家有的还没有获得完全的政治独立，尚未行使全部国家主权：在这种条件下，有的理论家就宣称殖民体系已瓦解。这反映出这些理论家的殖民地观是二元的：对某些殖民地从政治上判断其是否殖民地，而对另一些殖民地则从经济上判断其是否殖民地，这就必然常常自相矛盾。例如，他们对加拿大和绝大多数获得政治独立的亚、非、拉民族独立国家是否殖民地的看法，就是矛盾的。我们知道，16世纪英、法先后侵入加拿大，夺取印第安人的土地。1763年，英、法7年战争结束，加拿大成为英国殖民地。1867年，英国被迫承认加拿大为自治领，但自治权并不完整。到1926年和1931年，加拿大才取得外交和立法独立的自主权。它的经济地位的变化，是从第二次世界大战时开始的，现在是资本主义七大工业国之一，从经济上看，早已不是殖民地了。虽然直至1982年春，英国女王巡视加拿大时，才宣布它在政治上再也不是殖民地。因此，理论家们认为加拿大早就不是殖民地，早就不在殖民体系之中，那是从经济上着眼的。但是，他们认为民族独立国家再也不是殖民地了，则是从政治上着眼的。因为从经济上看，正如下面会谈到的，它们中的绝大多数仍然是殖民地。

由于原属于移民垦殖殖民地的国家，现在无论从经济上看还是从政治上看，都再也不是殖民地了，以后我们的论述就不包括它们了。

从第二次世界大战后到80年代中，原属于奴役土著的殖民地和半殖民地国家获得政治独立的情况，可以简述如下：40年代后半期到50年代前半期，亚洲和中东许多国家获得独立；从50年代中到80年代初，民族独立运动席卷非洲，除纳米比亚仍在南非种族主义政权统治下，有50个国家获得独立；在这一期间，拉美国家也开展民族民主革命运动；70年代以后，民族解放运动在加勒比海和南太平洋迅速扩展。到80年代中，受帝国主义直接政治统治的殖民地国家已所剩无几。[1]这类国家，第二次世界大战结束时，占世界土地面积的27.3%，世界人口的28%；1960年，分别减为9.8%和2.8%；1983年，又分别减为0.7%和

[1] 纳米比亚于1990年3月21日获得独立。至此，非洲已经没有殖民地国家。

0.2%。因此,从政治上看的帝国主义殖民体系可以说终于土崩瓦解了。

获得政治独立的原奴役土著殖民地和半殖民地国家,由于领导独立的政治力量不同,独立后走的道路也就不同,建立的社会制度、政治制度也不同,总的可以区分为两大类:即由无产阶级领导的社会主义国家,这是少数,多数是由资产阶级、封建主、奴隶主领导的民族独立国家。政治上仍未独立的国家极少。在这新的历史条件下,那些认为殖民地只能是政治上的殖民地,即殖民地国家,而否认殖民地也可能是经济上的殖民地的理论家,便认为殖民地再也不存在了;与此相应,那些认为帝国主义就是宗主国占有殖民地的殖民帝国的理论家便认为,现在既然殖民地国家不复存在了,帝国主义也不存在了。但是,多数民族独立国家即使政治上独立了,由于种种原因,未能制定和执行一条正确的工业化和现代化的路线,在经济上未能独立,它们和发达资本主义国家的经济关系,同独立前相比,并没有发生质的变化,即原来的殖民地的经济特征并没有变化。由于这一切,第二次世界大战后,各种不同观点的理论家,就殖民地问题、殖民地和帝国主义或垄断资本主义的问题、发达资本主义国家和落后国家的经济关系问题,提出各种不同的看法。一些发达资本主义国家的政治家,也提出一些看法。这些我们在下面分别予以论述。这里先谈其他的问题。

为了从理论和方法论两方面探讨一些民族独立国家,其现代化所以困难重重的原因,意大利的翁贝托·梅洛蒂于 1972 年出版了《马克思与第三世界》一书,对马克思有关亚细亚生产方式的论述,予以详尽的整理;并在编撰中提出个人看法。他认为,在存在着亚细亚生产方式的社会,发展是有的,但只是生产力的发展,因为占优势的生产关系,有更大的灵活性,可以解决出现的任何矛盾,推迟社会革命时期的到来。因此,制度的结构保持不变,而且甚至意识形态也没有变化。但是这个制度的周期性更新、对国家管理不当的反抗、军阀主义的爆发、税源枯竭以及其他使它走向危机的种种不利因素,使亚细亚社会的进程几乎是一种起伏波动的发展,这可称之为循环式的发展。那么,出路何在呢?他认为,东方和西方,通过不同的道路,都达到了彼此差别依然很大,但肩负同样主要任务的社会:要向社会主义过渡,这是解决它们内部矛盾的唯一办法。但是,亚细亚社会既然不可能发展,当然就没有无产阶级。这样一来,如何能向社会主义过渡？他认为，这要靠已经资本主义化的西方。这就是，如果工业先进国家发生一场社会主义革命的话，亚细亚社会就无需经过资本主义、官僚主义的集体制或对抗社会的某些类似形式而建设社会主义。这也是一种殖民地发展道路的理论。对此，前面已论述过。

马尔科姆·考德威尔为《马克思与第三世界》的英译本写的《编者前言》，其中有些内容，可以说也是一种殖民地发展理论。他指出，第二次世界大战以后，大量的西方经济学家都和新独立国家的政府有联系，向他们提供发展的意见，并协助制定国家经济计划。不发达国家未能从这种帮助和意见中得到益处，这必然使它们对于简单化地说明和解决不发达的问题失去兴趣。其结果是，到处出现一些更加精细的分析，每个著名发展经济学家都力求形成自己的一套新的全面理论。现在什么都逃不过他们的注意：气候、自然资源、宗教、遗传特点、心理、文化、语言等等。但很少有人预见地注意到殖民主义作为“不发达”的先决条件的意义，也很少注意到在中国方式下革命作为摆脱“不发达”的重要先决条件的意义。至于那些注意到这一点的人，则很少有人能一开始就超过殖民主义这一范围来说明当代贫困问题，并认为那是相当充分的了；他们含蓄地提出或清楚地认为殖民时期以前存在着平等的发展。但是，确实对这个问题讨论得较深的某些人，却又重新发现了经常提出的亚细亚生产方式。因为平等地发展而又落后，其原因就不是这时尚不存在的殖民主义，而是自己内部存在的因素，即亚细亚生产方式了。这种方法论是值得重视的。

第二次世界大战后殖民地和帝国主义问题引起理论家们的争论时，卢森堡关于资本积累的理论也引起他们的注意。卢森堡的《资本积累——一个反批判》英译版编者肯尼思·塔巴克，在该英译版绪言中评介卢森堡的理论时，实质上提出了他本人的殖民地理论。他说，卢森堡指出，马克思的扩大再生产图式假设技术是不变的，资本有机构成是不变的，但是事实上它们是发展和提高的；“考虑了这些因素以后，卢森堡才得出结论：剩余将在第二部类中出现”。[1]塔巴克说，按照卢森堡的思想，“这种剩余在假设的封闭体系内是不能被吸收的。这意味着，对资产阶级来说，要实现他们的全部剩余价值，就必须在两个阶级体

[1]《帝国主义与资本积累》，第37—38页。

系以外寻求市场。实际上,这意味着,只有在资本主义扩展到第三市场即小商品生产、封建制度生产等基础上,才能产生积累”。[1]应该说,卢森堡的理论是错误的,前面谈过,列宁将资本有机构成予以考虑,认为在资本主义内部积累和扩大再生产仍然是可以实现的。现在要指出的是,塔巴克对卢森堡的理论的解释是错误的。卢森堡不是考虑到资本有机构成提高后,才认为消费资料会过剩,才认为剩余价值要由第三者来实现,即使撇开这一点,她同样认为如此。这从前面的分析可以看得很清楚。此外,过剩消费资料的实现和全部剩余价值的实现在卢森堡的理论中不是一回事,塔巴克却把这两者混淆了。从根本上说,如果有单独的剩余价值实现的问题的话(剩余价值是在价值实现中实现的),那么,两大部类都有此问题,不仅仅消费资料有此问题,何况过剩的消费资料也不刚好等于剩余价值。但这不是我们要强调的。

现在要指出塔巴克由此得出的结论。他说:“卢森堡把‘第三’市场当作这个过程中这样一个极为重要的因素,就把资本主义积累的基础从剩余劳动产生的东西改变为一种从外部来源吸收其主要营养的过程。换句话说,她是把对‘第三’市场的剥削而不是把对工资劳动的剥削作为资本主义的推动力。根据这个前提。那就意味着,先进资本主义国家的工资劳动者不再处于被剥削地位,而同资本家阶级一起成了联合的剥削者!”[2]我实在不理解,这个结论是怎么得出来的。卢森堡谈的问题始终是剩余价值的实现,即资本主义的工人生产的剩余价值,要到非资本主义环境中去实现。这个资本主义和非资本主义之间的交换,卢森堡认为是等价的。这样,怎么能说被剥削的是“第三者”,而不是工人呢?怎么能说工人和资本家成了“联合剥削者”呢?布哈林非常了解这一点,他批评卢森堡的理论是将实现和剥削分开来。

在我看来,该书中译本《编者的话》存在着性质相同但程度更为严重的问题。它根本不提资本有机构成提高的问题,就直接得出这样的结论:卢森堡认为,“在资本主义扩大再生产的条件下,第二部类就会出现一种生产剩余,而工人却无力吸收”。[3]这是一种歪曲。然后又重复了塔巴克的“联合剥削者”论。这是很不严肃的。

---

[1] 《帝国主义与资本积累》,第29页。
[2] 同上书,第40页。
[3] 同上书,第3页。

第十二章　垄断资产阶级的非殖民地化理论

一、概　　述

第二次世界大战后，如上所述，多数殖民地国家成为民族独立国家，拥有国家主权，在政治上再也不是殖民地了，但由于经济不独立，没有实现工业化和现代化，在经济上事实上仍然是殖民地，它们和发达资本主义国家之间的经济关系，同独立以前相比，并没有实质性的变化。在这新的历史条件下，发达资本主义国家为了维持这种关系，以便维护自己的利益，而又要让经济落后的民族独立国家认为这种关系再也不是宗主国和殖民地的关系，以便将它们拴住，就提出种种非殖民地化的理论和措施。这里先谈理论措施，包括可能演变为措施的设想，我们留在下面再谈。

有必要指出的是，这里的种种理论自身无法构成严密的体系，同前人的理论也没有紧密的联系。

这里我们选择了英国费边派或工党的理论、法国戴高乐的言论和美国罗斯托的理论。它们各有特点：工党的理论以谈论社会主义的形式出现，因为工党的纲领是要实现社会主义；罗斯托的理论则以反对共产主义的奴役的形式出现，而共产主义的温床是贫穷，因此发达国家的责任就是要对落后国家予以经济援助；戴高乐则不谈主义，只谈论变隶属为自治、变附属为合作，等等。

二、费边派或工党的殖民地理论

英国费边主义者赖塔·兴登在其论文《社会主义与殖民世界》中，表明英国工党对殖民地的看法。他首先指出，工党执政就继承了帝国这个历史遗产，因而就有一个如何对待这个遗产的问题。为此，他就分析了在他看来的社会主义两个流派简史及其合流。一派具有人道主义感情，它有长久的历史，现在已经成为社会主义运动的指导思想。正如英国工党宣传家凯尔·哈地所说：从根本上说社会主义是一个伦理或道德问题；它涉及个人与其同伴之间的关系应该是怎样的。另一派具有政治性和唯物主义思想，历史较短，它成长于 19 世纪产业革命所带来的矛盾和马克思及其弟子对这一矛盾进行的经济分析。根据马克思主义，所有的历史，都是阶级斗争史；每一个时代的特点，即它的政治、文化和道德，都由当时的所有制和阶级关系决定。从根本上说，资本主义社会就是一种特殊的所有制的关系，它包含着不可调和的阶级斗争，除了由组织起来的无产阶级将它彻底推翻之外，别无出路。人道主义的社会主义流派倡导的改革、改良、博爱，都被马克思主义的社会主义流派所拒绝或鄙视。在后者看来，社会主义的目的只能是连根拔掉。现在的经济制度，取代它的是一种根本不同的制度。在这里，我们对兴登将马克思主义的社会主义，同人道主义、博爱、改革、改良等完全对立起来的错误，不予评论。

他继续说，在英国社会主义运动中，人道主义的思想，由于马克思主义强调政治的战斗性和将工人组织起来，而得到加强。马克思主义，连同它随着历史的发展而对个人的忽视，则由于英国传统的人道主义的作用而削弱。其结果就是在社会主义政策中一种二元论的结合物的产生，这个结合物的成分，由于各个提出者的气质不同而有不同的比例。社会主义者有时谈吐温良，是一个讲理的改革者；有时又口吐火焰。他们有时仅为一个有限的目标，如 8 小时工作日和生存工资而斗争；有时又是十足的革命者，拔出斧子向可恨的经济制度砍去，将改革斥为献媚，拒绝为修补资本主义提供任何东西。

由这两种思想流派导致的二元论观点,决定了英国社会主义者对待帝国主义的态度的特点。人道主义者对殖民地人民的看法已有长久的历史,并且超越政治党派的界限。这就是以斯密、边沁和穆勒等人为代表的言论。他们反对剥削殖民地,也反对给殖民地以低下的政治地位,他们抗议将殖民地仅仅作为喂肥母国的供养者的做法。

在20世纪中,已经组成政党的社会主义者,抗议海外毫无援助的黑种人、棕种人和黄种人遭受的悲惨待遇。他们明确自己的责任不是摆脱帝国所应该负担的职责,而是改革这个帝国,使其适合于崇高的目标。他们中有些人准备将自己奉献给被压迫的人民。"托管制"的思想是许多人的强烈要求,是社会主义思想中最好的。它已经由英国光荣地实现了。

叙述到这里我们就已经看到,兴登谈论的全是空洞的概念,丝毫没有理论,同斯密的殖民地理论是其经济理论中的构成部分相比,确有天壤之别。从中我们也看到,就在空洞的概念中,其有利于英帝国的倾向也是很明显的。但是,重要的问题还在后面。

兴登说,在马克思主义看来,帝国主义是腐朽的资本主义的最后阶段。资本家为了在苦难中拯救自己而进行的冒险是注定失败的。由于各国资本家之间的你死我活的竞争,它们之间就必然爆发战争。要减轻这种争夺是不可能的。唯一的出路是推翻这个体系,唯一的回答是所有殖民地立刻得到自由。

他很重视霍布森的帝国主义理论。他简述了这一理论之后特别指出,霍布森认为,帝国主义提出了这样的问题:在国内要提高英国人民的生活水平,在殖民地就只能给其人民带来灾难;此外,它又使列强之间发生战争,将包括它们在内的整个世界拖垮。霍布森是用控诉式的语言总结其著作《帝国主义》的,这就是:帝国主义是国家生活出于自私自利的卑鄙选择,这种自私自利引起一个国家从早期动物生存竞争中残存下来的贪得无厌和暴力统治的欲望。这是所有成功的国家易犯的罪恶,其应受的惩罚按照自然的规律是难于变更的。

经过这样的叙述,兴登就认为,由人道主义到"托管制",由马克思主义到霍布森,就决定了其后的社会主义者的对待帝国主义的态度。一些人承担了援助和改革的责任,另一些人拒绝改革,只主张推翻。这两种不同的态度,有时甚至会在同一个人身上出现。即使像霍布森那样谴责帝国主义的人,也拥护“健全的、合理的帝国主义”,这和其后大家熟知的“托管制”没有什么区别。他本人认识到帝国主义可能带来恩泽,于是又为不知道以何物来代替它而担忧。至于那些人道主义者,则从改正对帝国主义的滥用,减轻苦难,振兴教育,医治疾病开始,到全面谴责这个体系结束。经过这些努力,他们中的一些人得到这样的认识:说到底没有东西可以代替一个民族在自由和信赖中自己站立着。

在英国工党1919年的纲领,即《劳动与新的社会秩序》中,一种奇特的矛盾感情在英国社会主义思想中产生了。这是从纲领中有关帝国主义的部分摘录下来的文句。这就是:“即使我们抛弃要求统治其他种族或将我们的意愿强加于英帝国其他部分的帝国主义,与此相应,也不能将我们对海外同胞——公民应负的特别义务、一个国家对另一个国家的公认责任、未成熟种族对我们的道义上的要求以及我们身为其一部分的世界应有的职责……置于不顾,而接受任何自私和保守的‘不干涉主义’的想法”。为什么抛弃帝国主义,就不能接受“不干涉主义”,“不干涉主义”的反面又是什么,这些问题到下面就会明白。

兴登就根据这样的理论认为:“反对帝国主义?是的。但是,接受不干涉主义?不是。我们必须干涉,但它必须是为了他人的利益。我们必须是受托管者,而不是帝国主义者。唯一的困难就是确切地了解在何处一种作用结束而另一种作用开始,或者要使殖民地的人民相信这两者是有实质的区别的”。[1]

经过这样的说明,他就谈论英国工党对这一问题的态度。他说:“反帝国主义或实行托管制,到底应是哪一种?英国社会主义者在理论上从来没有对这一问题给予呆板的回答。根据有关的说明,他们强调的或者是坚持所有民族的独立权利,或者又自相矛盾地是帝国对殖民地各民族予与教育、帮助发展、提供劳务,为了殖民地的利益而牺牲自己。因此,在外人看来,工党的殖民地政策是模棱两可的和混乱的”。[2]

---

[1][2] 《新费边派殖民地论文集》,1959年伦敦英文版,第13页。

他继续说:"模棱两可是合理的。事实上殖民地的问题是两个,而不是一个;每一个表面上都要求不同的解决方法。第一个是贫穷和落后问题;第二个是政治地位问题。贫穷及其派生的罪恶,不能用简单地结束帝国主义的办法来医治,事实上用延长帝国统治的办法,它可能较快地得到医治。确实,帝国主义加深了贫穷问题:掠夺这些国家的财富,占有人民的土地,征收赋税,强制劳动,榨取地力:所有这些结果都是来自粗心地剥削那些不能保护自己的人民和掠夺容易带来利润的资源。但是,这只是事实的一部分"。[1]

他特别强调:"实际情况是,即使在帝国主义列强进入之前,殖民地区就是贫穷和经济落后的。撤出的行动本身不会开辟繁荣的道路。另一方面……如果帝国主义的势力保留下来,至少保留一段时间,不掠夺土地,而作为受托管者,为了人民而帮助其发展和富裕,那么贫穷和落后这些重要问题就一定能解决。新的民族就可能在我们给予的最强大的力量上站立起来,在现代世界中占有一个位置。如果'神圣的托管'被忽视,而社会主义者则简单地推却掉其责任,那么其结果将是回复到政治野蛮和经济混乱"。[2]

他列举了英国"社会主义者"为殖民地人民所做的好事后,得出结论说:"他们中许多人的工作,确实是神圣托管和十字军东征的体现,为此英国人民已经准备拿出越来越多的财富,而不要求回报"。[3]这样说来,英国不仅不能从殖民地得到经济利益,反而只有损失了。这同事实,也同许多"社会主义者"所强调的欧洲提高生活水平要靠殖民地,相矛盾。

殖民地另一个问题是政治地位。兴登说:"这个问题托管制似乎忽视了,它越来越需要明确和彻底地加以解决。为殖民地人民'所做的'越多,他们在财富、福利和知识方面得到的越多,就越不满意处于被监护的地位,尽管这是仁慈的监护。由于得到利益而表示'感谢'已不存在,他们需要的是自由。自由的涵义,就是国家主权,就是一个国家的政治地位和世界上其他主权国家是平等的,就是有可能按照自己的方式生活。坚持这些要求,回答就只有一种,就是消灭

[1] 《新费边派殖民地论文集》,1959 年伦敦英文版,第 13 页。
[2][3] 同上书,第 13—14 页。

帝国主义。不管帝国主义可能带来什么物质利益，当人民准备将它用来换取自由和由此得到自尊时，尖锐的问题就惊人地和迅速地产生了”。[1]

由于殖民地有两个问题，所以兴登说：“如果殖民地的实质性问题可以归结为简单的选择，即或者是帝国主义或者是托管制，也就是或者是面包或者是自由，那么今天的社会主义者就不会有任何困难了。这说到底要由殖民地人民来选择。如果他们宁可选择自由的美酒，而抛弃在从属状态下得到的优质的面包，他们就会自食其果。如果他们要求我们作为一个受托管者留下来，我们凭良心也会这样做。他们甚至期望选择自由而又变成良好的面包被施与者。许多一度是殖民地的地区，在我们这一代从帝国的统治下获得解放，而生活水平没有任何明显的下降趋势。许多方法正在演变为较富国家和较贫国家之间的帮助，它再也不需要帝国这种关系的存在了。现在，殖民政策的全部辩论都倾向于自由，这和将托管制改变为新水平的自愿互助是相联系的”。[2]

在这一基础上，兴登提出英国的做法。这就是：“对英国来说，这可以表述为联邦这一概念，在联邦的条件下，所有的帮助，包括经济的、金融的、军事的、教育的和技术的，都可以得到发展，而不损害任何人基本自由的一根毫毛。殖民政策可以并入到一个日益扩大的联邦政策之中，对那些有较多的国际思想的人来说，甚至可以并入到一个日益扩大的联合国政策之中。整个问题急剧地改变了，从帝国统治的细节变为国际合作的技术。我们再也不是‘殖民’强国，而我们仍然对那些依然需要我们帮助的人带来利益”。[3]

兴登进一步指出，相互对立的物质利益和自由并不是殖民政策的唯一问题。结束帝国统治之时，会有另一些困难产生。首先，有些殖民地居住着不同的种族，帝国的力量一旦撤走，它们就会发生冲突；因此，他认为：“英国社会主义者的两难选择可以简单地表述如下：‘我们那里敢从肯尼亚或坦噶尼喀或中非联邦撤出，而为重蹈南非少数白人统治的覆辙打开大门呢？假如英国在布尔战争之后不准许南非独立而留在那里保护土著民族，南非的土著居民就果真不

[1]《新费边派殖民地论文集》，第14页。
[2][3] 同上书，第15页。

能更好一些吗?'帝国主义可能不是这么坏的,但又不敢这么说”。[1]此外,他认为有些殖民地只是地球上一个小点,根本不能自给和自卫,就很难解决其政治地位问题。总之,在他看来,在资本主义和帝国主义入侵前,所有这些殖民地上的居民是无法生活或无法和平地生活的;只有入侵才能解决问题,撤出只能使问题更为严重。

在兴登看来,这就是迟迟未能解决的帝国主义问题,是现在任何一个社会主义者不能简单地躲开的问题。他认为,从长远的观点看,西方帝国主义必然结束的时刻肯定要到来。对英国社会主义者来说,这个问题终归会得到解决;现在只是如何和何时解决。但这并不是说,在社会主义影响之下,这些年来,英帝国主义已经具有所谓不可忍受的剥削性和腐朽性;完全不是这样。马克思、列宁和霍布森的预言是错误的。殖民地已经不是英国过剩资本的宣泄地。恰恰相反,它们极其需要英国的资本,而英国却没有足够的数量供给他们,因为英国已经没有过剩的资本了。这就意味着英帝国主义的结束。

他还认为,从另一个角度看,帝国主义也要结束。这就是正在发展的强大的殖民地民族主义已经超过它们要服从协约的意愿。实行托管制的结果,即知识和财富的增加,新机会的获得,已经使托管制不能继续实行。开明的殖民政策是英国的掘墓者。监护实行得越多,它们摆脱监护时,托管者在良心上就越不能拒绝其要求。正是托管制本身在逻辑上使自己结束,这就立刻并永久解决了殖民政策中的两难选择和结束了它的两重性。

但是,即使帝国主义时代结束了,帝国主义的再生时代仍然要跟随着我们。英国的统治撤走以后,有什么东西可以代替它呢?英国可以给肯尼亚人民留下什么安排,以便他们撤离之后,欧洲人、亚洲人和非洲人能够和睦地居住在那里?英国撤离塞浦路斯和新加坡之后,为了确保西方的防卫战略和维持英国联邦的生命线,英国能做些什么呢?英国结束了在加勒比的统治之后,怎样才能将10个分散的西印度属地统一为一个整体,以便产生一个强大的新政治力量

[1]《新费边派殖民地论文集》,第16页。

呢？兴登认为这仅仅是现在要解决的一些问题。如果我们要从教训中认识其重要性，以及认识对其忽视带来的悲惨结果，那只要想一想1956年的中东危机就可以了。一世代以前，英国是该地区的重要帝国力量，社会主义者要结束那里的英帝国主义霸权，中东国家有同样的要求。托管制实行了一段时间后，霸权实际上是结束了，但并没有代之以持久的稳定。小王侯在腐败中进行统治；石油公司施展诡计和行贿收买；大国政治要弄一个小国去反对另一个；鼓励它们的傀儡王朝，并以武器加以引诱。所有这些难道比旧的帝国主义更好些？在某些方面它甚至更坏些。这样，兴登的分析就为帝国主义的再生时代的必要准备了条件。

经过冗长的分析，兴登得出的结论如下："由于旧的帝国主义的瓦解，社会主义者现在对20世纪下半期提出的问题必须转变为新的世界秩序的形成，而不是其他。帝国主义连同它所有的缺点曾经是世界秩序的形式。英国统治下的和平曾经维持世界大部分的某种和平以及国际安全。一个国家接着一个国家摆脱帝国的枷锁之后，它们各自会不会毫无阻碍地实行自己宣布的民族主义？它们会不会站到破坏国际协约的立场上，即如果地理条件和资源物产有利于它们，就霸占下来予以榨取；如果它们想干，就压迫少数民族（或多数民族），并且武装起来威胁邻国？如果情况是这样，那么药物就同疾病一样糟糕。结果，必须有另一种国际体系来代替帝国主义，它是承认国家之间的法律规定的。英国社会主义者正在认识的是，不能简单地以驱逐罪恶来消灭弊端；历史仍然有一笔债等待着清偿。"[1]

兴登在这里谈论的问题都是似是而非的。所谓英国统治下的和平，犹如罗马帝国统治下的和平一样，都是压迫下的"和平"，它本身就包含着不和平的因素，最明显的表现就是各殖民地人民的民族解放斗争。第二次世界大战后，民族独立国家奉行的民族主义，就是民族有独立为国家的权利，和坚持国家主权，这正是它们用来反对垄断资本主义国家掠夺其资源的武器。至于各民族纷争，

[1]《新费边派殖民地论文集》，第18页。

在历史上原是在资本主义产生和民族形成过程中,民族国家在建立过程中曾经发生过的。因为不论是建立单一民族国家,还是建立多民族国家,都会遇到如何形成一个不断扩大的市场问题。但是,在当今的条件下,民族纷争都有其国际背景,大多是由于“大国政治”的“要弄”,其目的是维护大国的利益。英国对印度次大陆实行“分而治之”的政策,就是印度和巴基斯坦纷争的重要原因。因此问题的根源还是在大国身上。认为帝国主义是世界秩序的一种形式,它的结束就会带来世界混乱,因而有必要以另一种世界秩序或国际体系来代替,这种看法一方面是“罗马帝国统治下的和平”论的翻版,另一方面则是从政治上而不是从经济上考虑问题的。在我看来,只要民族独立国家尚未能从经济上结束帝国主义对其统治,无论哪一种世界秩序和国际体系都具有不平等的经济内容。要消灭这种不平等是不可能的。在这种条件下,帝国主义结束其对殖民地的政治统治后,要建立的世界秩序,最重要的就是防止帝国主义在政治上卷土重来和挑唆国家纷争、民族纷争,以便从中得利。为此,最重要的就是要强调民族主权、民族平等、国家主权、国家平等、和平共处。这种原则已反映在有社会主义国家和共产党人参加制定的联合国宪章上。当今的联合国不是第一次世界大战后的国际联盟,后者实质上是资本主义国家的世界政府。联合国安全理事会的职责就是根据这些原则维持世界秩序。

三、斯特拉彻的殖民地理论

英国工党重要理论家斯特拉彻在《帝国的终结》(1960 年)中说:如果像许多头脑比较简单的英帝国主义者所真正认为的那样,英国没有它的帝国就会挨饿,那么他们现在就应该是接近于挨饿了。又如,按共产党人的说法,英国人民的生活水平在 1945 年以前的缓慢的,但无可否认的改善,是由于帝国主义对被奴役人民的剥削,如果是这样,那么,1945 年以后他们的生活水平就应该猛降到仅能生存下去的水平了。因为,就 1945 年以前他们可能一直在剥削的每 10 个人来说,他们已经失去了剥削其中将近 9 个人的劳动的直接政治权力。然而事实上,1945 年以来的这 14 年,英国人民的生活水平,较之过去任何时期,都有更加持续不断的改善。

斯特拉彻是 1959 年说这番话的。这时,英国的经济已度过了战后初期的困难阶段。由于是从困难到恢复正常,所以他能够说“有更加持续不断的改善”。但我们不谈论这方面的问题。我们要指出的是,他显然认为,不以直接的政治权力统治殖民地,就不能从经济上控制殖民地,也就不能剥削殖民地了。这是错误的。以前我们指出,剥削殖民地的最根本的方法,是与之交换商品。对外贸易在英国的国民经济中占的比重很大,其中有很大部分是与原来的殖民地国家进行的,从中英国能得到巨额的垄断利润,因此英国人的生活水平并没有由于原殖民地的政治独立而下降。至于英帝国是否就由此终结,下面就会看得很清楚。

他还用西德做例子说明这一点。他说:今日的西德无可争辩地证明,在没有帝国属地的条件下,维持一个稳定、繁荣和进步的经济是可能的。西德在彻底崩溃以后,仅仅用了 14 年的时间,就成为经济大国,在世界上居于既有影响、又十分重要的地位,这证明,帝国属地至少不是物质力量的必要因素。这一点也有力地令人感到,这种属地反而可能是个“脓疮”,它会使国家的生命失去经济上和道义上的活力。同一般人的偏见恰好相反,一国的强弱今天可能正好同它的帝国属地的多寡成反比。

这里的问题同前面一样,就是认为政治上的殖民地的丧失,就是经济上的殖民地的丧失。西德一直标榜它没有殖民史。因为在第一次世界大战中,它本想夺取更多的殖民地的,但因战败,原来占有的殖民地也丧失了;在第二次世界大战中,它建立了地跨欧洲和北非的第三帝国,也因战败,帝国垮台。但它发动的两次世界大战本身却表明,这个后来居上而占有的政治殖民地又较少或全无的国家,随着经济地位的上升,是力图占有政治殖民地的。

四、戴高乐的殖民地言论

戴高乐曾分别于 50 年代担任法国政府首脑(第四共和)和 60 年代担任国

家元首(第五共和)。他对殖民地的看法构成法国宪法相应部分的内容。

他首先指出,第二次世界大战后,殖民帝国已经消灭。他说,某些大国,法国、英国和西班牙,或者像荷兰,以及在某种程度上还有比利时这些小国所建立的帝国已经被推翻了,作为帝国来说毫无疑问已经消灭了。如上所述,这是一般资产阶级理论家的看法,资产阶级政治家更是这样。基于这样,他根据法国的实际情况认为,法国的亚非属地发生争取独立的事件后,要想把法国的帝国保持得像过去那样,简直是一种赌博。特别是目前全世界各地的民族正在觉醒,而俄国和美国又在对它们竞相许愿,法国就更不能作这种梦想。为了使那些由法国负责的各国人民将来同法国站在一起,法国必须主动地使它们的隶属地位变成自治,把它们目前的附属关系变成合作关系。这就是说,法国允许殖民地自治,使其不附属于法国,而同法国结成合作关系。他坦率地承认,这种"非殖民化"是符合法国的利益的,这就是法国的政策。

他明确表示,这些已经非殖民化的原法国殖民地,是不能脱离由法国本土和它们共同组成的法兰西联邦(或共同体)的。他说,法国以及同它相联合的各族人民共同进行的事业向人类文明提供一种前景,这种前景在世界上引起了各种不同的反对。首先,强大的苏联帝国主义到处推行颠覆活动,目的是要有一天把它的恐怖专政扩展到被颠覆的国家去。此外,美国要进行一种"哄抬市价"的竞争,这种竞争经常是被容忍而没有被排除,它不能不严重损害法国的地位和行动。最后,欧洲在战略和经济上组织起来,无疑是必要的,但是,人们看到,由于其领导人的错误,过去曾遭到失败的某些欧洲国家却暗中怀着一种意图,即只愿意一个或多或少同海外领地脱离关系的法国加入欧洲的组织,也就是只愿意一个限制在狭小范围内、大大削弱的法国加入欧洲组织。当然,这种种不怀好意的行为,从法国内部方面的叛乱、幻想和愚昧无知都可以得到帮助和配合。总之,从内外两方面,都进行了不少的努力,要想毁坏刚刚诞生不久的法兰西联邦。可是,这样是不行的。法兰西联邦是一个整体,无论用宣传鼓动、用外国压力、用外交行动来破坏它,法国都不允许。

五、罗斯托的殖民地理论

瓦尔特·惠特曼·罗斯托曾任美国国家安全事务副特别助理。他在其《经济成长的阶段——非共产党宣言》(1960 年)中,提出一套非殖民地化的理论。这些理论是其经济成长阶段理论的组成部分。

罗斯托将经济成长分为五个阶段。这就是:传统社会、为起飞创造前提条件阶段、起飞阶段、向成熟推进阶段和高额群众消费时代。划分的标准不是生产方式,而有时是生产工具,有时是消费标准。这是不正确的,并且是二元论的。但在这里,我们不谈论这个问题。他认为,从一个阶段进入另一个阶段,都要有外力的作用。这样一来,他就无法说明第一个发展起来的社会,其动力何在的问题。在他看来,这社会就是英国;英国具备进入起飞阶段的必要和充分条件,是许多完全不相关的情况的结合造成的结果,这是历史上的偶然。自此以后,其他社会的发展,都是由于受到比它先进的社会的刺激所致。根据这种历史哲学,在他看来,像美国这类发达资本主义国家已进入高额群众消费阶段,苏联处于成熟阶段,中国、印度、土耳其、阿根廷等处于起飞阶段,而更多的“南方”国家则处于起飞阶段以前的落后阶段。

这种历史发展外因论,正如一切历史发展外因论一样,完全可以将侵略说成是帮助发展,将奴役殖民地说成是帮助它变落后为先进,即殖民主义就是非殖民主义。罗斯托的理论也是这样。他的发明创造在于:为了拯救“南方”人民,使其免受共产主义疾病的毒害,“北方”的民主主义国家在道义上应对“南方”进行援助。

根据这种历史哲学,罗斯托认为历史上殖民主义的产生,一个原因当然是因为从 15 世纪以后,就有一个各种力量角逐斗争的世界舞台,欧洲的民族国家在海外各地争夺贸易、争夺在军事上有利的基地、争夺当时构成军事潜力的物资如金银和船舶物品等。但是,作为殖民主义的本质的使用军事力量,则还有另一个原因。它同欧洲无关,而同殖民地区本身的社会情况有关。最重要的就是将一个不能把自己组织起来的传统社会组织起来，从事现代的进出口活动，包括为出口而生产的活动。此外，在1900年以前的400年中，美洲、亚洲、非洲和中东的土著社会正处在一些不同的阶段，它们没有适合于同西欧做生意的结构和动机，也没有保护自己反抗西欧武力的结构和动机。所以它们就被夺取过来和被组织起来。在他看来，殖民主义的作用就是促进这些社会的发展。他甚至说，在美西战争以后，美国由于占有菲律宾而感到很意外和为难。因为当时它发现，如果不将一个其社会尚未现代化的殖民地，送到另一个殖民国家的手里，就不能放弃这个殖民地。这等于说，美国之所以占有菲律宾，是由于不这样后者就不能现代化。

罗斯托认为，第二次世界大战后，殖民主义实际上已经死亡。但是，正是在这种条件下，西半球、西欧和日本的资本主义正处于异乎寻常的成长中。这证明成熟的资本主义并不依赖殖民地。不论资本主义社会发生什么样的经济困难，这种困难主要不是由于对帝国主义政策的依赖。如果说有什么问题的话，在目前是由于它们不愿意充分关心不发达国家的世界，不愿意拿出足够的资源给这些国家。国内需求不是不够大，以致政府不得不注意国外，而是国内需求太大，因而政府不能拨出足够的资源供国外事务之用。

他特别指出，这样一来，就会为共产主义的胜利创造条件。因为共产主义的希望，现在不在于利用推销出口商品这种竞争所引起的混乱和危机，而在于资本主义世界过于注意国内市场，即不帮助落后国家的发展。

为什么会这样呢？原来罗斯托将共产主义污蔑为一种不合人情的政治组织形式，是一种病症。当起飞阶段在政治、社会和经济上还没有完成和巩固以前，即一个社会虽然已经积累了相当大量的社会经营资本和技术知识，但是在残余的传统分子和愿意使社会结构现代化的人之间存在着冲突，会发生政治混乱，在这时共产党阴谋夺取政权是最容易的。但是，共产主义决不是唯一有效的国家组织形式，不能用来巩固传统社会过渡过程中的前提条件，并使起飞阶段开始，把社会推向技术成熟阶段。因此，共产主义是例如日本的明治维新和土耳其的凯末尔主义之外的一种不合人情的政治组织，它能够在这样一种社会中推动和支持成长过程，即在创造前提条件时期没有产生为数众多的、有企业心的中产阶级，也没有在社会领袖中产生足够的政治上的一致意见的社会。如果一个过渡社会不能够有效地把它内部愿意进行现代化工作的分子组织起来，这个社会就会得这种病症。

按照罗斯托的理论逻辑，为了免得共产主义病症，这些国家的有企业心的中产阶级就要迅速成长壮大，以便在力量上压倒传统分子。但是，他又认为，第二次世界大战后，这些国家的人口增长率不仅比战前提高，而且高于欧洲各国处于相同历史阶段时的人口增长率；而积累率要超过人口增长率才能过渡，这样，这些国家要过渡到起飞阶段，其积累率就要比当时的欧洲高。根据他的计算，人口多增长 1%，就要从国民收入中多拿出 3%作为投资，因而这种较高的人口增长率造成了一种紧张的情况，提出了新的挑战。其结果就是农业承受的人口压力特别大，没有什么剩余可供积累，运用资本从事生产的阶级不易产生。在这一条件下，不但不能过渡到起飞阶段，而且使共产党容易阴谋夺取政权，这是多么可怕的事情啊。唯一的出路就是，这些国家要接受先进国家的援助，造成强大的中产阶级，才能过渡到发动阶段，才能避免共产党夺取政权。

根据这种说法，这些国家是需要援助的，但是，先进国家为什么要加以援助呢？没有办法回答，罗斯托只好求救于道义、义务、拯救文明。他呼吁：除非在民主的北方的人们尽到其全部道义和义务，把全部精力和资源拿出来，正视和应付目前世界成长阶段所隐含的挑战，否则剩下来需要保卫的文明可能就不多了。这就是说，如果“民主的北方”不对那些奴役土著的殖民地即南方，加以援助，那么它们由于不能过渡到起飞阶段而被共产党夺取了政权，文明就近于毁灭了。这是以保卫文明为幌子，控制一些原殖民地国家。

按照罗斯托的计算，要使亚洲、中东、拉丁美洲进入正常的成长，使这些地区的人均收入每年增加 1.5%，每年就需要增加大约 40 亿美元的援助。当时(1959 年)哪个国家有此能力？唯有美国。因此，罗斯托的这些理论不但不是什么非殖地化理论，相反地倒是美国要建立其美元帝国以取代英、法殖民帝国的理论。

第十三章　“没有殖民地的帝国主义”理论

一、概　　述

1969年至1970年在英国牛津大学召开了有关帝国主义理论的讨论会，会后由罗杰·欧文和鲍勃·萨克利夫把会上讨论的内容编成《帝国主义理论研究》一书，于1972年出版。该书除欧文的概述和萨克利夫的结论外，共三大部分，收进十三篇文章。目录如下：第一部分帝国主义理论共五篇文章：《马克思主义的帝国主义理论》（汤姆·堪普）、《马克思主义帝国主义理论批判》（巴勒特·布朗）、《工业增长和德国早期帝国主义》（汉斯-乌尔利希·威利尔）、《某些非洲和第三世界的帝国主义理论》（托姆斯·荷德金）、《基础不在欧洲的欧洲帝国主义：协作理论描绘》（罗纳尔德·鲁滨逊）；第二部分当代帝国主义理论概况共两篇文章：《没有殖民地的帝国主义》（哈里·马格多夫）、《帝国主义与第三世界的工业化》（鲍勃·萨克利夫）；第三部分帝国主义作用的实例研究共六篇文章：《埃及和欧洲：从法国远征到英国占领》（罗杰·欧文）、《帝国主义和印度资本主义的增长》（普拉布赫·彼得耐克）、《在几内亚的法国帝国主义》（R.W.约翰逊）、《利奥波德国王的帝国主义》[1]（J.斯坦杰斯）、《法国在非洲的扩张：神话的理论》（A.S.甘亚—福斯纳尔）、《经济帝国主义和商人：1919年以前的英国和拉丁美洲》（D.C.M.普拉特）。

---

［1］ 利奥波德二世为比利时国王。1884—1885年在帝国主义国家柏林会议上，决定成立以他个人为宗主的“刚果自由国”。

从目录可以看出,会议讨论的虽然是帝国主义问题,但内容很庞杂,有帝国主义理论史,有历史上的帝国主义,有当今的帝国主义及其理论,也有各个国家的帝国主义。各与会者对帝国主义概念的理解也不相同,有的认为一个国家向外扩张就是帝国主义,因此有各种不同历史条件下的帝国主义;有的认为资本主义总是向外扩张的,因而它就是帝国主义,就是说帝国主义不一定同垄断资本主义相联系;有的还对马克思的"帝国主义"理论和列宁的帝国主义理论[1]提出批评。与会者的专业也不相同,有经济学家、有经济史学家,也有历史学家。由此可以推断,讨论会不可能有一个共同认可的结论。评论这次讨论会,是一项独立的任务。

这里我们只述评哈里·马格多夫的《没有殖民地的帝国主义》。马格多夫是美国《每月评论》两主编之一(另一主编是保罗·斯维齐),《帝国主义时代——美国对外政策的经济学》和一系列关于帝国主义的论文的作者。

马格多夫的概括性论述如下:19 世纪末,几乎所有大国疯狂夺取殖民地的突发高潮,无疑是"新帝国主义"主要和显著的特性。它确实是这段历史的惹人注目的标记,但决不是新帝国主义的本质。实际上,像通常那样,将殖民主义和帝国主义看成是同一物,恰恰是研究这个问题的障碍,因为殖民主义在帝国主义的现代形式以前就已经存在,帝国主义在殖民主义消灭以后仍然存在。

殖民主义本身的历史很古老,最近五个世纪的殖民主义与资本主义的社会——经济制度的产生和成熟相关联。寻求和取得殖民地,包括在政治和经济上控制而不占有殖民地,是商业革命的重大特征,这一革命有助于瓦解封建主义和创立资本主义。在资本主义以前,散布在地球各处的地区性的贸易格局,并没有被市场的无情力量所打破。这种力量为更加优越的军事力量所取代,后者为从传统的贸易格局过渡到一个世界市场奠定基础,这个市场代表了西欧的需要和利益。首先出现的是海军,这是以先进的火炮和能够装运火炮的船只为基础的,它产生用以兼并殖民地的威慑力量,开辟贸易港口,强行建立新的贸易

[1] 从后面论述的马格多夫的殖民地理论中可以看出,他不同意列宁这种看法:资本输出的必要性是由于"有利可图的"投资场所已经不够了。

关系，开发矿山和经营种植园。由于海上力量占优势，这种殖民主义主要限于在沿海地区实行，只有美洲除外，因为美洲的稀少人口只具有原始的技术，并且极有可能患上欧洲的传染病。直到 19 世纪为止，从欧洲的立场看，同这些殖民地建立的经济关系是适应其进口需要的：其特点主要决定于宗主国要得到只有在这些殖民地才找到的稀有商品和财富的愿望。在这些年中，在大多数情况下，作为征服者的欧洲人，在交换他们所需要的香料和热带农产品以及从美洲出产的贵金属时，自己提供的东西是很少的。

宗主国—殖民地的关系，由于产业革命和蒸汽铁路发展的影响而发生变化。这使土著工业衰落、经济渗透到内陆、国际银行发展到新阶段、输出资本的机会增加，其结果就是导致主要的利益从进口变为出口。进一步变化的产生，是由于建立在新冶金学上大工业的发展、有机化学在工业上的应用、新能源的发现、新交通工具和海洋运输的采用。

按照各殖民地的地理上和历史上的差异，以及在不同时代它们为之服务的不同目的，就不可避免地得出这样的结论，那就是如像某些历史学家和经济学家已经做过的那样，试图将所有的殖民主义塞到单一的模式中，是注定不能令人满意的。当然，在不同的殖民经历中有共同的因素；这就是为了主要中心国的利益而剥削殖民地。还有就是殖民地和半殖民地世界的巨大变化的发生，都是对技术先进的资本主义的扩大需要的变化的反应这种一致性。虽然这样，如果从时代的观点去了解殖民地世界的经济和政治，就得去确认和区分伴随着商业资本主义、自由竞争产业资本主义和垄断资本主义而来的差别，正如得去区分主要中心国这些发展阶段一样，如果想了解资本主义发展的过程的话。

由此马格多夫就得出这样的认识："将帝国主义和殖民主义看成是同一的东西，不仅妨碍人们对殖民地—宗主国之关系的历史变化的了解，而且增加人们对资本主义世界体系最近的变形即垄断资本主义时代的帝国主义的认识的困难。产生这种障碍的根源，就是创立僵死、静止、超历史的概念模式，来应付复杂、变动的现象的那种做法。我建议研究以其为基础建立起来的这类模式的某些更常见的错误观念,是由于相信这将有助于阐明没有殖民地的帝国主义的论点。两个这种错误概念是特别常见的,两者都与资本输出所起的重大作用有关:这是在有关过剩资本的输出和先进资本主义国家利润率下降的讨论中产生的”。[1]

应该说,马格多夫努力区分不同时期的殖民主义,是非常正确的,特别是在某些历史学家和经济学家看不到这种差别,并由此认为凡有殖民主义就有帝国主义时,尤其是这样。但是,他对殖民地的认识是片面的,即只是政治殖民地或殖民地国家;马克思提到的那种经济殖民地,从而一国之内也可以有经济殖民地,这些他是不理解的。经济殖民地概念的阙如,使其“没有殖民地的帝国主义”理论不能没有漏洞。

马格多夫文章的编者非常理解和支持他的理论和方法论。编者的按语说:“将帝国主义和以政治统治形式表现的殖民主义形态视为同一物,是发生错误的一个根源,它困扰大多数的帝国主义讨论,本书有一种观点就是这样。正如马格多夫在这里论辩地指出的,马克思主义者的一个共同特点是,认为虽然世界领土的瓜分是19世纪末‘新帝国主义’的某一部分,但是帝国主义在非殖民地化后仍能完整地存在”。[2]编者将马格多夫的思想表现得更明确:这里的殖民主义指的是以政治统治形式表现出来的,因此,等同于帝国主义的殖民主义指出是统治政治殖民地,而不是经济殖民地。

下面我们按照马格多夫的理论逻辑,予以述评。

二、过剩资本的压力问题

马格多夫首先指出,随着垄断资本主义时期新帝国主义而来的显著特征是资本输出的急剧增加。资本输出和帝国主义扩张之间的纽带,从投资者方面看,就是明显地要有一个安全和友好的环境。他接着提出这样的问题,为什么

[1] 《帝国主义理论研究》,1972年伦敦英文版,第146—147页。
[2] 同上书,第144页。

在19世纪最后25年以及一直到现在会发生资本流动的高潮？通常看到的解释是先进资本主义国家于此时开始背上过剩资本的包袱，这些资本在国内寻找不到有利的投资机会，因而需要国外的宣泄地。虽然这种看法是有实例可以证明的，这就是垄断的增长导致增加投资的困难，但是不能说明资本输出的刺激主要来自过剩资本的压力。

在马格多夫看来，解决问题的关键在于：理解和认识资本主义是一种世界体系。强大的民族国家和民族主义的重要性导致掩盖全球资本主义体系的概念。但是，资本主义社会的民族主义是这个体系的国际主义的自我变化，胜利的资产阶级所以需要民族国家的力量，不仅是为了发展内部市场，建立适合的社会基础，而且同样重要的是，为了在民族国家竞争的世界中，取得和保护进行对外贸易和投资的机会。每个资本主义国家都要求保护自己、选择贸易渠道、在国际上自由活动。保护主义、强大的军备和外部市场的竞争是三位一体的东西。

马格多夫谈论的资本主义的国际主义表现为民族主义以及后者掩盖了前者的原因，无疑是正确的。他说的国际主义就是马克思说的世界主义。马克思说，正如货币发展为世界货币一样，商品所有者也发展为世界主义者。人类彼此间的世界主义的关系，最初不过是他们当作商品所有者的关系。商品就其本身来说，是超出于一切宗教、政治、民族和语言的限制的。它们的共同语言是价格，共同形式是货币。随着与国家铸币相对立的世界货币的发展，商品所有者的世界主义，则变为行动亦即崇尚实践，而与阻碍人类物质代谢的祖传宗教成见、民族成见相对立。在商品所有者看来，整个世界融化于一个高贵的观念，那就是一个市场即世界市场的观念；而民族性则不过是总是保持着同一价值的金块，在流经不同的国家、变成不同国家的铸币时，所印上的国家标记而已。

但是，马格多夫对资本主义的国际主义（世界主义）性格分析的正确性，并不能证明他认为资本主义是一种世界体系的看法是正确的。这是因为，这只表明他对资本主义的商品总是力求冲出国家的政治疆界的现象记录下来，但这记录本身并不能揭示现象背后的本质。这样一来，就无法区别不同发展阶段的资本主义与国外殖民地的关系的特点。其实，正如我们已做过的那样，要从再生产的实现条件来区别这些特点。[1]只有这样,才能从理论上分析处在哪一发展阶段的资本主义,在本质上是一种世界体系。马格多夫的方法论,是无法进行这样的分析的。我们看他是如何进一步分析问题的。

马格多夫说:“从这方面看问题,资本输出就和国外贸易一样,是资本主义企业的正常职能。此外,资本输出的扩大是和资本主义的地理扩大紧密联系的。上溯到商业资本主义早期,资本就开始突破其起源的地理界限,到美洲和亚洲为种植园和矿山提供资金。由此而发展起来的国外银行业为对欧洲的贸易提供资金,并支持国外投资计划。即使在某些时候和某些地方,国内投资的机会减少,资本输出的主要动力也不是过剩资本的压力,而是资本的有效使用,即要取决于该地要有由当时的技术制约的有利投资机会的存在、其他国家的经济和政治条件以及母国的资源。例如,要强行得到许多这样的获利机会,军事力量就是必要的,短缺的人力和经济资源很快就会用在这上面,这样投资的机会就受到限制”。[2]这就是说,在他看来,资本输出是随着资本主义的产生而产生的,其原因不是资本过剩,而是获利机会的吸引力。这样一来,他就无法区别在资本主义发展的各个阶段上,资本输出有何特点,或者反过来说,无法从这些特点去认识资本主义各个阶段有何不同。

马格多夫接着说:由于产业革命和大量产品的生产,“资本主义的企业特别需要寻求用于出口的市场,但是海外地区却缺少用以交换的商品。结果,由于进口大于出口,许多向工业化国家购买商品的国家负了债。在这种条件下,主要中心国贷出资本的必要和机会都增加了。资本输出变成商品输出的重要支撑物”。[3]这样一来,正如资本主义一旦产生,资本就会越出国界流动,就有资本输出一样,产业革命一旦发生,落后国就有贸易逆差,它就变成工业化国家的资本输出。问题同前面说的一样,这就无法区别资本主义各个阶段的资本输出有何不同。

由此马格多夫得出结论:“重要之点在于:资本输出有悠久的历史,它是这两者的产物:a.先进资本主义国家世界范围的运转;b.在资本主义成熟为一种世

[1] 参见拙作:《论帝国主义是垄断资本主义的世界体系》,载《光明日报》,1989年4月10日。
[2][3] 《帝国主义理论研究》,第148页。

界体系中演变而来的各种机构和经济结构。它不是过剩资本的产物。这并不是说从来没有‘过剩资本’问题(从海外流回的利息和利润有时会产生这样的问题),也不是说有时在这种过剩的压力下资本仍不流动。富有经验的国际货币市场一旦产生,它们就会被用于各种用途。例如,在一些市场上暂时发生的银根松或银根紧。作为反应,短期资金就会越过国界流动。货币的贷放,通常更常见的是为了政治和经济的目的,为了一个国家影响和施恩惠于另一个国家。但是,为国际金融市场加强基础的是贸易和投资的国际网络,它的产生,是由于先进的工业化国家,为了满足自己的需要而在世界市场上经营活动。这样,虽然国内过剩资本有时会成为资本流出国外的促进因素,但是在我看来,更为确切的解释,可以从先进资本主义国家的国内经济情况和它们的海外市场之间的关系中找寻”。[1]这就是说,在他看来,资本主义既然是一种世界体系,这个体系又是由金融网络加以编织的,那么,随着体系内各地金融情况的变动,即银根的紧和松,货币资本就必然跨越国界而流动。这就是资本输出的原因。

这种说明,除了上述的不能说明资本主义各阶段中的资本输出有何不同外,还集中地表明马格多夫的看法中的方法论是存在问题的。这就是,他是以国家政治界限来观察资本输出的,认为凡是超越国界的资本流动就是资本输出,而不问这种流动是在资本主义范围内的,还是资本主义和前资本主义之间的。我个人认为,正确的方法论应该将国界和两种不同经济成分结合起来观察问题。因为垄断资本主义是通过资本输出从落后的国家而取得垄断利润的,这是同其他阶段的资本输出相区别的。至于在资本主义范围内的资本流动,即使是发生在国和国之间,在方法论上应同上述的资本输出加以区分。这同卢森堡从经济成分的异同来区分国外市场和国内市场,有点相似。

三、利润率下降问题

马格多夫指出,为了说明资本输出增加而提出来的第二个主要理由,是利

[1] 《帝国主义理论研究》,第149页。

润率的下降。这种理由是以资本积累为基础的，因为随着积累的进行，固定资本（fixed capital）对于劳动的比例增加，导致平均利润率有下降的明显趋势。这种趋势驱使国内资本到劳动成本较低而利润较高的海外去投资。他认为，为了现在的目的，目前没有必要去研究这一理论内部理论逻辑的一致性，是否能由事实所证实；也没有必要去研究如果这是正确的，在垄断条件下这种趋势如何发生作用。这种研究之所以不必要，在他看来是由于在任何情况下，利润率的下降都不能解释国际资本运动的模式。换句话说，不论这一理论是否正确，从研究国际资本运动这方面看，它不是必要的前提。这一点可以由国外投资的两种形式来证明：购买国外债券和发展油田与矿山。但是，对这种看法加以说明之前，他认为有必要指出两个应予以区分的问题：我们这里考察的是帝国主义时代资本输出的原因；资本输出的结果对国内利润率的影响是另一个问题，虽然这无疑是重要的问题。

经过这样的说明，马格多夫再回到国际资本运动模式这一问题。首先，利润率下降的前提不适用于借贷资本。货币用于国外贷款的利息率通常是有吸引力的，但是，由于它购买的是相对安全的债券，这种利息率是明显地低于产业利润率的。这样，一个公司购买国外债券，对于利润下降，就不能成为一种通常的抵消力量。

马格多夫在这里以利息率和产业利润率相比较，是不正确的；而应该分别比较国内和国外的利息率和产业利润率。这就很明显。国外利息率比国内的高，国外利润率比国内的高，因为经济规律是：经济越落后，利息率越高，使用劳动越多，产业利润率越高，撇开垄断因素不谈，情况就是如此。这样，发达国家的资本，如折旧基金，暂不投在产业上时，便可以用来购买债券，尽管债券的利息率比产业利润率低些。

其次，必须抛弃利润率下降的前提，才能解释对油田和矿山的广泛的直接投资。对这些产业的投资，主要不是取决于比较的利润率或国内利润率下降，而是取决于地质情况。决定的因素是由上帝安排的矿藏，以及将它们运送到消费中心的交通条件。当然，利润率通常已包括在内，它们往往是很高的。投资者也由于低工资而幸运地得到利益。但是,这种采掘工业的获利性不是以低工资、而是以自然资源的丰富为基础的。

第三,第三种投资是对国外制造业的直接投资。它是验证利润率下降前提的唯一因素。在这里,人们期望看到资本对于普通的利润率差异,作为反应而发生的流动。那么,制造业直接投资的情况又是怎样呢?利润率支配所有的投资决定,这是不用说的;资本不断要求得到最高的利润率,这是很清楚的。不论国内利润率的趋势是升还是降,只要在海外能得到较高的利润,人们就能预期资本外流。但是,刺激这种外流的,并不是海外可能得到的利润率必须高于国内平均利润率。影响投资者的,是国内和海外产业投资中的边际利润率的比较。从理论上说,海外新投资的利润率,低于国内平均利润率,也是有吸引力的。例如,假设某制造业资本家在国内投资制造冰箱,得到的利润率是 20%。他想继续增加投资,但发现在国内只得到 15%的利润,但在海外却得到 18%的利润。他必然投资到海外,尽管得到的利润比原在国内投资的低些。顺便指出,撇开统计资料的不精确不谈,这是那些将国内和海外制造业的平均利润率加以比较的资料,其所以没有什么意义的原因。边际利润率对海外投资的作用,同国内投资平均获利性的降低,并没有必然的联系[1]。

马格多夫在这里谈论的正是过剩资本的形成及其存在是资本输出的原因,尽管他以前强调资本主义这个世界体系本身自然就存在着资本输出。过剩资本当然是指对于获取利润来说,它是过多的,而且这种利润是边际利润。马克思对此有深刻的分析。他说:"只要为了资本主义生产目的而需要的追加资本 =0,那就会有资本的绝对生产过剩。……只要增加以后的资本同增加以前的资本相比,只生产一样多甚至更少的剩余价值,那就会发生资本的绝对生产过剩;这就是说,增加以后的资本 $c+\Delta c$ 同增加 Δc 以前的资本 c 相比,生产的利润不是更多,甚至更少了。在这两个场合,一般利润率也都会急剧地和突然地下降"。[2]马克思这段话不仅表明,在一定条件下增加资本(边际)会导致利润

[1] 以上内容参见《帝国主义理论研究》,第 155—156 页。
[2] 《资本论》,第 3 卷,第 280 页。

(边际)下降(甚至成为负数),而且表明,这种下降虽然是一个企业的利润的下降,但会导致一般利润率下降。马格多夫将这两者割裂开来,应该说是不正确的,在这里我们也看到,他认为由边际利润率下降而导致的资本输出,同平均利润率下降没有必然联系,也是不正确的,因为前者的发生,结果会导致后者的加剧。

四、垄断和对外投资

以上马格多夫的分析没有涉及垄断。现在他要谈论垄断对对外投资即资本输出的作用了;他要努力说明这是新帝国主义的核心问题。

马格多夫说:“一种比利润率下降更为有用的前提,我相信是这样一种重要动力的影响,即在垄断条件下,资本运行的任务是以地球为范围进行直接投资。这种分析其内容包含着对下列两点的解释:a.投资的主要对象是采掘业和制造业,b.在帝国主义时代中资本输出的逐步增加。其主要目的是要证明,资本输出增加的伴随物和垄断作为新帝国主义的核心这两者的内部关系”[1]。

他认为,企业的本质就是试图去控制它自己的市场,并且只要有可能,它就把整个地球视为其禁地,而在其中活动。从资本主义时代开始以来,都是这样。但是,只要有许多竞争者在大部分工业中存在,控制市场的机会总是有限的。随着垄断条件(即在每一种重要市场只由几个公司统治)的发展,控制力量的使用不仅是可能的,并且为了公司和资产的安全日益增加其重要性。

当然,力量的集中并不意味着竞争的结束。它只意味着竞争在新的水平上进行。最主要的就是,由于资本以世界为范围进行活动,企业就达成瓜分市场的协定,或为了争夺地球的绝大部分,几个巨头进行竞争性的斗争。

他认为,巨头企业之间的竞争性斗争产生了对外投资的动力。首先,对原料供应的占有,在促成价格控制、在对付那些也占有原料供应的竞争者以及在

[1]《帝国主义理论研究》,第157页。

压制那些不占有原料供应的竞争者方面,都具有重大的战略意义。其次,控制和扩大市场的必要,是加紧输出资本的动力,对那些由于关税和其他贸易障碍而限制商品输出的地方来说,尤其是这样。这里的分析,当然是正确的。

他强调说:"这种论辩绝不是否认利润动机的重要性。垄断控制的全部目的是对利润存在和增加的保证。利润动机和资本主义,说到底是一个同一物。需要解释的是,利润动机是经常存在的,为什么从帝国主义阶段开始,以直接投资形式出现的资本输出会急剧增加。在这里,我提出要追溯垄断或更精确地说寡头的本质及其急剧产生的原因,这与利润率下降理论或前面讨论过的过剩资本压力理论相比,是一种更为有意义的解释"。[1]遗憾的是,他并没有根据其理论逻辑,分析这种原因,以及它和帝国主义之间的关系。

马格多夫在另一个地方说:"为什么资本输出的突然高涨是伴随着现代帝国主义而产生的呢?……首先,新帝国主义的开始,是以有可能对英国在国际贸易和金融方面的霸权提出挑战的几个工业化国家出现为标志的。这些国家为了同样的目的而扩大其资本输出,即增加对外贸易和得到更好的市场。这样,英国这个资本输出的统治者就被其他几个国家所取代,在它们之中有些国家处于显著的地位,其结果就是资本输出总量大为增加。其次,随着几个先进工业化国家竞争激化而来的是保护关税壁垒的增长:跨越这些壁垒的办法就是对外投资(即在国外生产——引者)。第三,资本主义新阶段,是建立在其工业要取得新的大量原料供应的基础上的……这种取得不仅要有大量资本去勘探和开发国外的资源,而且要贷放资本给外国,使其有可能去发展必需的、配套的交通运输和公共设施。第四,集资公司、金融市场以及其他金融机构的成熟,为在海外和在国内的使用而动员资金,准备了条件。最后,巨型企业的发展促使垄断的增长。这些企业控制市场的能力和愿望,为资本外流的扩大提供了另一种重要的动力"。[2]

从上述可以看到,除了最后一点与垄断有关外,其他各项都与垄断无关,而

[1] 《帝国主义理论研究》,第158—159页。
[2] 同上书,第150页。

对最后一点的分析是很不够的。更重要的是，与垄断有关的资本输出的增加，为什么使垄断资本主义表现为帝国主义，这一重要问题，马格多夫没有涉及。

五、没有殖民地的帝国主义

经过这样的分析，马格多夫提出他对第二次世界大战后帝国主义和殖民地问题的看法，认为这是没有殖民地的帝国主义。

马格多夫说："如果说没有殖民主义，现代帝国主义是可能的，那是错误的。但是，殖民主义的结束，绝不意味着帝国主义的结束。这种表面上看来是自相矛盾的解释，因为被看成是直接运用军事和政治力量的殖民主义，对于许多附属国重建适合主要中心国需要的社会和经济机构，具有重要的意义。这种重建一旦建立，各种经济力量（国际价格、市场销售和金融体系）本身就足以使宗主国和殖民地之间的统治和剥削关系保持下去，并且加强。在这种情况下，殖民地就有可能享有正式的政治独立，而没有什么实质性的变化，甚至对原来导致征服殖民地的各种利益，也没有严重的影响"。[1]在这里，我们再次看到，马格多夫论述的殖民地，只是政治殖民地或殖民地国家。

他认为："这并不是说殖民主义是不攻自灭的。各种革命、群众反叛、革命威吓、对社会主义世界进一步扩大的畏惧、美国跻身其他帝国的殖民领地，所有这些都为第二次世界大战后殖民主义的衰落，开辟了道路。但是，重要之点在于，殖民地所要求的解除关系，是按照尽可能地保持宗主国的利益、避免前殖民地发生导致真正独立的社会革命的方式进行的。只要宗主国和殖民地的关系赖以维持的社会经济网络得以继续，那么，经过奋斗，就可以得到这样的机会，即大多数从殖民地控制中得到的利益可能不受损害"[2]。

在马格多夫看来，"这些考察并不适用于构成现代帝国主义特征的所有统治和附属关系。一些早就建立了相适应的社会和经济机构的独立国家，直接置

[1][2]《帝国主义理论研究》，第164页。

于某一强国的经济统治之下,由此变成附属国,而没有经历过殖民地阶段。一些这样的经济附属国甚至也有自己的殖民地。例如,葡萄牙在一个很长的时间内是英国的附属国,葡萄牙帝国实际上是一个帝国之内的帝国(即是英帝国之内的帝国——引者)。因此,帝国主义的历史表明,有形式和程度都极其不同的政治附属关系,这是不必惊讶的。同样,这也不难理解,为什么总的说来,帝国主义式样的主要方面,在赤裸裸的殖民主义衰落时代,竟也像在全部维持殖民主义时代那样存在着,因为帝国主义存留的决定因素是:a.中心国大企业的垄断结构;b.经济中心国控制和扩大原料来源和市场的必要性;c.继续实行服务于主要中心国的需要的国际分工;d.工业强国在各自对方市场和世界各地,为争夺出口和投资机会而进行国家间的竞争。此外,还有一个新的因素,社会主义社会的成长和民族解放运动的扩展,对帝国主义的打击,这些国家要求摆脱帝国主义的贸易网和投资网,这就对帝国主义造成威胁,使其比以前更迫切地维护帝国主义体系”。[1]

在这里我们清楚地看到,经济殖民地概念的阙如,使马格多夫不能像马克思将独立后的美国仍然视为英国的殖民地那样,将经济上受英国控制的葡萄牙视为英国的殖民地;并且为了自圆其说,认为它只受英国的政治控制。情况不是这样。列宁在其《帝国主义是资本主义的最高阶段》中指出,葡萄牙是个独立的主权国家,但是实际上从争夺西班牙王位继承权的战争(1701—1714)起,这二百多年来它始终处在英国的保护之下。英国为了巩固它在反对自己的敌人西班牙和法国的斗争中的阵地,保护了葡萄牙及其殖民地领地。英国以此换得了商业上的利益,取得了向葡萄牙及其殖民地输出商品,尤其是输出资本的优惠条件,换得了利用葡萄牙的港口、岛屿、海底电缆等等的便利。从原理看,认为政治控制没有经济目的,是不正确的。

至于他提到的帝国主义存留的几个因素,具有决定性作用的是垄断结构的存在,因为其他的因素是资本主义工业化以来都存在的。但是,垄断结构的存

[1]《帝国主义理论研究》,第164—165页。

在就意味着要取得垄断利润,而垄断利润的来源不在垄断结构本身,而在其他经济成分和社会成分,其中就有国外殖民地——经济殖民地和政治殖民地。第二次世界大战后,政治殖民地绝大部分已不再存在,而马格多夫又缺乏经济殖民地的概念,就不能深入研究垄断结构的存在,如何在经济上体现自己,即如何取得垄断利润。这样一来,他谈论的帝国主义存留因素,事实上是同义反复,因为他认为帝国主义是垄断资本主义,所以垄断结构的存在,就使帝国主义存留下来。至于垄断资本主义由于要取得垄断利润,便要控制国外殖民地,并将它们和自己组成如像罗马帝国那样的帝国,这样它才表现为帝国主义。所有这些问题,都在他的视野之外。

他继续说:"当然,殖民主义的衰落,对帝国主义中心国提出了严峻的问题,有的是旧的,有的是新的:a.随着独立而产生多种期望,由于政治独立而有可能采用更多的灵活斗争手段,在这一条件下,如何才能更好地维持附属国的经济和金融的附属关系;b.前殖民地占有国,如何才能维持其优先的经济地位,并且不受其他竞争对手的侵犯;c.美国如何扩大其影响,并且控制其他前殖民地占有国的优惠特权"。[1]

在这里,我们看得很清楚,马格多夫论述的实质上是如何巩固对经济殖民地的统治,以及如何夺取他国的经济殖民地。遗憾的是,他并不认识这一点。

马格多夫特别指出:"第二次世界大战以来,在新的环境下,维持经济附属关系的问题,由于苏联的竞争和某些新独立国家的急欲摆脱束缚,而变得复杂起来。后者之所以这样做,一方面是由于群众的压力,另一方面是由于权贵们看准机会,要从行动中得到更多的份额。虽然帝国主义强国要用新的策略来解决这些复杂问题,经济附属关系的重要结构,在没有殖民地的帝国主义时代,仍然继续下来。要消除开始于重商主义时代、存在的时间很久、已经成熟了的附属关系,实非易事。在殖民地和半殖民地经济的贸易和经济联系发展的几个阶段中,半殖民地的经济结构作为主要中心国的补充物,越来越增加其适应性。

[1]《帝国主义理论研究》,第165页。

价格构成、收入分配、资源配置,借助于军事力量和市场自发力量,不断地再生产着这种附属关系"。[1]

他继续说:"要掌握自己的命运,这些国家就要研究现在的国际贸易模式,并改变其产业和金融结构。没有这种根本改变,不论殖民地存在与否,经济和金融构造就依然存在,某些半殖民地国家所实行的有力的保护主义政策,不可能切断这种附属性的联系。当然,在某些方面,它们可以鼓励国内产业的发展。但是,在许多更为有利的领域,外国企业家可以绕过关税壁垒在那里开办工厂,并由此扩大外国经济的影响"。[2]

在我看来,这是一种很好的对经济殖民地的分析。

马格多夫明确指出:"附属状况并不完全由已经发展的市场关系来维持和再生产。它也由附属国的政治和社会力量结构来支撑。用一般的概念来说,这些国家里的统治阶级由三部分构成:大土地所有者,其事务与外国商人利益相联系的商人集团,与外国商人集团很少或毫无联系的商人。尽管民族主义精神,或多或少会影响这三种人,但是他们之中没有人有足够的动力,去支持为经济独立所需要的这样一种经济改革"。

因此,他认为,"前殖民地的经济与政治结构,两者都很适合于随着政治独立而使经济附属关系保留下来。在新的条件下,帝国主义的需要得到满足"。[3]

最后他指出:"在后殖民地时期,主要中心国仍然保持其影响和控制,这是需要特别注意的。其手法有旧有新,可以分为这几种:a.在有可能的地方,在经济和政治上作出正式的安排,以维持从前的经济联系。这包括签订种种优惠的贸易协定和维持货币集团;b.控制并支持当地的统治集团,以保持主要中心国的特别影响,并防止国内的社会革命的发生;……c.影响和控制经济发展的方向,尽可能影响政府对资源分配的决策。……这些活动,除了影响经济发展方向之外,还能加深金融受援国对宗主国货币市场的依赖"。[4]

---

[1][2] 《帝国主义理论研究》,第166页。
[3] 同上书,第167页。
[4] 同上书,第168页。

这实质上是对发达资本主义国家如何控制经济殖民地的分析。

我们将马格多夫的“没有殖民地的帝国主义”理论的最主要部分评述完了。我们从中可以看到，尽管马格多夫认为澄清资本输出是由于过剩资本的压力和利润率下降的错误观念，有助于他提出新的理论，并且用很大的篇幅去说明这一点，但是，他要建立的理论与此并没有联系。他的想法不外是，资本主义本身是一种世界体系，在这个体系内存在的资本流动就是资本输出，而不管是否存在过剩资本的压力和利润率下降。至于在帝国主义时期，为什么资本输出会达到高潮，他认为是由于19世纪末英国的世界霸权受到多国的挑战和垄断组织的对外投资。然后认为，垄断统治就是帝国主义，即使政治殖民地消灭了，垄断组织对附属国的经济和政治控制仍然保留下来，帝国主义就仍然存在。这就是第二次世界大战后的没有殖民地的帝国主义。

从上述我们还看到，马格多夫对发达资本主义国家如何控制经济殖民地作了详尽的分析，尽管他不认识受到这种控制的就是经济殖民地。我曾经这样设想，马格多夫如果深入地研究一下殖民地理论的历史，就会认识到，他的前人，尤其是马克思和列宁，都提出过经济殖民地的概念，这样，他对战后帝国主义和殖民地问题的认识，就会相应地发生变化，一个科学的战后帝国主义理论体系就由他提出来。这是多么遗憾的事呵。

科学史上常有这样的事。恩格斯指出，普利斯特列和舍勒两人分析出氧气，但不知道他们分析出的是什么。他们为“既有的”燃素说“范畴所束缚”。这种本来可以推翻全部燃素说观点并使化学革命的元素，在他们手中并没有能结出果实。马格多夫的研究与此有相同之处，也有不同之处。相同的是，他虽然分析了，但是不认识经济殖民地，因为他受政治殖民地范畴束缚，不同的是，他的前人已提出经济殖民地的概念，但是他不知道或不加以利用。

第十四章　脱离地域而与经济、社会成分相联系的殖民地

——瓦尔加、陈翰笙等人的殖民地理论

一、概　　述

在阶级对抗的社会条件下，随着经济条件的发展，新的殖民对象产生，与此相应，一种新类型的殖民地概念也产生。新大陆和通往东方的新航路发现后，欧洲大量劳动力首先流入美洲，其后又流入大洋洲，那里的资本主义经济慢慢地产生；欧洲一些资本家在东方经营种植园和矿山等企业。由于上述资本主义经济和企业的发展，需要劳动力，东方某些国家的破产农民，由于本国资本主义的难产，无法谋生，便流入这些需要劳动力的地方。因此，从 19 世纪下半期开始，有两股移民的浪潮：从欧洲移民到移民垦殖殖民地；从东方主要是印度和中国移民到地处热带（种植园）的奴役土著殖民地，也有少数移民到移民垦殖殖民地。这种移民现象在第二次世界大战后仍然存在，但是与此同时，又产生了新的现象：落后国家不仅移民到美洲和大洋洲，而且移民到欧洲。换句话说就是：这些国家的劳动人民，不仅在本国，而且在全世界，都受资本主义的剥削。这就是脱离地域而与经济和社会成分相联系的殖民地产生的社会经济条件。

随着经济条件的发展，新类型的殖民地就随之产生。我们已经知道：希腊社会的殖民地是移民殖民地，是国内殖民地；罗马社会的殖民地是征服殖民地，原是国外殖民地，但组成罗马帝国后，又成为国内殖民地；日耳曼的殖民地和蒙

古的殖民地,和罗马的殖民地相同。奴隶社会的征服殖民地,从取得奴隶这一点看,和其社会再生产有联系;封建社会的殖民地在于提供贡纳,和其社会再生产无联系。资本主义有两种殖民地:移民垦殖殖民地和奴役土著殖民地,它们为宗主国提供粮食、原料和市场,从这一点看,和其社会再生产无本质联系;在垄断资本主义条件下,这些殖民地又为垄断资本主义提供垄断利润,它和垄断资本主义的再生产有本质联系。特别值得指出的是,列宁根据马克思关于殖民地的定义,认为资本主义存在着国内殖民地,在俄国,高加索的某些地方和某些少数民族聚居地,就是俄国的国内殖民地。以后我们将看到,列宁的有关论述,成为一种新类型殖民地概念产生的思想渊源。

现在着重谈一谈理论家们对从奴役土著殖民地或落后国移民到宗主国或发达国家这一现象的看法。斯密和马克思那时还没有这一现象。卢森堡看到了,她以其资本积累理论来解释,即先进国的剩余价值要由落后国的个体生产者来实现,先进国将由此得到的货币再向个体生产者购买生产资料和劳动力。按照这种错误的积累理论,落后国的劳动力是要流向先进国的。鲍威尔虽然反对卢森堡的资本积累理论,但是也认为先进国为增加劳动力所采用的方法,就是摧毁殖民地或落后国旧的生产方式,使破产者移民到先进国,或在本国,为先进国的资本主义经济服务。按照这种理论,落后国的劳动力也是要流向先进国的。但是,这种看法,显然同欧洲先进国存在着过剩的工人,因而要向北美和大洋洲移民这一现象,发生矛盾。考茨基认为资本主义工业增长快于农业,要从农业地区(包括殖民地)取得粮食、原料和劳动力。布哈林则认为资本主义新世界这个巨大的蓄水池吸收了欧亚两洲的破产农民和失业工人。列宁从帝国主义的寄生性在无产阶级中的反映来解释这一现象。这就是,垄断资本主义国家的工人,也从垄断资本主义攫取的垄断利润中得到一些好处,因而产生一种鄙视体力劳动,尤其是下等劳动的倾向。这样一来,就要从落后国移入劳动力从事这种劳动。这一现象和从先进国移民到北美等地从事高工资的劳动,并不是矛盾的。列宁的解释无疑是正确的。

美国经济学家刘易斯对这一现象在第二次世界大战后的表现作了分析。

他先指出:“19 世纪下半叶,国际移民的两大潮流促使了农业国家的经济发展。约有 5 000 万人离开欧洲前往温带殖民地,其中约有 1 300 万人来到我们现在称之为温带殖民地的新兴国家:加拿大、智利、澳大利亚和南非。大约同样数目的人——5 000 万——离开印度和中国,主要是去热带,在种植园、矿井或建筑工地当契约劳工。这两股移民潮流的出现,分别决定了热带农产品和温带农产品的贸易条件”。[1]他又指出:第二次世界大战后,“在经济迅速发展的国家里,享有保障的工作职位的数目,尤其是在制造业和高级服务业,增加的速度超过了劳动力的增加速度。因而,人们从低工资部门被招募到高工资部门,这就损害了低工资部门的利益。这就对低工资劳动力市场形成压力,造成非熟练劳动力的短缺,并且形成要高提高工资的威胁。第二次世界大战后,(这些国家)人口的增长几乎为零,工业增长的速度前所未有。农村劳动力迅速减少。小店主和易货商店的数目越来越少。西欧短缺护士、警察、公共汽车售票员、非熟练的工厂工人、非熟练的服务人员(旅馆职员、医院职员、佣人),解决这个问题的方法之一,就是“从其他国家吸收大量低工资移民,南欧、亚洲和加勒比地区有数百万移民进入西欧”。[2]

应该说,刘易斯对 19 世纪下半期和第二次世界大战后的移民现象,作了详尽的记述和某些解释。但是,他的目的是要说明先进国和落后国的贸易条件,而不是殖民地问题,因为他的任务不在这里。此外,他的视野是国际移民,因而对某些先进国国内不同民族或种族成员的移动,就不在考察之内。如果不是这样,一种新型的殖民地的产生,就可能由他首先完整地予以揭示了。

二、瓦尔加的殖民地理论

苏联经济学家瓦尔加在其 1953 年出版的《帝国主义经济与政治基本问题》中明确指出,美国资本在本土内对劳动者进行殖民剥削。这种剥削和地域并没

[1] 《国际经济秩序的演变》,商务印书馆 1984 年版,第 10 页。
[2] 《国际经济秩序的演变》,第 24—25 页。

有本质的联系。他是在论述美国存在着国内殖民地时谈到这一点的。他的论述如下：

第一，“美国中西部的采矿地区在颇大程度上遭受着殖民剥削”，其原因是“当地资本主义企业所生产的剩余价值主要是流往美国的东部，那边住着矿井的主人、美国的金融寡头。剩余价值中只有极小一部分投资在产生这种剩余价值的当地”。[1]为什么这是殖民剥削，瓦尔加没有说明。在我看来，这等于是东部的垄断企业所有者向中西部输出资本，再将攫取到的垄断利润送回东部，以发展那里的垄断企业。在这里，我是按照希法亭的理论，将资本输出理解为输出旨在攫取剩余价值的价值，这剩余价值不留在当地，而要送回输出者那里。如果不送回，输出资本的垄断企业就不能用此法攫取垄断利润，来实现自己的扩大再生产，这就成为一般的资本流动了。瓦尔加论述的情况，和输出资本到国外殖民地相同。

第二，“各农业州的居民同样也在一定程度上是垄断资本殖民剥削的对象”。[2]瓦尔加列举了新英格兰诸州和加利福尼亚州的人均收入比南部农业各州的人均收入高3—4倍。其原因是由于剥削了经济落后的、半殖民地的地区。但是，怎样剥削，他没有说明。在我看来，情况应是这样：南部自从摧毁种植园后，存在的多半是家庭农场，它们是个体经济，在压力下，其出售价格可以不包含m的部分；再加新英格兰诸州以垄断价格出产工业产品；这样一来，就产生了如同宗主国和国外殖民地的剥削和被剥削关系。

第三，同我们现在论述的问题有密切关系的就是：“西欧来的移民逐渐为东欧国家来的移民所代替，后者由于农业人口过剩而提供了数百万廉价的半殖民性的劳动者去供美国资本的剥削”[3]；此外，“美国资本主义还利用来自墨西哥、加勒比海各国以及……南方黑人的廉价劳动力”。[4]具体地说就是：“仍有封建残余和处于半奴隶状态中的黑种人口的美国南部，是殖民剥削的典型地

[1][4] 《帝国主义经济与政治基本问题》，世界知识出版社1954年版，第124页。
[2] 同上书，第125页。
[3] 同上书，第123页。

区。……美国全部的纺织工业越来越多地迁到南方去,因为那边工人工资的水平是非常低的"。[1]这就是说,殖民对象首先是南方的黑人,剥削他们的方法是压低工资,这和剥削国外殖民地的劳动者实质相同;其次是利用黑人的低工资,来压低白人、尤其是在南方的白人的工资,这和英国压低在英格兰的爱尔兰工人的工资,再压低英格兰工人的工资实质相同。

瓦尔加的论述着重说明的是美国存在着国内殖民地。从这方面看,他的论述是能说明问题的。遗憾的是,虽然他论述了国内殖民的对象是非垄断的经济成分和如像黑人那样的社会成分,但是他并没有由此再进行理论概括,得出这样的殖民地是同地域相脱离,而只与经济成分和社会成分相联的新型殖民地。

应该指出,瓦尔加这些论述,除了有事实根据之外,还有思想渊源。这就是苏联于20年代就社会主义原始积累问题展开争论时,普列奥布拉任斯基主张社会主义工业用剥削和剥夺个体农民的办法来积累资金,恰如资本主义原始积累时,资本主义工业用剥削殖民地的办法来积累资金一样。对此,他的反对者指责说,这种主张等于把农民看成是工人国家的初期的殖民对象。这里我不评论正方和反方理论中所包含的经济和政治问题,只谈论其中涉及的方法论问题:以剥削和剥夺农民的办法来发展社会主义工业,被剥削的经济成分或社会成分就是殖民对象或殖民地,正如资本主义原始积累是用剥削国外殖民地,以积累资金来发展工业一样。这种方法论是正确的。在我看来,它对瓦尔加是发生影响的。

当然,这种方法论又受到列宁关于俄国存在着国内殖民地这一理论的影响。列宁的理论,前面已谈过了。

三、陈翰笙的殖民地理论

我国经济学家陈翰笙于1955年出版的《美国垄断资本》中指出:"工业榨取

[1]《帝国主义经济与政治基本问题》,世界知识出版社1954年版,第124页。

农业的利益原是资本主义的本色。美国东部的财团因此就一向压迫中西部各地，把这些地方看作它们的殖民地”。[1]前面论述瓦尔加时，我们看到也有这种看法。

陈翰笙特别指出东部工业的垄断财团，榨取作为殖民地的中西部农业的办法。他说："许多中部和西部的工厂和矿场是属于东部财团的，大多数铁路也是属于它们的。它们故意歧视中西部，把全国铁路运费的计算率按五个区域分别出来。如以东部各州的基数为100，则南部各州为139，西部干线所经各州为147，西部山区各州为171，而西南部各州为175。尽管是同样的距离，在东部运费便宜，而在西部或南部就要贵些。例如用火车整批运工人的工作服时，从内布拉斯加州的俄马哈至俄亥俄州的马仑布斯共计748英里，每千磅要付价18.7美元；但从麻萨诸塞州的费奇堡至哥伦布斯共计743英里，每千磅只须付15.2美元”。[2]这就使东部财团在竞争中占优势。

如果说，陈翰笙这些分析，还不能使我们清楚地看到东部的工业是如何榨取中西部的农业的，那么，瓦尔加的有关说明，则回答了这个问题。他说："铁路运费率是造成科罗拉多州缺乏工业企业的主要原因。假如将木材运往东部，那末运费是非常合算的；但如果将木头锯成木版，那末运费率就将提高到难以忍受的程度，更不必说去运送木质纤维或纸张了”。[3]这样，就能使科罗拉多州维持其农业州的地位，然后按照以前说过的剥削个体农业的办法，对其榨取。

陈翰笙清楚地说明："东部财团想尽各种方法以阻挠美国中西部的工业化。它们尤其不愿意看到西北或西南部有什么新的钢铁厂起来。中西部各地的钢铁一向仰给于东部，而且必须缴付比东部每吨要高6美元至20美元的价格。钢铁价格有如此差别，当然妨碍了西部，使其不能工业化”。[4]这种分析是能说明问题。

在第二次世界大战中，西部的加利福尼亚财团利用战争的条件和基安尼尼银行的资本办了许多工业，但仍受东部老财团的排挤。这已是财团之间的矛盾

[1][2][4]《美国垄断资本》，世界知识出版社1955年版，第59页。
[3]《帝国主义经济与政治基本问题》，第127页。

的问题了。

四、其　　他

如果说，前面几节论述的国内殖民地或殖民对象，即某些经济成分和社会成分，还是和一定的地域相联系的，例如美国中西部的企业就和中西部相联系，美国南部黑人就和南部相联系，那么现在论述的则和地域相脱离了。

《殖民体系的瓦解》的作者阿瓦林说："借助民族的压迫，资产阶级保持了对少数民族的极高的剥削率，并减低了所有劳动者的工资。黑人、墨西哥人、印第安人，以及其他美国的少数民族，包括侨民，是美国财政大王的国内殖民地"。[1]值得注意的是，根据阿瓦林的提法，美国的国内殖民地是社会成分即包括侨民在内的少数民族，它们并不和地域联系在一起。

这种思想，《造反还是革命》的作者克鲁斯表达得更为清楚。他说："美国黑人一开始就是作为殖民地的人民而存在的。……美国黑人的地位不同于纯粹殖民地的地位的唯一因素是，他们是在统治种族的'本'国内保持这种地位的，并且和统治种族有着密切的接触"。[2]这就是说，美国的黑人的祖先是非洲殖民地的居民，其后代仍在非洲的固然受殖民剥削，在美国繁殖下来的，虽经黑奴解放，但命运并没有根本改变，也同样受殖民剥削，或者说成为国内殖民地。

我国王明侠提出美国的中国城(即唐人街，CHINA TOWN)是美国的国内殖民地，这种看法和布鲁斯的上述看法相同。大家知道，美国南北战争后，修筑贯通两大洋的铁路，需要大量劳动力，因此从 19 世纪下半期开始，我国广东省南部一些无法谋生的劳动者便到美国干最笨重、最下贱的工作，他们的聚居地称为中国城。很明显，他们在祖国，遭受殖民剥削，到了美国，同样如此。在同样的条件下，他们的工资比白人低得多。他们的后代，除了极少数人，因发愤读书和经营有方，地位上升外，绝大多数仍同其祖辈一样，遭受殖民剥削。因此，

[1] 《殖民体系的瓦解》，世界知识出版社 1959 年版，第 32 页。
[2] 转引自《美国黑人在觉醒中》，上海人民出版社 1976 年版，第 6—7 页。

王明侠认为中国城是国内殖民地，是正确的。中国城在这里不是代表地域，而是代表从事的工作是笨重和下贱的。

从上面分析可以看到，随着社会经济的发展，殖民地，尤其是国内殖民地已和地域相脱离，它已由散居的被压迫民族、某些社会成员所构成，关于这一点奥得尔说得很好，他说："要说明什么是殖民问题，具有决定意义的是殖民机构所起的作用，而领土仅仅是人们把历史上发展起来的超级剥削机构组成一种压迫体系的场所而已"。[1]

这样，一种与地域相脱离的新类型的殖民地就产生了。

五、释　　疑

人们要问，按照字义，殖民地总与土地相联系；与土地相脱离的殖民地应该是一个自我矛盾的用语，是不能成立的。其实不然。殖民地从其最初含义来看，确实是移民垦殖，与土地相联系；但是随着社会经济的发展，越来越多的殖民，不是垦殖土地，而是剥削土地上的居民；这些居民即使离开原来的土地，仍受同样的剥削；这种殖民和土地无关，但是人们仍称为殖民地，这很可能是用语或翻译上的问题。

我们已经知道：希腊奴隶社会的殖民地，确实是移民垦殖；罗马奴隶社会的殖民地，只是向居民取得贡纳；日耳曼帝国和罗马帝国的殖民地，也是向居民取得贡纳；资本主义的移民垦殖殖民地，对移民来说是自己垦殖，对宗主国来说，是为其提供原料、粮食、市场，资本主义的奴役土著殖民地根本不存在移民垦殖，而只是提供原料、粮食和市场；在垄断资本主义条件下，这两种类型的殖民地都成为资本输出的场所，都提供垄断利润，受剥削的是非垄断的经济成分和一般的社会成分，与土地是没有关系的。

再从国内殖民地来看，随着资本主义商品经济的发展，统一的国内市场形

[1] 转引自《美国黑人在觉醒中》，第 9 页。

成和扩大,一方面使各民族逐渐混居,单一民族聚居地趋于消灭,另一方面某些国家新开拓地区的个体生产者和资本主义企业进入统一市场,这一切都使国内殖民地的经济内容发生变化。

首先,国内殖民地再也不同被压迫民族的聚居地相联系,但是仍然和被压迫民族相联系。前面谈到列宁认为俄国少数民族聚居地是国内殖民地,与此相似,美国南部黑人聚居地也是国内殖民地。这种殖民地,显然不是指土地,因为这种殖民不是垦殖土地,也不是将该土地上的居民赶跑,由移民来耕种,而是指的奴役少数民族,只不过这种被压迫民族是聚居在一定地区内的,这样,这个地区便连同其居民成为殖民地。但是,随着资本主义商品经济发展,各民族便逐渐混居,在英国本土,爱尔兰工人很多,在俄罗斯人居住的地方,非俄罗斯人也多起来,南北战争后,美国黑人公开地移到北部和东部,美国南部再也不是单一的黑人聚居地了。但是,所有这些到处移动的少数民族仍然受剥削,同以前没有本质的变化。这在理论上就表现为:少数民族成为国内殖民地。这种殖民地同地域相脱离。

其次,随着资本主义经济的发展,有些国家在广度上开拓国内市场,开垦荒地。这些荒地,最初的开拓者是大量的个体生产者和一些资本主义企业,经营的多半是农业和矿业。由于经济发展水平的低下,它们必然受资本主义中心地区的资产阶级的剥削,从而这些经营者成为国内殖民地。从表面看来,这种剥削和被剥削关系,似乎和资本主义先进国和落后国的关系一样,但深入分析一下,就可以看出还是有所不同的,然而同样是受剥削的殖民地。

不同之处在于:先进国和落后国的平均利润率不同,这样,先进国以其工业品,即资本有机构成高的、生产价格高于价值的产品,同落后国的农产品,即资本有机构成低的、生产价格低于或出售价格最高只能等于价值的产品相交换,便是小量劳动和大量劳动相交换,是一种剥削,在这种条件下,两国的资本家得到的利润也是不等的。一个国家内部,随着统一市场的形成,平均利润率便形成,这样,工业产品和农产品相交换,虽然也是小量劳动和大量劳动相交换,但如果是按生产价格交换,那还不能说工业资本家剥削农业经营者,因为他们都得到平均利润。但是，这些新开垦区存在着大量个体农民，他们出售商品的价格最低限是 c + v，在竞争压力下，m 或 p 便奉送给资本家。在垄断条件下，他们以垄断高价购买生产资料和工业消费品，情况就更为严重。很明显，这里的剥削对象是经济成分或社会成分，而不是占领土地本身。殖民地同地域相脱离了。

我对有关理论的解释可能很难使人同意。[1]因为从语义上看，殖民地而又与地域相脱离，确实是自相矛盾的。此外，约定俗成，也可能妨碍人们接受我的解释。如果是这样，将本章论述的殖民地称为殖民对象，或类似殖民地的东西，也是可以的。我想问题不在名词，而在内容。只要人们理解，本章有关的理论家提出的问题，是殖民剥削问题，同以前论述的殖民剥削问题，并无本质的不同，我的目的就达到了。

[1] 拙作《帝国主义经济与政治概论》(复旦大学出版社 1986 年出版)，第七章第五节就是论述与地域脱离而与经济成分和社会成分相联系的殖民地的。有关的评论，对此没有提出意见。

第十五章　发达资本主义国家如何剥削落后国家
——激进派经济学家的殖民地理论

一、概　　述

第二次世界大战后产生的民族独立国家，经济虽然有所发展，但是大多数没有实现工业化和现代化。在这种条件下，几十年来，发达资本主义国家和这些落后国家之间的经济差距不仅没有缩小，反而扩大了。对此，经济学家从历史、实际和理论进行分析。这可以分为两种。一种以马克思的有关理论为依据，揭示其中存在的剥削和被剥削关系，人们称为激进派经济学家。虽然他们并不认为这就是宗主国和经济殖民地之间的关系，但在我看来，这就是我需要理解的宗主国和殖民地的经济关系。我在下面分别予以论述。一种以非马克思主义经济理论为依据，而有更大的独创性，不使用马克思的概念，不谈剥削和被剥削，只谈有利与不利。这种理论的代表人物，我看中的是美国经济学家威廉·阿瑟·刘易斯。他不属于激进派经济学家。我单独予以论述。但在论述这些理论家的观点之前，我先谈论一种认为落后国不必工业化就能得到工业化的好处的理论。

这种理论认为：已经工业化和现代化的发达国家，其劳动生产率提高得快，与此相反的落后国家，其劳动生产率提高得慢，因而按照劳动价值理论和价值制约生产价格的理论，前者生产的产品，价值和生产价格都下降得快，后者生产的产品，价值和生产价格都下降得慢。等价交换，两种产品的比价就越来越有利于落后国家，即落后国家的产品交换越来越多发达国家的产品，它不必工业化却得到工业化的好处。如果确是等价交换，按照劳动价值理论，似乎应该是这样。其实不然。

这种理论谈论商品依以进行交换的标准时，应该加上货币的因素，即要将价值或生产价格用货币来表现，一旦考虑货币因素，我们就会看到，按照劳动价值理论，通过对外贸易，在世界市场上，发达国家货币的价值会下跌，它反过来使商品价格上升，落后国家货币的价值会上升，它反过来使商品价格下跌。由这个原因引起这两种国家商品价格的方向相反的变动，使落后国家换得的发达国家的产品有减少的趋势。这就是说，它在一定程度上抵消了前面所说的趋势。

为了说明货币价值变动对价格的影响，我们先举一个经济史上的例子。美洲新大陆发现后，在那里开采的富饶的金银矿，使金银价值下跌，金银流入欧洲，欧洲劣矿退出生产。由于金银货币价值下跌，欧洲物价上升，史称“价格革命”。这是一种情况。第二种情况是：印度缺乏金银，美洲金银流入印度，这种金银的价值比流入欧洲的高些，因为运输花的劳动多些，由于这个原因，同种商品，其价格在印度比在欧洲高些。这一点，斯密在《国民财富》中有详尽的论述。货币价值变动对物价的影响就是这样。

现在根据这个原理，说明通过对外贸易，发达国家的货币价值会降低，落后国家的情况则相反。和前例不同的是：不是在海外发现金银矿，而是发现一个市场，在那里，发达国家的劳动生产率高于世界平均水平，因此其产品就可以实现更多的价值，卖得更多的货币，即发达国家用生产商品的办法去换取货币，在国内市场花的劳动多，在世界市场花的劳动少，货币价值在国内高，在国外低，内外流通的结果，货币价值比原来降低。由于这个原因，物价上升。落后国家的情况恰恰相反。

刘易斯以分析比较价格即贸易条件，来说明发达国家以工业制成品交换发展中国家的初级产品对谁有利。他认为国家间的利润率是均等的，价格由成本加上按成本计算的利润构成，成本由工资和其他耗费构成，工资取决于粮食生产率。发达国家的粮食生产率远远高于发展中国家,其工资因而也远远高于发展中国家,这样,比较价格即贸易条件就有利于前者,不利于后者。前面曾说及他对19世纪下半期两大移民潮流的描述。他就以此为基础说明两类国家粮食生产率从而工资水平不同,以及其后的发达国家和发展中国家的贸易条件。他说:“就温带商品来说,市场力量确定的价格可以吸引欧洲移民;就热带商品而言,市场力量确定的价格可以维持印度契约劳工的生活。这两种价格水平迥然不同”。他进一步指出:“这种价格差别的主要原因,在于欧洲和热带地区的农业生产率有差别。在曾是欧洲移民最大一个来源的英国,1900年的小麦产量,每英亩是1 600磅,而热带地区每英亩谷物的产量不过700磅而已。而且,欧洲的机器设备比较精良,每人耕种的土地也比较多,所以每人的平均产量势必比热带地区高出六、七倍”。由于这样,“在19世纪80年代,种植园劳工的工资是每天1先令,而澳大利亚非熟练建筑工人的工资却是每天9先令。如果茶叶是温带作物而非热带产品的话,它的价格也许就会高四倍。如果羊毛为热带产品而不是温带作物的话,它的价格也许只不过是市价的四分之一”。[1]

由此刘易斯得出这样的结论:热带国家和温带国家,或发展中国家和发达国家,是同劳不等酬,而公道的价格应该是同劳等酬的,不公道的价格构成不公正的国际经济秩序。应该指出,能够指出并分析发展中国家的贸易条件是不利的,这表明刘易斯是一位诚实的经济学家。

由此刘易斯提出这样的主张:“热带国家无法通过提高出口商品的生产率来回避这些不利的贸易条件,因为这样做只不过降低这些商品的价格”;也就是使其初级产品提高劳动生产率的收益,以降低产品价格的形式转入发达国家手中。“只有提高热带国家的共同商品,即国内粮食的生产率才能改善生产要素的贸易条件”。[2]这就是说,为了改善贸易条件,发展中国家一般地实现工业化和现代化,是不够的,要特殊地实现粮食生产的工业化和现代化,才能达到这个目的。这种主张是新颖的,具有独创性。

---

[1] 《国际经济秩序的演变》,第10—11页。
[2] 同上书,第11页。

我经过仔细考虑,觉得刘易斯理论中有些问题还要研究。首先一个问题是:国家间的利润率是不是均等的。我们知道,斯密、李嘉图和马克思所处的历史条件,国家间的利润率是不均等的,他们分别对其原因作了解释,并由此展开他们的相应的理论。资本主义进入垄断阶段后,宗主国和殖民地之间的利润率也是不等的,这是某些经济学家据以分析资本输出的历史条件。至于殖民地占有国家和殖民地国家之间(即殖民帝国内部)的利润率是不是均等的,这是一个有待研究的问题,因为后者丧失主权,前者的资本可以不受法律限制流入后者,从这方面看,两国之间的均等利润率似乎可以产生;但是,随着垄断资本主义的产生,垄断资本主义的宗主国要向国外殖民地攫取垄断利润,这对殖民帝国内部平均利润率的形成有何影响,情况到底如何,应进一步研究。刘易斯论述的特别是第二次世界大战后的情况,其特点是原来的殖民地国家大多数成为民族独立国家,具有国家主权,有权力以法律限制外国资本的流入和流入后的活动,由于这样,我个人认为这两种国家之间的利润率不可能无条件是均衡的。

与此相关的问题是,如果这两种国家之间的利润率是均等的,我们以前分析的发达国家以其资本有机构成高的工业制成品,交换落后国家的资本有机构成低的初级产品和农产品,其内容是小量劳动和大量劳动相交换的原理,是否仍然适用? 我认为仍然适用。因为这就等于在一国之内利润是均等的,以生产价格高于价值的工业制成品,交换生产价格低于价值的初级产品和价格最高才等于价值的农产品,其内容是小量劳动交换大量劳动一样。所不同的只是,在一国之内,投下劳动和实现价值两者相等;在两种国家之间,各自投下的劳动和实现的价值不等:有的多得价值,有的少得价值。

其次一个问题是:工资是不是由粮食的生产率决定。刘易斯在肯定这个问题时,将这一点和其双元经济结构理论联系起来。这个理论是指:在落后国家存在两种经济部门,一个是资本主义的工业部门,其劳动生产率很高,另一个是传统的农业部门,其劳动生产率很低,并且存在着隐蔽性的失业,即这些劳动者的边际生产率等于零。由于存在着这种隐蔽性的失业者,劳动的供给就是无限的,不因供求关系影响工资水平。这样,由于工业部门生产率较高,其工资高于农业部门,隐蔽失业者向工业部门转移,并不影响两个部门的工资水平。待其消灭后,农业部门劳动者向工资高的工业部门转移的过程,就是其工资水平提高的过程。与此相应,资本主义工业的发展使农业革命也随着进行,传统农业发展为现代农业。粮食生产率提高,使农业工人和制造业工人的工资水平都提高。有的经济学家认为,刘易斯的双元经济结构理论是以古典派的发展理论为基础的。

我们就根据这理论提出两个问题。第一,传统农业中的工资是不是由粮食的平均生产率决定。如果这农业的经营者是自己占有土地的个体农民,产品中扣除消耗的生产资料外,余下的可以视为其工资,虽然这时的工资是包括了利润的。但是,租地耕种的个体农民就不是这样,因为他要缴纳地租。问题不在级差地租,而在绝对地租,即与土地投资的生产率无关,只与土地私有权有关的地租。这样,上述那部分"工资"就要扣除绝对地租之后,才成为工资。由于这样,不揭示地租规律,单纯根据粮食生产率是无法说明工资的。这个问题的存在,刘易斯多少是感觉到的。他说:"古典经济学家通常认为工资取决于维持生活消费的需要,而且,有时这可能是正确的答案。但是,在大多数人是耕种自己土地的农民经济里,我们有一种更加客观的标准,因为可以得到劳动的最低工资,现在是根据农民的平均产品决定的"。但是,"如果农民要交地租,这个客观标准就又不存在了,因为他们的纯收入将要取决于他们所必须交纳的地租量,而在人口过剩的国家里,地租可能要调整到使得农民的收入仅够维持传统的生活水平"。[1]这样说来,至少在发展中国家,工资不是由粮食生产率,而是由传统的生活需要决定。在这种条件下,提高粮食生产率就不能改善贸易条件,而只能提高地租。

第二,随着隐蔽的失业者亦即过剩人口的消灭,双元经济结构变为一元的现代的工农业,资本主义的农业在提高农业劳动生产率的同时,又要求取得利润。在这条件下,按照刘易斯的理论,工资再也不可能像存在着过剩人口时那

[1] 《劳动无限供给条件下的经济发展》,《现代国外经济学论文选》第8辑,商务印书馆1984年版,第56—57页。

样由维持生活的需要来决定，而单纯由粮食的生产率决定。这样一来，除了前述的不能说明地租外，现在又不能说明利润。如果认为利润是从流通中产生的，那么竞争就只能说明其均等化，而不能说明其高度。

此外还存在一些问题，这里就不一一列举了。

关于工资的决定，我始终认为马克思的说明是正确的。

关于改善贸易条件，根据马克思的分析，首先要改变外贸结构，即出口生产价格高于价值的；其次，在这一基础上还要极力提高出口商品的劳动生产率，使其个别生产价格低于社会生产价格：这两者都要求实现工业化和现代化。

附带说一下，刘易斯是1979年诺贝尔经济学奖的获得者，他的新颖的见解引起我极大的兴趣，他的诚实的态度使我十分崇敬。但是，我仍然要指出，他虽然使用资本主义及与此相关的范畴，可是他的研究是脱离特定的资本主义的生产关系的。

那么，提高农业或粮食的劳动生产率，在资本主义生产关系中，有何意义呢？首先，农业中的剩余生产物制约资本主义社会的非农业人口，包括工业劳动者，这一点刘易斯是看到的，他说工业规模的大小是农业劳动生产率的函数、工业革命以农业革命为前提或要求农业革命同时进行，说的就是这个意思。但是，这一理论的思想渊源是18世纪的经济学家詹姆斯·斯图亚特，也就是“自由的手”的理论。马克思和列宁都有相应的论述。[1]

其次，刘易斯没有看到的是，它能增加全体资本家的相对剩余价值。马克思明确指出，一定高度的农业或粮食的劳动生产率，是剩余价值的自然基础。这是因为，如果农业劳动者全部生产物仅够自己消费，就不可能有资本主义生产，当然也不可能有资本主义工业。如果在这个自然基础上，使生产率再提高一步，那么，剩余价值就能增加，这就是相对剩余价值。在这种条件下，如果各国平均利润率不等，它就提高该国的平均利润率；如果各国平均利润率均等，它就提高各国的平均利润率。

[1] 参见《马克思恩格斯全集》，26卷Ⅰ第2章“重农主义者”；《列宁全集》，第3卷，第一章“工业人口增加农业人口减少”。

我特别感兴趣的是，不论是该国还是各国的平均利润率提高了，对发达国家的工业制品和落后国家的初级产品的生产价格变动，有何影响？我的看法是：前者原来已是生产价格高于价值，现在则更为严重；后者原来已是生产价格低于价值，现在也更为严重。[1]这就是，这样一来，贸易条件更不利于落后国家。因此，不管刘易斯的主观愿望如何，其理论是不利于落后国家的。

经过这样的分析，我们就可以看到，尽管刘易斯的主观愿望是要建立一个由公道的价格构成的国际经济秩序，并认为不公道的价格是由于同工不同酬，而要提高劳动报酬，对发展中国家来说，就是提高粮食的生产率，尽管这种愿望是很好的，但是他的主张导致的结果却是不利于发展中国家的。至于同工同酬，我认为在资本主义条件下是不可能的，因为工资根本不是劳动的报酬，而是劳动力价值或价格的转化形式，劳动力价值取决于劳动者所必需的生活资料的价值和教育费用，历史和道德因素在其中也起作用。

二、巴兰的殖民地理论

保罗·巴兰于1957年出版其重要著作《成长的政治经济学》。该书试图以马克思主义的经济理论来解释发达国家和不发达国家（两者都不包括社会主义国家）的产生，以及它们之间的剥削和被剥削关系。他在解释中提出一系列新的观点。这些观点他尚未深入展开，而被后来一些经济学家所发展。从这个角度看，他在第二次世界大战后产生的激进派经济学中所居的地位是很重要的。1966年他和保罗·斯维齐（和前面论及的哈里·马格多夫同为《每月评论》主编）合著的《垄断资本》出版。该书是斯维齐的《资本主义发展理论》（1942年）和巴兰的《成长的政治经济学》的直接继续；同时又是他们对其以前著作的补充。我们就从这一角度述评巴兰的理论。

巴兰用以建立其理论体系的重要经济范畴是经济剩余。他在《成长的政治

[1] 参见《资本论》，第3卷，第225—226页。

经济学》中就提出这一范畴。在《垄断资本》中它被定义为:“一个社会所生产的产品与生产它的成本之间的差额”。它的意义在于:“剩余的大小是生产能力和财富的指标,是一个社会享有多大自由来完成它给自己树立的任何目标的指标。剩余的组成部分表明一个社会是怎样利用那种自由的:它在扩大它的生产能量上投资多少,它以各种形式消费多少,它浪费多少,是怎样浪费的”。[1]这就是说,经济剩余相当于重农学派的纯产品、古典学派的纯收入、马克思的资本主义条件下的剩余价值。

有的经济学家对巴兰提出的经济剩余这一范畴持否定态度,认为它放弃和背离了马克思列宁主义的基本理论阵地。在我看来,这是不公正的,是出于某种误解。在解释为什么提出这一范畴时,巴兰和斯维齐指出:“在一个高度发达的垄断资本主义社会,剩余采取多种形式和伪装”,在他们看来,除了利润、利息和地租这些具体的财产收入构成剩余(即马克思的剩余价值)外,还有分配中的浪费即企业开支的纯粹流通费用,包括了广告公司的费用;金融、保险、房产业和律师事务所的费用;政府吸收的剩余即政府的各种开支;由于这样,他们就“采用‘剩余’这个概念,而不采用传统的马克思主义的‘剩余价值’,因为后者在大多数熟悉马克思主义经济理论的人们的心目中,或许等于利润+利息+地租的总和。诚然,马克思在《资本论》和《剩余价值学说史》的一些分散各处的段落中,表明了剩余价值也包含其他的项目,例如国家和教会的收入,商品转变为货币时的支出(即纯粹流通费用——引者),非生产性工人的工资。但是,一般说来,他们把这些看作是次要的因素,并将其排除在他的基本理论图式之外”。他们特别强调,“在垄断资本主义制度下,这种程序不再是恰当的了;我们希望,术语的更换,将有助于实现理论见解的必要转变”。[2]在垄断资本主义制度下,这种程序所以不再是恰当的,他们没有明确地说,但暗含着的思想是有的,这就是现代大规模的企业即垄断企业,有必要取得最大限度利润即垄断利润,[3]而垄

[1][2]《垄断资本》,商务印书馆1977年版,第14—15页。
[3] 同上书,第30、32页;我在1957年的《论资本主义基本经济规律》(上海人民出版社出版)作了同样的论证,见该书第36页。

断利润的来源或实体不仅仅是剩余价值,即除剩余价值外,还包括非资本主义经济生产的部分价值。[1]这一点,在他们关于被垄断资本剥削的领域就构成一个“帝国”的论述中,看得很清楚。

进一步的问题是,经济剩余是怎样使用的。他们认为,在垄断资本主义条件下,剩余的量非常巨大,资产阶级用于个人消费的部分在其中占的比重下降,也就是说,他们接受最初由霍布森提出来,其后为凯恩斯发展的消费倾向递减的理论。余下的剩余,在垄断的条件下,用于投资的部分也相对减少。这样一来,为了再生产能够实现,最后余下的剩余便用于实现商品价值所需的纯粹流通费用,政府的民用支出,军国主义和帝国主义的支出;后者就构成他们的帝国主义和殖民地理论。

他们说,“资本主义从它在中世纪的最初萌芽时候起,从来就是一种国际制度。而且它从来就是一种等级制度,顶峰有一个或几个领导的宗主国,底层有居于完全从属地位的殖民地,中间有许多层的上级和从属关系”;而“构成资本主义制度的各个国家的等级关系的特点是:有一整套复杂的剥削关系。处于顶峰的国家在不同程度上剥削所有处于下层的国家,直至我们达到最底一层再没有可供剥削的国家为止。同时,处在一定级别的每个单位,又力图成为在它下面为数尽可能多的单位的唯一剥削者。这样,我们就有了一个对抗关系网,其中剥削者和被剥削者对抗,互相竞争的剥削者又彼此对抗。丢开法律范畴不讲,我们可以称处于等级制度顶峰或接近顶峰的单位为‘宗主国’,称处于底层或接近底层的单位为‘殖民地’。某一宗主国剥削的领域就是它的‘帝国’,竞争者被或多或少有效地排除在外。处在中间阶层的有些国家可能被并入一个帝国之内,有的偶尔甚至还带着它自己的一个帝国一道(例如,葡萄牙和葡萄牙帝国是较大的两个附属单位)”。[2]

从上述分析可以看出,巴兰等人的经济剩余吸收或实现理论,从方法论方面看,同卢森堡的剩余价值实现理论相似:他们都认为资本主义是一种世界体

---

[1] 参见米克:《劳动价值学说的研究》,商务印书馆1962年版,第324页,上述拙作第38页。
[2] 《垄断资本》,第168—169页。

系或国际制度，虽然卢森堡是从剩余价值的实现来论证这一点，而巴兰等人则含糊地从经济剩余赖以吸收的军国主义和帝国主义来论证这一点，他们都认为军国主义和帝国主义是实现剩余价值或经济剩余的方式。因此，我们对卢森堡的批评也适用于对巴兰等人的批评。

现在要进一步说明，在巴兰看来，宗主国和殖民地，或发达国家和不发达国家是怎样形成的？

巴兰认为，在欧洲实行殖民主义以前，世界上“到处都存在一种生产方式和社会政治秩序，可以简称为封建主义”，各地区尽管存在着差别，但是这种秩序“发展到某一阶段，就进入瓦解和腐朽的过程”，[1]这就产生了资本主义发展的可能性。他这种看法是不全面的，因为西欧的情况是这样，东方如印度和中国的情况不是这样。在这里，他忽视东方在社会发展上落后于西欧的事实，当然也谈不上探究其原因了。

巴兰提出产生资本主义的三个条件：农业生产的发展和农民脱离土地；社会分工和商品生产的发展；商人和富裕农民积累的资本。他认为前两个条件是到处都存在的，因而第三个条件就具有决定性的意义。他认为，在欧洲，商业资本的发展是欧洲扩张的基础，也是欧洲资本从其他国家吸取剩余的基础。在这里，巴兰显然没有深究这个问题：中国农民之脱离土地始自秦汉时代，当时也有社会分工和商品生产，但商人积累起来的资本，并没有发展为资本主义意义上的资本，却用于充当高利贷资本以取得利息和购买土地以取得地租，因为这时的地租率由高利贷的利率来调节，远远高于经营任何工业的利润率。只要地租率高于产业利润率，任何积累起来的货币都不会转化为产业资本——巴兰没有研究这一制约资本主义产生的问题，在西欧和在东方有何不同。

就这样，巴兰认为，其出发点原来接近于平等的世界经济，由于剩余的重新分配，就区分为富国和贫国。这就是说，他把资本主义的发展看成是在一个地区牺牲另一个地区的条件下进行的。

[1]《成长的政治经济学》，1973年纽约英文版，第268页。

巴兰认为，经济剩余的使用，在发达资本主义的竞争条件下和垄断条件下，有不同的内容和作用。自由竞争的资本主义，将工人的消费压到最低水平，鼓励资本家节俭，减少非生产性开支，剩余绝大部分转化为投资，因为竞争起了这样的作用。垄断的资本主义，一方面经济剩余增大，另一方面垄断使竞争减少（这是希法亭的观点），投资减少，而消费倾向又在递减，于是剩余的大部分便要用作前面提到的纯粹流通费用的支出、政府民用的支出、军国主义和帝国主义的支出。

这里特别谈一谈巴兰对帝国主义的理解。他广泛地使用这个概念，指的是扩张主义的一项政策和思想意识，而不是一个历史发展阶段，它不一定意味着外部的领土扩张政策，而且包括为了增加一个国家的公民和遍布全世界的巨型企业的利益所签署的政令，它不一定包含帝国主义的冲突。换句话说，他对帝国主义的理解，倾向于写作《世界经济和帝国主义》时的布哈林，而不倾向于列宁。

在巴兰看来，这些遍布世界的巨型企业需要本国政府支持其国外活动，也得到后者通过军事、经济、外交等形式对"东道"国政府施加压力所给予的支持。这样做，就需要在军事设施、经济援助、技术援助等方面耗费大量开支。帝国主义的真正意义，就在于以这种形式使用经济剩余。

巴兰的这种看法很值得注意。他强调的不仅是实行帝国主义经济活动的本身，不仅是从对外贸易和对外投资本身所能得到的收入和就业的增长，而且是从经济剩余的使用采取军事设施一类的帝国主义形式所能得到的收入和就业的增长。他认为后者远远地超过前者。正是从这里出发，他认为实行帝国主义政策，不仅有利于从事与此有关的经济活动，如从事对外贸易和对外投资的人，而且更有利于该国的劳动者，因为它能增加收入和就业。

从巴兰对不发达国家的论述中，可以看出他对殖民地问题的一般看法。

巴兰认为，自从世界划分为发达国家和不发达国家，并且两者发生经济联系后，不发达国家的社会经济基本要素就是：一个巨大而十分落后、以存在着小规模的农民生产和寄生的地主阶级为特点的农业部门；一个规模小而比较先进的、部分为外商所有、为狭小的国内市场进行生产的工业部门;一定数量的外国所有的出口初级产品的企业,以及一个巨大的贸易部门,既包括渗透到边远农村地区的小商贩,也包括控制对外贸易与外国资本有密切联系的大商人。

巴兰从不发达国家的经济剩余问题开始进行研究。他认为这些国家的经济之所以落后,是由于缺乏生产性的投资。首先,剩余被转移到发达国家,缺乏投资来源;其次,没有转移的那部分剩余,由于投资刺激太少,也不会用于投资。

剩余如何被转移到发达国家,巴兰对这个问题的研究并不深入。

没有转移的那部分剩余也不会用于投资。巴兰的解释如下:就农业部门而言,在维持生存的农民耕作占优势的地方,由于生产规模小,生产方法落后,生产率极其低下,但是,一大部分产品却成为地租。由于剩余已被取去,农民无法投资,生产规模过小,不可能机械化,也限制投资。地主也不投资,因为无法保证能从更多的地租中得到补偿,他们得到的剩余,除用于个人消费外,或用于购买土地,或用于放债。在这里他提出了一个很重要的问题:地租率的高低会制约现代资本的产生,可惜他没有说明发达国家在历史上是怎样解决这一问题的。不发达国家也存在少数大农业生产,这里的雇佣劳动很便宜,而机器却比较昂贵,所以从大生产来看,它可以使用机器,即要求投资,但从工资便宜来看,它排除使用机器,妨碍投资。

工业部门也缺乏投资刺激。因为来自国外的竞争妨碍了初生工业的发展,市场的狭窄也是这样,发展迅速的那部分工业形成了垄断,这也妨碍它进一步发展。

总起来说,巴兰认为,由于发达国家向不发达国家吸吮经济剩余,后者的发展就不同于前者在历史上曾经走过的历程。这一点暗含着不同意马克思的这一论断:工业较发达的国家向工业较不发达国家所显示的,只是后者未来的景象。[1]

---

[1] 巴兰和斯维齐在《垄断资本》中说:马克思这段话“是否把先进资本主义强国附属的不发达的殖民地和半殖民地也包括在工业较不发达的国家之内,似乎是值得怀疑的。”(见该书第17页脚注①)

三、普雷比什的殖民地理论

发展中国家的经济学家研究这些国家发展问题的第一个学派是在拉丁美洲创立的。它是在联合国拉丁美洲经济委员会的关注下建立的。领导这个学派的是阿根廷经济学家普雷比什。他提出的“外围经济”理论后来在墨西哥、巴西、乌拉圭、智利以及许多亚非国家经济学家的著作中得到发展。

普雷比什50年代初主持联合国会拉丁美洲经济委员会的工作。当时拉丁美洲的知识分子正在争论拉美社会贫困和不发达的原因。普雷比什明确指出：西方的资产阶级经济理论不能解决这个问题；他说：“已发表的有关拉丁美洲国家经济的学术著作往往反映世界经济大中心的观点或经验，这并不奇怪。不能期望从这些学术著作中得到直接涉及拉丁美洲问题的解决方法”。[1]他反对那些认为发达国家和发展中国家之间的关系是互利的和相互依存的理论，针锋相对地提出“中心”剥削“外围”的理论，并在这一基础上提出著名的“普雷比什命题”。

普雷比什所指的“中心”，是在国际经济体系中占统治地位的发达国家，“外围”是发展中国家。他说：“从整体上说，中心组织了这个体系，使之为自己的利益服务。而原料生产和输出国以其自然资源同中心发生联系，构成了广阔而复杂的外围，以各自不同的方式和广度加入到这个体系中来”。[2]中心—外围体系固有的活动方式，使中心得以恶化贸易条件大量吮吸外围的收入。

普雷比什和联合国拉丁美洲经济委员会的其他经济学家认为，造成中心与外围的不平等的经济关系的主要因素有：

(1) 中心和外围的劳动生产率增长不平衡。中心国家的劳动生产率增长较快，因此，加工工业的生产费用减少得较快。但是，“由于工业国家在工会的压力下保持着高水平的工资，并且组织工业生产的方式是卖主寡头保持高利润

[1] 《拉丁美洲的经济发展及其主要问题》，1950年纽约英文版，第12页。
[2] 《我的发展思想的五个阶段》，载《世界经济译丛》1983年第11期。

率,这些商品的价格并未按照劳动生产率的增长比例下降”。[1]

(2) 两种类型国家的不同产品,同劳动生产率提高的关系不同,致使在劳动生产率提高的条件下,工业制品价格不变或上升,初级产品价格下跌。这是因为从一个产品看,劳动生产率提高,意味着使用较多的工具(物化劳动)以节省更多的活劳动,而使用的初级产品如原料,则不变或减少。由于这种需求关系不同,两者价格变化就不同。

(3) 根据上述,随着生产发展,中心国从外围国进口原料等初级产品,其增长必然慢于外围国从中心国进口工具等工业制品。

这样,一方面,贸易条件越来越不利于外围国家,即从每次交换看,中心国向外围国吸吮的收入增大,不平等关系加深;另一方面,中心国向外围国出口的增长,快于从外围国入口的增长,再加上不平等关系的加深,从交换总体看,外围国将发生贸易逆差,如无其他外汇收入,将要成为债务国,要向中心国支付利息。

以上就是普雷比什命题的主要内容。由此他认为以原料价格下跌为特征的不平等贸易,正在使美国和其他工业化国家发财,而使拉丁美洲日益贫困。他认为,这种状况不完全是由拉美国家的内部结构决定的,而主要是由国际关系的结构,即中心—外围体系的结构决定的。

以普雷比什为代表的拉丁美洲经济学家根据这种情况,提出可能有助于改变中心—外围体系关系的两种办法。第一种是,通过由国家调节的工业化,改变发展中国家的经济结构;第二种是,改变国际市场的机制。

从上述可以看出,普雷比什关于在中心—外围体系中,中心如何攫取外围的收入,即关于不平等贸易的论述,思想是深刻的,但论证并不严密。最重要的是,第一,他认为贸易条件越来越不利于外围国,是由于工会要保持高工资和卖主寡头要保持高利润,致使劳动生产率虽提高,而工业制成品价格却不下降。这意味着已有垄断价格在其中起作用,这以垄断形成为条件。因此,不能解释

[1]《联合国拉丁美洲经济委员会杂志》1977 年第 4 期,第 12 页。

自由竞争时期的不平等交换。第二,他认为产品的特性不同,其价格变动也不同,对出口初级产品的国家十分不利。这不能说明同样出口初级产品,澳大利亚(出口羊毛)为什么比印度(出口农产品)富得多。这预示着他的继承者要提出新的理论。[1]

普雷比什还从资本输出方面分析中心对外围的扩张。这特别涉及跨国公司问题。他指出跨国公司作用的两重性。一方面有创新的能力和高度的生产组织性,在技术和经济领域利用最有智慧的人;另一方面,对东道国采取粗暴的政治干涉方法。

最重要的是,他认为在外围,跨国公司的直接利益与社会利益是矛盾的。他特别指出,跨国公司对拉丁美洲社会"上层"进行投资,并没有在应有的程度上促进这些国家的资本积累。他说:"外国私人资本同外债一样,无疑能成为积累和技术转让的一个重要因素。但消费社会在外围有它的特点。这些金融投资通常分到各高级阶层"。[2]这是什么意思呢?这就是说,跨国公司在外围宣传中心的消费标准,给予某些有关的高级阶层以高收入以便推广这种标准,就地生产西方消费品借以改变外围的消费习惯,也就是仿效西方的消费。这样,跨国公司的经营本身,以及由它培养的落后国家的高消费,妨碍外围资本积累的形成,使其无法实现自身的工业化和现代化。他尖锐地说:"中心的消费标准的扩散直接损害了资本积累过程。我郑重声明,消费社会与根除消费不足的社会,目标是不相容的"。[3]我认为,这是一位诚实和正直的发展中国家经济学家的呼吁。

我特别借用刘易斯的类似论述,再谈一下这个十分重要的问题。刘易斯谈论发展中国家工业化的阻碍因素时指出,其中一个因素是:发展中国家人民增加了对外国商品的需求,他们懂得宁可吃小麦而不愿吃甘薯,宁可用水泥而不用当地的建筑材料。在19世纪时,从英国进口而使生产招致破坏的产品大部

[1] 前面提到,刘易斯提出由农业劳动生产率不同,决定的工资不同,再加上国际上存在统一利润率,来说明贸易比价的有利和不利问题。他不是激进派经济学家。

[2] 《拉丁美洲》1977年第6期,第47—48页。

[3] 《联合国拉丁美洲经济委员会杂志》1976年第4期,第10页。

分是纺织品和铁制品，这些产品和替代它们的进口产品没有什么根本的不同，只是消费者的偏好有一些不同，但是成本上的差别很大。“及至 20 世纪后，形势朝不同的方向发展，名牌产品在许多消费者市场上确立了自己的地位，即使是成本和质量都相同的国内产品，也都难以把它们从市场排挤出去”。[1]这里说的是从国外进口的，关税理应可以发挥一点保护国内市场的作用。而普雷比什论述的是跨国公司就地生产的，关税是无能为力的。

普雷比什还研究了中心向外围转让技术的问题。他对跨国公司的技术政策的评价包括两个方面。一方面认为，来自中心的技术渗透在外围的生产发展中起主导作用；另一方面则指出，这虽然保证了劳动生产率的提高，但又把很大部分的国民收入转到国外，他还指出，利用外国技术的主要消极结果是，在国民收入的分配上有利于“高级阶层”，加强了“仿造的”消费社会的缺点。

最后，普雷比什指出，跨国公司的活动无助于增加东道国工业品的出口，因为在生产和工业品贸易方面，跨国公司以对它们最有利的方式行事，其中包括跨国公司为了销售它们国外分公司制造的工业品，在有限的范围内利用世界工业中心的广阔销售市场。他认为，消费社会在国际化，而生产的国际化，对外围来说，正遇到严重的障碍，中心国家对外围国家出口的商品建立关税壁垒便属于这种障碍。

四、伊曼纽尔的殖民地理论

希腊经济学家伊曼纽尔在其《不平等的交换》中，运用马克思的价值转化为生产价格的理论，以及生产价格在绝大多数情况下和价值有偏离的理论，来解释在商品交换中发达国家如何剥削落后国家的问题。他的理论不涉及垄断经济的形成，因而可以视为适用于发达国家和落后国家之间的一般商品交换。

---

[1]《国际经济秩序的演变》，第 16 页。

伊曼纽尔认为,发达国家和落后国家交换商品,后者的部分剩余价值会转移到前者。其根本原因,是前者的工资高,后者的工资低;其机制是生产价格和价值偏离。这就是说,在资本能在各国自由流动的条件下,各国统一的、平均的利润率,使前者的商品的生产价格高于价值,后者的商品的生产价格低于价值。按生产价格交换,后者部分剩余价值便被前者攫取。这被称为不平等交换理论。他将不平等交换分为广义的和狭义的两种。

现将广义的不平等交换表解如下:

国家类别	所用不变资本	所费不变资本	可变资本	剩余价值	价值	生产成本	利润率	利润	生产价格
发达国家	180	50	60	60	170	110	0.333	80	190
落后国家	60	50	60	60	170	110	0.333	40	150
两　　国	240	100	120	120	340	220		120	340

这就是说,发达国家资本有机构成比落后国家高:180∶60大于60∶60;但两者工资相等,即都是60;剩余价值也相等,都是60;尽管两者所用不变资本不等,一为180,一为60,但所费的不变资本相等,都是50(其所以发生这种情况,是由于发达国家使用的固定资本远比落后国家多,但两者的折旧部分和其他不变资本如原料的耗费合起来相等);因此,两者的产品价值相等,都是170;两者的剩余价值总额为120,除以两者资本总额360(两者所用不变资本240和两者可变资本120之和),得出平均利润0.333;按所费不变资本和可变资本之和计算的生产成本,两者相同,都是110;但按所用不变资本和可变资本之和分配到的利润,两者不同,一为80,一为40,因此,由生产成本和利润构成的生产价格,两者不同,一为190,一为150,都分别与其价值不同;发达国家资本有机构成高,其商品的生产价格高于价值(190>170),落后国家的资本有机构成低,其商品的生产价格低于价值(150<170),两种商品交换,生产价格相等时,价值就不等。这是广义的不平等交换。

现将狭义的不平等交换表解如下:

国家类别	所用不变资本	所费不变资本	可变资本	剩余价值	价值	生产成本	利润率	利润	生产价格
发达国家	140	50	100	20	170	150	0.333	80	230
落后国家	100	50	20	100	170	70	0.333	40	110
两　　国	240	100	120	120	340	220		120	240

所用概念和计算方法,和前表相同,不必再说,要说的是内容上的不同。在前表,两国可变资本和剩余价值,都分别相等;在后表,两国可变资本和剩余价值,都分别不等;但可变资本和剩余价值之和,即工人创造的新价值,两国相等,都是120。这就是说,两国的工人有同样的劳动生产率,在相同的时间内创造出同量的价值(120),但对这价值的分配,即可变资本和剩余价值在其中占的份额,两表不同。在前表,两国完全相同,即两国工资相等,剩余价值也相等;在本表,两国完全不同,即发达国家工资高,剩余价值低,落后国家工资低,剩余价值高,尽管两国分别的工资(即可变资本)和剩余价值之和相等。在这条件下,两国交换商品,生产价格相等时,价值就不等。这是狭义的不平等交换。

伊曼纽尔认为,这两种不平等交换,虽然都有剩余价值的国际转移,但两者有质的区别,只有由工资水平的差别而产生的剩余价值的国际转移,才是真正的不平等交换,亦即上述的狭义的不平等交换。他认为,这是因为广义的不平等交换,也可以发生在国内,这只要将两国看成是两种生产部门,就有这种现象发生。在这里,他没有看到,一国之内,得失相抵,投下的劳动和实现的价值相等;国家之间,就不是这样。他认为,狭义的不平等交换,是由工资差别引起的,这种差别又是由历史上和制度上的因素造成的,只要劳动力在国家之间不能自由流动,这种差别,及其不平等交换,就不能消除。

伊曼纽尔的第二个表,有一项内容表面看来是不合理的,这就是落后国家与发达国家相比,资本有机构成更高(100c/100c＋20v＞140c/140c＋100v),从而使剩余价值率更高(100m÷20v＞20m÷100v)。但仔细分析一下就可以看出,他的真正意思是:落后国家有些生产部门,如外资经营的石油业,其技术构成,即劳动生产率和发达国家一样,等量的劳动创造的价值相同,但落后国家的劳动力价值远远低于发达国家的，即两国同量劳动创造的价值都是120，它分解为可变资本和剩余价值，在落后国家是20和100，在发达国家是100和20。由于同量劳动力在两国表现为不同的可变资本，其结果就取得落后国家的资本有机构成反而比发达国家更高的不合理表现。伊曼纽尔说："外围国家的人民能够利用现代化的生产工具，而远远没有要求现代化的享受"，[1]说的就是这个意思。我认为这可以启发我们进一步思考一些问题。

但是，如果我这种解释是正确的，那么，伊曼纽尔的第二个图表便是有缺陷的，那就是虽然所费不变资本两国相同，但所用不变资本两国都不相同。如上所述，外资在落后国家经营的石油业，所用不变资本应同发达国家的相同。如果我们将第二表的所用不变资本都改为120，即两国总和仍为240，也能得出相同的结论。

这可以表解如下：

国家类别	所用不变资本	所费不变资本	可变资本	剩余价值	价值	生产成本	利润率	利润	生产价格
发达国家	120	50	100	20	170	150	0.333	73.26	223.26
落后国家	120	50	20	100	170	70	0.333	46.62	116.62
两　　国	240	100	120	120	340	220		120	340

这样我们可以看出，两国所用和所费资本相同，同量劳动创造的价值相同，但由它分割为可变资本和剩余价值不同，结果生产价格在发达国家高于价值，在落后国家则低于价值。两者交换，生产价格相等，价值不等。

以上我们举石油业为例，是为了说明道理，并不是说，两国的石油产品交换。我们的目的，是就伊曼纽尔的图表所包含的意义，作些说明，并提出修正的意见。根据这些方法论，再加上垄断价格理论，就可以说明许多现实问题。

综上所述，我们可以看到，伊曼纽尔和刘易斯关于发达国家和落后国家或发展中国家之间的商品交换问题，有相同的看法，那就是各国利润率均等，两国

[1]《现代化的问题》1963年第2期。

工资不等,因此贸易条件不利于落后国家。但是,他们又有根本的差别:伊曼纽尔从劳动价值理论出发,认为价值分解为可变资本和剩余价值,因此,不仅能说明平均利润率的形成,而且能说明其高度;刘易斯离开劳动价值理论,就只能从流通说明利润的产生,这样虽然可以从竞争说明平均利润率的形成,但不能说明其高度。

我曾根据马克思的价值转化为生产价格、生产价格在大多数条件下不等于价值的理论,说明发达国家和落后国家交换商品的关系,是前者以小量劳动交换后者的大量劳动,理由和伊曼纽尔不相同。这一点,留在下面谈。

第十六章　世界体系和世界规模中的剥削
——激进派经济学家的殖民地理论(续)

一、概　　述

以上关于发达国家对落后国家的剥削的分析,涉及两个相互联系的问题:一个是剥削的机制,尤其是其中的商品交换产生的剥削机制的分析,在伊曼纽尔那里,已形成一个理论体系,其中的不完善处还有待于发展;另一个是剥削和被剥削的双方,是怎样连结起来的,换言之,宗主国和殖民地曾经是或一直是怎样连结起来的。关于这个问题,前面已经述评过这样几种理论:马格多夫的资本主义是一种世界体系的理论;这个体系从一诞生就存在着对外贸易和资本输出,并且包含着剥削和被剥削关系;巴兰和斯维齐的资本主义是一种国际制度的理论;这个制度同时也是一种等级制度,各等级之间存在着剥削和被剥削关系,处于顶峰的是宗主国,处于底层的是殖民地,宗主国剥削的领域就是它的帝国;普雷比什的世界资本主义是由“中心—外围”组成的国际经济体系理论;中心恶化外围的贸易条件,以剥削外围。如果撇开这些理论中关于剥削机制的分析不谈,对于资本主义或世界资本主义是一种世界体系、国际制度和国际经济体系的论述,有一点相同的,那就是将发达国家和落后国家,或宗主国和殖民地之间的连结事实,记录下来,但不曾对其中的原因和规律予以分析。于是,自由竞争的垄断统治的资本主义,同样都是世界体系和国际制度;从这个角度看,人们无法区别这两者有什么差别。在这个问题上,巴兰和斯维齐与其他人相比,可以说有一点不同。因为在他们看来,经济剩余的攫取在垄断条件下特别大,在这一条件下它的实现特别难,于是才需要实行军国主义和帝国主义政策。这样说来,资本主义这个国际制度是有历史性的。但是,他们又认为,资本主义从一诞生就是一种国际制度。这表明,他们的理论分析说到底还是被事实所俘虏。

卢森堡也认为资本主义是一种世界体系。但她的方法有所不同。我们记得,她不是将资本主义经济和前资本主义经济连结在一起的事实记录下来,就认为它是一种世界体系;而是努力揭示这种连结的规律,这就是资本主义生产的剩余价值不能由它本身来实现,而要由前资本主义经济,主要是个体经济来实现,这就是说,资本主义的再生产规律使它必然和前资本主义经济连结在一起,资本主义经济形态是不能独立存在的。这就是她所理解的资本主义是一种世界体系。这从理论上看是错误的,因为资本主义的再生产,不需要前资本主义经济也能实现。但这从方法论上看,却启发人们思考问题,使人们去研究哪一种经济形态是不能独立存在的,即哪一种经济形态是一种世界体系。可惜的是,她没有用同样的方法,即从资本主义再生产的实现的角度去研究殖民地。根据她的理论,资本主义再生产的实现所必需的前资本主义经济,虽有国外的和国内的两种,但其作用是一样的,政治疆界在这里没有什么意义。正是从这里出发,她正确地区分了资本主义外部市场和内部市场:资本主义内部的交换,英国资本主义工业和德国资本主义工业的交换,是资本主义的内部市场;德国资本主义工业和德国个体农民的交换,是资本主义的外部市场。这样,她就应该用同一的方法,认为凡是为资本主义实现剩余价值的经济成分或社会成分,都是殖民地即经济殖民地,它可以分为国外的和国内的。但是,她不是这样。她不用这种方法,而采用将已有的事实记录下来的方法,认为用政治力量取得的国外前资本主义经济成分,借以实现剩余价值,这才是殖民地。其所以如此,是由于她缺乏经济殖民地的概念,更缺乏国内殖民地的概念,以至完全屈从于在现实生活中已出现的殖民地国家,即政治殖民地这一事实,以为只有它才是殖民地。由于她是从实现剩余价值的角度去说明殖民地的,这就不能说明殖民地是怎样被剥削的。

这一切说明,结合实际,扬弃已有的理论,建立较为科学的帝国主义和殖民地,或发达国家和落后国家之间的关系的理论,是一项重要的工作。

埃及经济学家萨米尔·阿明的世界规模的积累及在世界规模积累中的不平等交换理论,是对激进派经济学已有的有关理论的扬弃。但要说明这一点,就要先说明弗兰克和沃勒斯坦的有关理论。

十多年来,我在已有研究的基础上,也钻研了这个问题。在这里,我也简要地提出个人的看法。

二、弗兰克的殖民地理论

德国的安德烈·冈德·弗兰克在其《资本主义与拉丁美洲的不发达》中明确地写道:"我和保罗·巴兰一样,坚决认为资本主义既是世界性的,也是民族性的,它过去造成了不发达,现在仍然在制造不发达"[1]。这是他考察不发达问题的指导思想。

弗兰克没有为资本主义下一个明确的定义。他实质上认为,资本主义是一个世界范围的交换关系的体系,最重要的特征是垄断和剥削。从这里出发,他还认为通过交换,世界上任何一个受到资本主义制度影响的地方,都可以看作是资本主义。

在弗兰克看来,建立在交换关系基础上的资本主义世界体系,包含着两个相互联系的部分:某些地区的发达和其他地区的不发达。不发达并不是原始状态。他认为,同资本主义未接触的是未开发状态。随着资本主义的发展,现在已经没有未开发状态了。

弗兰克理论体系中最重要的部分是:"不发达的发展"的产生,是由于资本主义世界体系是以中心—卫星的结构为特征的。中心剥削卫星,因此剩余就集

[1] 《资本主义和拉丁美洲的不发达》,1967年纽约英文版,第Ⅺ页。

中于中心。卫星由于断绝了投资基金的来源,发展速度就放慢,就陷于贫困。更为重要的是,卫星沦为依附国,产生了一种特殊的地方统治阶层——游民资产阶级。由于不发达的存在与他们的利益相一致,他们就遵循一种“不发达的政策”。我们着重论述这些问题。

关于中心—卫星这一概念,弗兰克在分析拉美经济的不发达时指出:过去和现在,垄断资本主义结构与剩余的占有或占用引起的矛盾始终贯串于整个智利经济中。随着经济的演变,在结成链条的关系中,资本主义“世界和国家中心”的资本主义就扩展到“地区中心”,并占有“地区中心”的部分剩余,然后又从“地区中心”扩展到“地方中心”,再从“地方中心”扩展到从小农和佃户那里剥削剩余的大地主和大商人,有时甚至扩展到层层受他们剥削的无地劳动者。在这过程中,在链条的每一环上,上层相对少数的资本家对下层的多数人行使垄断权,剥削他们部分或全部剩余,直到上层不再层层剥削,而留下一部分供下层自己使用为止。正是这种关系,导致少数地区经济发达和多数地区不发达。

很明显,这个被称为弗兰克重要贡献的中心—卫星概念,有着巴兰的这种思想:资本主义既是国际制度,又是等级制度,上级剥削下级。

我们来看一看弗兰克对这个问题的分析。前面谈到,弗兰克认为资本主义世界体系是一种交换关系;从这一观点出发,他又认为相对而言,每个中心都处于垄断地位,因为每个中心都有几个卫星,而每个卫星只有一个中心。这样,这个中心无论作为出售者还是作为购买者,它都处于垄断者的地位。在这里,我们看到英国现代资产阶级经济学鼻祖马歇尔关于垄断的定义,即垄断是只有一个供给者的状态对他的影响。中心既然处于垄断地位,它就可以随意决定交换条件,从而攫取卫星的剩余。

这样,就涉及对垄断的理解。人们说,地主垄断土地,资产阶级垄断工厂,但他们分别得到的地租和利润,是来源于生产即劳动,然后按照一定的规律,在分配中据为己有的。这里不存在随意性。从弗兰克的分析中可以看出,他看到的垄断有两种:一种是通常称为商业资本主义时期的商业资本的垄断,它到处欺诈生产者和消费者，攫取利润是不规则的，但这大体上已是历史；一种是现代意义的垄断资本主义的垄断，包括跨国公司的垄断，其垄断利润的来源，在我看来，从垄断利润这个范畴看，虽然是通过交换，从其他经济成分或社会成分中得来，但其来源仍然是劳动，也是有规律可循的。在这两种形式中，利润的攫取都与交换有关，这也许是他将资本主义世界体系错误地看成是交换关系的原因。

经过这样的分析，弗兰克就认为这会导致中心的发达和卫星的不发达。关于中心从卫星攫取的剩余，为什么不能用来发展卫星的经济，他的分析并不深入，而且多半是重复巴兰的看法。不过，他对于不发达的原因，还有一种解释。

弗兰克以依附论和游民阶级论来说明。依附这一概念在他的思想里有两种含义：一种是某些国家的经济是以它们所依附的另一种经济的发展和扩张为条件的，当一些国家能扩张，而其他国家仅仅作为对这种扩张的反映而进行活动时，互相依赖的关系就采取了依附这种形式，这是激进的拉丁经济学家的一般认识；另一种是这种依附国家的统治阶级被束缚在交换关系的链条上，他们的统治地位就依赖于维持这种链条。游民阶级论与后一含义的依附的关系更为密切。

弗兰克认为，不发达国家的统治阶级拥有的地位，取决于他们在中心—卫星这条链条上的位置。因此，维持这链条对他们是有利的。在分析拉美经济问题时，他写道："殖民性的阶级结构，为资产阶级统治阶层很好地确定了明确的阶级利益。资产阶级利用政府内阁和国家的其他机构，为拉美人民和国家制定了经济上……的不发达政策"[1]。

弗兰克这些论述，确实描绘出一个非常值得深入分析的现象。先师王亚南教授在其《中国半封建半殖民地经济形态研究》中，不仅描绘了这一现象，而且揭示其本质。他先用高利贷资本—商业资本—土地资本这三者可以相互转化，而由高利贷的利息率来调节商业利润和土地地租的公式，来概括中国地主封建制的经济关系；然后以此为基础，再分析外国资本主义如何通过这种关系，对中

[1] 《游民资产阶级·游民的发展》，1972年纽约英文版，第13页。

国人民进行资本主义其表、封建主义其里的剥削；并指出："一个社会的半殖民地性格，是由它的落后的封建生产关系引出的，是通过它的各种封建剥削造成的。而一切原始剥削，又是把封建土地制作为其骨干或核心。这就是为什么对土地这一生产条件所付太高封建代价，竟成为破坏其他生产条件(如农具、畜力、劳动力)甚至地力本身的根本症结，诸种原始资本不能流用到农村乃至都市生产事业上去，最先亦是由于购买土地太有'权''利'可图，而整个都市的中外大小权势者的寄生基础，即使是通过了买办商业资本、高利贷资本一类中间剥削榨取环节，最后终归是'斧打凿，凿入木'的要落在土地上"[1]。这里的分析既精辟深入，又生动形象。

三、沃勒斯坦的殖民地理论

美国国际政治经济学家伊曼纽尔·沃勒斯坦提出资本主义是一种世界体系的理论，来解释发达国家对落后国家的剥削问题。他表明，他提出这一理论，是为了综合地解决战后发生的关于社会经济发展问题的三大争论，即联合国拉丁美洲经济委员会提出的中心和外围的关系的理论，这后来发展为依附论；关于马克思的亚细亚生产方式理论的再度讨论，这集中为社会发展是否分为五个阶段这一问题上；关于封建主义如何过渡到资本主义的问题，这讨论主要在英国的多布和美国的斯维齐之间进行。

沃勒斯坦的理论和弗兰克有许多相似之处。现简介如下：

在沃勒斯坦看来，任何社会制度都不是封闭的体系，因为社会体系中各部门、各地区，都要依赖于同其他部门、其他地区的经济交往。从这个意义上说，资本主义是一种世界体系，因为资本主义经济是一种由市场交换联结起来的世界经济。资本主义和世界经济是一枚分币的两面。

沃勒斯坦认为资本主义世界体系内的国家可分为三个层次，即中心国、次

[1]《半封建半殖民地经济形态研究》，人民出版社1957年版，第277页。

外围国和外围国。首先是中心国和外围国。它们两者之间的关系,涉及不平等的交换关系、不平等的地理关系、垄断和自由竞争的关系。愈靠近中心的愈有垄断权,愈靠近外围的愈是竞争得厉害。中心化和外围化是两极分化的结果。次外围处在联系中心和外围的地位。中心能从次外围产生,次外围又是中心地区衰落的归宿。资本主义世界体系有一套与其相适应的政治上层建筑,这就是由主权国家组成的国际体系。

从起源上看,沃勒斯坦认为,中心国和外围国的产生,以及它们之间的不平等交换的发生,是由于前者的生产容易形成垄断,后者则否。他认为,生产者必想赢利,想赢利必求垄断,从这一点看,垄断是常态。但是,由于地理条件的不平等,从历史上看,西欧专门从事制造业和畜牧业,这需要较高的技术,并且由薪金较高的劳动者来经营,这样的结构能够操纵市场,易于形成垄断;拉丁美洲从事开发矿藏,波罗的海以东的欧洲从事粮食生产,这需要较低的技术,资本家是使用强制的劳动来经营的。这样一来,通过交换,西欧就从拉美和东欧取得"剩余价值"。结果前者的力量增大,后者的力量削弱,前者成为中心国,后者成为外围国。

中心国—外围国的划分一旦出现,这种关系就会维持下去,中心国既有强大的经济力量,又有强大的政治力量,它就能操纵这个体系的运转,以满足自己的需要。他们蓄意削弱,或用武力征服外围国,并实施各种垄断性的限制,改变市场运转机制,以保护它们自己的工业,而对外围国,则反对其实行相应的经济保护政策。

从以上的分析,我们可以看到,沃勒斯坦和弗兰克都同样认为:资本主义经济事实上是一种世界体系,它主要由两部分构成,一部分对另一部分攫取剩余,是通过垄断进行的,这种攫取同这两部分的生产结构并无必然联系。换言之,他们不能从价值规律发生作用的形式来说明这种攫取。这是他们将资本主义的世界体系看成是交换体系的必然结果。下面的经济学家力图克服这些缺点。

四、阿明的殖民地理论[1]

阿明的理论,是对激进派经济学家理论的扬弃。从方法论上看,它要从世界规模的积累中考察与发达相联系的不发达。我们先谈他的理论中的方法论问题。

同资产阶级发展经济学的理论相反,阿明认为,第三世界的不发达状态是资本主义在世界范围发展的结果,离开对资本主义在世界范围运动的分析,就不可能说明不发达经济结构形成的原因、基本特征、存在条件以及它是如何再生产自身的。同弗兰克和沃勒斯坦从交换关系来说明发达国家和不发达国家的关系不同,阿明找到了研究发达国家和不发达国家的关系的一个基本点,这就是发达国家的积累是世界规模的积累,生产和交换作为同一积累过程的两个方面,同时对发达和不发达经济的形成产生影响。

阿明考察资本积累的角度和马克思有所不同。马克思的资本积累理论是对纯粹资本主义条件下积累过程的分析。与此同时,他也指出资本主义生产向非资本主义环境扩张的必然性。但按照马克思的理论,资本对非资本主义环境的扩张,是资本主义生产发展的结果,而不是其生产存在的条件。马克思认为,在资本主义生产扩张的过程中,非资本主义环境也会资本主义化,全世界的资本主义将是同质的。对于马克思的资本积累的方法论,阿明完全理解,不表疑义。但他认为,如果考察产业革命,甚至资本原始积累以来的资本主义对世界历史发展的影响,就应该有另一种方法论。阿明认为他所分析的世界规模的积累,是马克思考察过的那种积累的必然产物,而不是那种积累在世界范围的简单放大,这个产物有自身的特点。他认为,马克思的积累理论提供了研究世界规模积累的方法,却没有提供这个理论本身。

最重要的是,同马克思预期的相反,阿明指出,中心资本扩展到外围时,产

[1] 这一部分的写作,曾参考陈峰的手稿《论萨米尔・阿明的不发达理论》。陈是我指导的硕士生,该文是他的毕业论文。

生的并不是一个同质的资本主义世界体系，而是资本主义和一个非同质的经济结构一体化的世界体系，它由中心资本主义和外围资本主义构成，后者其实是各种前资本主义经济成分的混合体。其所以如此，是因为世界体系的形成，并不是由于中心的资本主义在全世界普遍摧毁前资本主义经济成分，而是使后者从属于前者。这就是说，他明确地反对马克思关于“工业较发达的国家向工业较不发达国家所显示的，只是后者未来的景象”的预言。这已为历史所证实。但首先对这一问题予以详细论述的是布哈林。

从世界规模的积累的角度来观察不发达现象，阿明既反对正统发展经济学关于不发达的解释，按照这种解释，不发达或贫困的原因，说到底还是贫困；也不同意激进派经济学家中生产方式派的解释，这种解释认为，如果坚持历史唯物论，就要从生产方式内部去寻找不发达的原因。他认为，指出非西方社会特殊的社会结构无疑是重要的，但认为这就是不发达的原因，就有失偏颇了。这是因为，不发达不是社会闭塞的状态，而是指在外部因素作用下产生的一种特殊的发展。它同中心国家的积累有着历史和逻辑的联系。

这种联系，在阿明看来，主要是国际贸易和资本流动；前者是双向的，后者是单向的，即发达国家对不发达国家输出资本。他认为，国际贸易对外围国家的冲击，使外围国家从传统社会向“外围资本主义”过渡。他特别指出，外围资本主义的起点与中心根本不同，它开始于外国产品的侵入。但是，作为中心资本主义积累的产物和补充物的贸易，使外围不能像中心那样发展资本主义。这是因为，一方面，廉价的外国商品的输入，使传统手工业迅速崩溃，大量手工业者破产使地方农业失去传统的出路，而对外贸易的需要则使地方农业转为生产中心需要的原料和粮食，也就是使这一生产过程纳入中心资本积累的轨道；另一方面，由于手工业者的大量破产是在民族工业尚未建立的时候发生的，因此破产的手工业者很难转化为工人，而只能返回土地，这既阻碍了农业劳动生产率的提高，又为以后压低工资水平创造了条件。由于这样，外围经济就产生了外向性和依附性的特征，外围就成为为中心服务的农业国或原料国。阿明进一步认为，虽然国际贸易使外围的经济结构具有依附性的特征,但是使这一结构定型,成为中心积累过程附属部分的,却是中心对外围的资本输出。

现在我们看看阿明怎样说明中心与外围的贸易中的不平等交换。阿明对不平等交换问题的论述,在其理论体系中占有十分重要的地位,它论证的不仅是不平等交换是如何发生、如何实现的,而且还说明它的基础是什么,即论证中心和外围剥削和被剥削关系的一般基础和资本主义世界体系不平衡发展的一般基础。

阿明的不平等交换理论,就其中的主要问题来看,是受到沃勒斯坦的影响的。这就是说,他也运用马克思的生产价格和价值有偏差的理论,也认为国与国之间利润率均等,中心和外围的工资不等:这就能说明不平等交换。他认为,在相同的生产率下,如果A国的工资仅是B国的1/5,A国的较高剩余价值率就会提高A+B的平均利润,较低工资水平的A国具有相同生产率的劳动总量在国际交换中的所得,要比其贸易伙伴B国的同样劳动总量的所得少。他还用事实证明这一理论:1966年,第三世界出口总额的3/4是由现代化的资本主义产业(石油、矿产、现代化种植业)提供的。这些部门的生产率不低于发达国家,但这一年仅以现代产业来说,不发达国家向发达国家转移的价值就达800亿美元,其原因就是工资差异。

对工资差异形成的说明,阿明与普雷比什不同。我们记得,普雷比什用19世纪末以来发达国家的工会运动来说明其工资较高。阿明反对这种观点。他认为中心和外围的工资差异,是由它们的不同资本积累模式决定的。在中心,生产力水平与工资水平有联系。因为工资下降到某一水平,这个制度的生产能力就超过消费能力,再生产的实现就被破坏。此外,中心从外围得到的好处,也使其工资水平有可能较高。外围不是这样。它们的大部分现代化产品不在国内实现,外向型的经济结构决定其积累的实现不在内部,出口部门生产力水平的提高,并不要求工资水平也提高,以便使再生产得以实现。也就是说,外围的积累模式排除了工资增长的必要性。此外,外围的破产手工业者的大量存在,也使其工资较低。

阿明认为,还有一种不平等交换,是由于两国资本有机构成不同(剩余价值率可同可不同)而发生的。这可分为两类:一类是由于资本从发达国家资本有机构成高的部门,流向不发达国家资本有机构成较低的部门,从而形成利润率平均化和生产价格,按生产价格交换,剩余价值就在两国之间重新分配,情况和前面分析过的相似;另一类是在国际生产价格尚未形成的条件下发生的。如果两国生产同种商品,但两国资本有机构成不同,亦即生产率不同,假定没有发生因资本流动而引起的利润率平均化,两种商品带着本国的生产价格同时进入世界市场,这样,它们就要受到世界市场价格的支配,而世界市场价格不外就是发达国家的价格。例如,1小时的劳动,A国能得到60单位产品,B国能得到90,如同时进入世界市场,A国30小时劳动就只值B国20小时劳动,换言之,A国要换取B国30小时劳动,就必须付出45小时劳动。他认为这种情况大多发生在发达国家的先进部门和不发达国家的传统部门之间。在这里,他认为国际市场价格的形成过程包含着价值转移。

应该说,如何统一地、有机地说明世界划分为发达国家和不发达国家,以及存在于它们之间的剥削和被剥削关系,是一项极其困难的任务,即使在马克思主义者内部也有不同的看法。阿明的理论体系中有许多问题值得探讨。

我先提出一点看法,它和阿明的看法完全对立[1]。阿明认为如果两国生产同种商品,但有机构成不同、生产率不同,而在世界市场上由发达国家的生产价格决定市场价格,通过这一价格,不发达国家便被剥削部分剩余价值。我认为这是不对的。首先,从同种商品的交换来说明价值转移,是没有意义的,因为国际贸易主要不是同种商品交换;其次,两国商品在世界市场上形成相同的价格,这分明是个别(即国别)价值转化为社会(即国际)价值,而价值指的应该是社会价值,这等于说,在同一时间内,不发达国家生产的价值比发达国家小,例如前者30小时生产的价值和后者20小时生产的相等,它们相互交换,是价值相等的交换,不能视为剥削和被剥削。很明显,一国之内,也有这种情况。但没

[1] 详见拙作:《马克思对世界市场上价值规律的作用的研究》,载《复旦学报》(人文科学版)1983年第1期。

有人认为这里存在着剥削和被剥削关系。

五、我 的 看 法

我对殖民地问题的看法当然是要谈的，但在那里谈却有些犹豫。经过考虑，决定在有关激进派经济学家这一章里谈。但是，我不谈我的全部看法，因为关于殖民地的基本理论，尤其是关于资本主义自由竞争阶段的殖民地理论，我除了复述或整理斯密和马克思的殖民地理论外，没有提出我自己的看法，所以在这里就不谈了[1]。这里只谈我对资本主义垄断阶段的殖民地的看法，并且突出这一章所论述的世界体系和不平等交换这两个问题。当然，有时也涉及殖民地的基本理论。

在我看来，一般的资本主义经济并不是一种世界体系或国际制度。我们不能由于看见资本主义经济是要向与其并存的前资本主义扩张，并与之发生联系的事实，就认为它是一种世界体系。在这一点上，我认为卢森堡论证资本主义经济是一种世界体系，虽然从理论上看是错误的，因为资本主义生产的实现并不以非资本主义经济的存在为条件，但从方法论上看却是有启发作用的，那就是卢森堡认为如果一种经济成分的再生产条件要由其他经济成分来提供，它就是一种世界体系。根据这种方法论，我认为奴隶制经济，由于其基本劳动力奴隶不是让奴隶成立家庭，从而自然繁殖来提供，而是由向其他经济成分捕捉成年劳动力来提供，因此它是一种世界体系。垄断资本主义经济，由于资本有机构成很高，导致社会平均利润率下降，又由于垄断使企业支出特别巨大，由于这样，它的再生产的实现条件，就不能只是取得平均利润，而要攫取垄断利润[2]。关于垄断利润的来源，虽有不同看法，但根据劳动价值学说，我认为它只能来自

[1] 如果个别人对此有兴趣，可参阅下列拙作：《马克思对殖民地的研究及其在当代的意义》，载《马克思主义研究中的几个问题》，复旦大学出版社 1983 年版；《斯密的殖民地理论及其对马克思和列宁的影响》，载《马克思主义来源研究论丛》，第 7 辑，商务印书馆 1986 年版；《帝国主义经济与政治概论》（第七章），复旦大学出版社 1986 年版。

[2] 我第一次提出这种看法是在 1957 年出版的《论资本主义基本经济规律》（上海人民出版社版）中。从那时以来，我一直坚持这种看法。巴兰和斯维齐在 1966 年出版的《垄断资本》中，有类似的看法。见该书中译本第 30 页。

非垄断经济成分[1]。这就是说,垄断资本主义是一种世界体系。认为一般资本主义不是,而垄断资本主义却是一种世界体系,就能克服前述的世界体系或国际制度论的缺点,这缺点就是不能从再生产的实现条件来区别一般的和垄断的资本主义。

垄断资本主义据以攫取垄断利润的经济成分就是它的经济殖民地,这既可以是国外的,又可以是国内的。这就是说,它和卢森堡论述的外部市场和内部市场相类似。帝国主义就是垄断资本主义的世界体系。这是因为,垄断资本主义争夺殖民地,必然导致将殖民地和宗主国在政治上联结起来,组成如像大英帝国那样的帝国[2]。在这种条件下,经济殖民地就成为政治殖民地或殖民地国家了。

现在论述宗主国对殖民地的剥削。这种剥削有几种渠道,这里只谈贸易中的不平等交换。

最初提出这个问题的是李嘉图。前面说过,他认为在一国内部,利润率是均等的,商品交换就是等量劳动的交换;国家之间,利润率是不均等的,商品交换可以是不等量劳动的交换。对此,他没有也不可能作具体的解释,因为他混淆了价值(只由劳动决定)和自然价格(即生产价格,由生产成本和平均利润构成),而这两者在绝大多数情况下是不相等的。马克思论述李嘉图的不等量劳动交换原理时说:“不同国家劳动日的关系,能够像一国之内熟练的复杂的劳动和不熟练的简单的劳动的关系一样。在这个场合,富国会剥削贫国”[3]。有人就根据这一点,认为贫国3小时的劳动创造的价值,和富国1小时的劳动创造的相等,它们交换,就产生后者对前者的剥削。这虽然根据马克思的话来说明,但马克思这些话是同他的劳动价值学说矛盾的。他明确指出:在价值形成上,复杂劳动是倍加的简单劳动;个别价值要转化为社会价值,熟练劳动创造的社会价值大于不熟练劳动。社会价值既然是这样形成的,贫国3个劳动日和富国1个劳动日交换,就是平等交换,而不是不平等交换。

---

[1] 英国的米克在其1956年的《劳动价值学说的研究》中就提出这看法。见该书商务印书馆1963年版,第324、331页。

[2] 详见拙作:《论帝国主义是垄断资本主义的世界体系》,《光明日报》1989年4月10日。

[3] 《剩余价值学说史》,第3卷,郭大力译,人民出版社1978年版,第112页。

在我看来，根据马克思的产业革命使世界划分为工业国和农业国，前者成为宗主国和后者成为殖民地的理论，以及生产价格和价值在大多数情况下有偏离的理论，就可以说明工业国以制成品和农业国的原料、粮食相交换，是不平等交换，因为前者的产品其生产价格高于价值，后者的产品其生产价格低于价值，现表解如下：

宗主国					殖民地				
资　本	剩余价值	价值	平均利润	生产价格	资　本	剩余价值	价值	平均利润	生产价格
Ⅰ 90c+10v	10	110	20	120	甲 70c+30v	30	130	40	140
Ⅱ 80c+20v	20	120	20	120	乙 60c+40v	40	140	40	140
Ⅲ 70c+30v	30	130	20	120	丙 50c+50v	50	150	40	140

以上我们假定两类国家平均利润率不等，并且宗主国的低于殖民地的，这至少符合斯密、李嘉图和马克思那时的情况。在上述条件下，如宗主国以资本Ⅰ的产品（如重工业产品）和殖民地资本丙的产品（如农产品）相交换，1 单位资本丙的产品（140）便要和 1.166 单位资本Ⅰ的产品（120×1.166=140）相交换，这时生产价格相等，但价值却不等，即资本Ⅰ以 128.3 或 110×1.166 和资本丙的 150 相交换。这就是生产价格虽相等而价值却不等的交换。

现在我们可以论述李嘉图关于一国之内的交换只能是等量劳动的交换，国家之间的交换却可能是不等量劳动的交换的命题了。我们已经知道，他认为不同国家利润率不等，并且混淆价值和生产价格。这样，根据上表就可以看到，虽然生产价格最终要受价值所制约，但每一种生产价格只由耗费的资本和平均利润构成，只要耗费等量资本，就有相等的生产价格，而不问资本的构成即 c 和 v 的比例如何，即使不合理地认为资本全部为 c 或全部为 v，其生产价格也是相等的。李嘉图的理论中，就有两个等量资本全部为 v，而按相同的利润率计算，其生产价格就相等的例子[1]。由于这样，他就认为，既然一国之内利润率是均等

[1] 参见《政治经济学及赋税原理》，商务印书馆 1962 年版，第 27 页。

的,那么等量资本不论由什么构成,总有相等的价值(其实是生产价格),它们的交换就是等量劳动的交换;既然国家之间利润率是不均等的,那么等量资本不论由什么构成,总有不等的“价值”(其实是生产价格),要按相等的生产价格交换,它们各自的价值亦即商品包含的劳动就应该是不等的。[1]其实,只要我们区别了价值和生产价格,根据上表就可以看出,生产价格相等条件下的交换,其中包含的劳动,无论国内交换还是国外交换,都可以是不等的。但是在国内,得失必然相抵;国家之间,得失不能抵消。170 年来对李嘉图这一命题有各种解释,我的解释就是这样。

殖民地和宗主国之间的不平等交换,生产价格和价值之间的偏离是机制,其形成原因除资本有机构成不同外,还有资本周转时间不同。周转越慢,等量资本中在同样时间内可以使用的 v 就越少,因此,越接近于高位资本有机构成,反之则相反。这样,如果殖民地用麦秆制品和宗主国超音速飞机交换,前者因有机构成既低周转时间又短两重原因,其生产价格更低于价值,后者则因有机构成既高周转时间又长两重原因,其生产价格更高于价值,交换中的不平等更为严重。此外,外贸中的航运工具,是资本有机构成高的部门的产品,航运业本身也是资本有机构成高的,海运业资本周转时间长,由于这些原因,运费(生产价格)高于它的价值。从历史上看,它们多半是宗主国经营的,这也构成不平等交换。

以上分析主要适合于自由竞争时期,作为一种基础,也适合于垄断时期。在这个基础上,垄断资本主义国家以垄断高价出售产品给殖民地,而以垄断低价购买殖民地的产品,其中的不平等交换,是易于理解的,不必多谈。问题在于:怎么看出是垄断高价和垄断低价?统计数字本身不能回答这个问题。我认为要加上理论来解决:宗主国劳动生产率的提高快于殖民地。因此前者产品价值下降快于后者。货币价值(以黄金为代表)的变化对两者有同样的作用。因

[1] 为了说明这一点,我们根据李嘉图的思想举例子。甲乙两国某生产部门全部垫支资本均为 v,或 100 万元,平均利润前者为 20,后者为 40,即生产价格在前者为 120 万元,后者为 140 万元,两者交换,前者就要以 1.166 单位商品(1.166×120 = 140)和后者 1 单位商品交换,即以 116.6 万元支配的劳动和 100 万元支配的劳动相交换。

此如无垄断在其中作用,商品的比价就应越来越有利于后者,即殖民地的产品换取宗主国的产品应逐步增多。但大量统计资料说明情况恰恰相反,即比价越来越不利于殖民地的产品,这说明有垄断因素在其中发生作用。

从上面的分析可以看出,撇开垄断因素不谈,宗主国或发达的工业国以其工业品,交换殖民地或落后农业国的农产品和初级产品,有一种纯经济的关系,使前者以小量劳动交换后者的大量劳动,即前者剥削后者。但由此不能得出这样的结论:后者什么利益都得不到,因此只要有可能,倒不如闭关自守更好一些。马克思不是这样看的。这个问题在第五章论述马克思的殖民地理论时,已简要地谈过。这里再重申一下。分析了这种关系后马克思说:富国会剥削贫国,纵然贫国也会由交换得到利益;[1]贫国所付出的实物形式的物化劳动多于它所得到的,但是它由此得到的商品比它自己所能生产的更便宜。[2]这应如何理解呢? 假设发达工业国生产一架飞机,花的劳动是 30 万单位劳动,落后农业国为交换这架飞机,所需的农产品是 50 万单位劳动生产出来的,因为生产价格在前者高于价值,在后者低于价值。在这一交换中,农业国被剥削了 20 万单位的劳动,这当然是损失。但如果农业国闭关自守,不进行这种交换,以落后的技术和管理生产这种飞机,每架可能耗费 70 万单位劳动。这样,倒不如用 50 万单位的农业劳动去交换飞机有利。这利益是 20 万单位劳动。因此,这里有一个如何处理这种既被剥削而又得益的问题。正确做法应该是:在发展这种交换中,努力进行工业化和现代化。

---

[1] 参见《剩余价值理论》,第 3 卷,第 112 页。
[2] 参见《资本论》,第 3 卷,第 265 页。

我对当代殖民主义的看法

第四篇

第二次世界大战结束后至今四十多年,前述那种政治殖民地即殖民地国家几乎全部获得独立,成为主权国家。其中少数成为社会主义国家,多数成为民族独立国家。这就产生两个问题:一个是,这些主权国家,至少是其中的民族独立国家,会不会重新沦为某一垄断资本主义国家的政治殖民地;另一个是,如果说,一般情况下不会重新沦为政治殖民地,那么经济殖民地,或者其他形式的殖民地,即新形式的殖民主义是否存在。这些问题的侧面是:垄断资本主义国家如何夺取和瓜分外部市场。

先谈第一个问题。战后许多原属奴役土著殖民地的国家的政治独立,是在德、日、意战败,英、法等削弱的条件下获得的。原属于它们的殖民地,自然不可能很快又重新被它们剥夺国家主权。美国原来拥有的政治殖民地不多,经过战争,它的经济力量超过上述几个国家;撇开原来的殖民地和社会主义国家的反对这个问题不谈,单从美国方面看,它是想取代原来最大的殖民帝国,统治除社会主义以外的世界的。但是,它无需将其都变为政治殖民地,除了在某些国家建立军事基地外,它用经济力量,特别是用美元,就能建立并且也建立过美元帝国。这是新的殖民帝国或殖民主义。只要美国一国的经济实力还在资本主义世界居于首位,世界的这个部分说到底是受其控制的,它不必像从前的英、法等国那样,建立政治殖民地。

另一方面,从原来的殖民地国家和社会主义国家来说,都反对垄断资本主义国家重新建立政治殖民地的做法。前者的联合行动就有社会主义国家的参与,也得到社会主义国家的支持;有的社会主义国家参加联合国宪章的制定,并任联合国安全委员会常任理事,具有否决权。总之,联合国不是第一次世界大战后的国际联盟。由于这一切,垄断资本主义国家妄图重建政治殖民地,是不可能实现的。这就是美国的经济地位其后受到日本和西欧的挑战,争夺世界市场的矛盾逐渐加剧,但是没有哪一个国家能够成功地建立政治殖民地,以确保自己的利益的重要原因。

再谈第二个问题。根据前面全部论述,就可以认识到,只要有垄断资本主义的存在,就必然有国外的和国内的殖民地,国外殖民地可以从经济殖民地发展为政治殖民地，现在政治殖民地不存在了，经济殖民地当然仍然存在。但是，第二次世界大战后，在原有的基础上，产生了新的特点。

这里，我们可以看到第二次世界大战后至今，帝国主义国家虽在争夺外部市场，争夺国外殖民地，但是没有爆发帝国主义国家之间的战争的原因。大体上可以这样说，70年代以前，美国一国在经济上独霸资本主义世界，这一条件使这部分世界出现如像罗马帝国统治下那样的和平；70年代以来，一些垄断资本主义国家恢复和发展了，和美国的矛盾深化，但是，发展中国家的力量，社会主义国家的力量，尤其是它们在联合国中的力量已大为加强，它们反对帝国主义为争夺殖民地而发动的战争。在这一条件下，用经济力量，争夺和建立经济殖民地，就成为当代殖民主义的特点[1]。

第十七章　采取联邦、共同体和联系国形式的殖民帝国

一、概　　述

第二次世界大战以后，随着政治殖民地的消失，相应地某些殖民帝国形式上也消灭了。当然深入分析一下就可以看出，其中有一些只是形式上发生变化，本质并没有变。这里主要分析形式发生变化的殖民帝国。但谈论这问题之前，先谈一下大不列颠及爱尔兰联合王国及其改组为大不列颠及北爱尔兰联合

[1] 下面所谈的，只是我个人特有的看法。有些虽是殖民主义，但已为很多人论述过，我就不谈。

王国的问题。

爱尔兰原来并无南北之分，于 12 世纪成为不列颠的殖民地。从不列颠的角度看，它是国外殖民地。1801 年组成大不列颠及爱尔兰联合王国。从联合王国的角度看，大不列颠和爱尔兰似乎是两个平等的组成部分。其实不然。爱尔兰不过从国外殖民地变为国内殖民地，它的受剥削和被奴役同以前相比，并无质的变化。由于这样，爱尔兰的民族解放运动、独立运动，虽屡受镇压，仍不断进行。第一次世界大战末期，独立运动高涨，英国政府改变统治手法，于 1921 年签订英爱条约。据此，爱尔兰南部 26 个郡成立“自由邦”，享有自治权，北部 6 个郡和大不列颠组成大不列颠及北爱尔兰联合王国。1937 年爱尔兰自由邦宣布成为独立的共和国，但仍留在英联邦内；1948 年 12 月，宣布脱离英联邦。1949 年 4 月，英国承认爱尔兰完全独立。

根据以前的论述，可以看出“联合王国”、“联邦”这种政治形式并不能改变殖民帝国的原有内容。需要指出的是：如同将某一国外殖民地纳入联合王国，不过是将它变成国内殖民地一样，将某些国外殖民地纳入联邦、共同体，也同样是将它们变成国内殖民地。但从形式上看，经过这一变动，似乎内容也变了，它们再也不是殖民地了。明白这一道理，战后新形式的殖民帝国就完全可以理解了。

二、从联邦到共同体

前面我们曾经谈到法国政府首脑和国家元首戴高乐关于法兰西联邦的言论对法兰西宪法的影响。现在我们进一步谈论从法兰西联邦到法兰西共同体，其实是以非殖民地化为幌子的殖民帝国。为了举一反三和加深理解，有时我们也谈论英联邦。

前面谈到，面对第二次世界大战后日益高涨的殖民地解放运动，法国宗主国宣布要对其殖民地（大部分在非洲）实行非殖民地化的政策，即让它们自治或独立，结束其殖民地的命运，但要和法国宗主国组成法兰西联邦。1946 年法兰西第四共和国宪法规定:“法兰西联邦由包括法国本土及海外各省与属地之法兰西共和国与各成员国家及地区组成之”。

我们将英联邦和法兰西联邦作一比较。前面谈过,英国的殖民地爱尔兰和大不列颠组成联合王国,只是从国外殖民地变为国内殖民地。与此相似,法兰西共和国是由法国本土和海外省与属地组成,这就是说由宗主国(本土)和海外省与属地(殖民地)组成,同联合王国相同。英联邦则由联合王国和其他原为英国的殖民地组成,这些殖民地在联邦内是国内殖民地。与此相似,法兰西联邦由共和国与各成员国及地区组成,各成员国及地区原来也是法国的殖民地。

法兰西联邦并不能麻痹法属殖民地人民争取完全独立的斗志。法国只好炮制海外领地“根本法”,给它们以半自治的地位,对联邦加以“修饰”。1958 年第五共和国宪法,将法兰西联邦改称为法兰西共同体,参加共同体的成员国,可以成为共和国,政府总理由当地人担任,但对外政策、国防、货币、共同的财政经济政策、司法监督等,都是共同体的职权。共和国的总统就是共同体的总统。

总之,将原来的国外殖民地,和宗主国组成联邦或共同体,但经济关系没有本质的变化,这只是将国外殖民地变成国内殖民地。联邦和共同体是新形式的殖民帝国。

三、联　系　国

根据《欧洲经济共同体条约》的有关规定,共同体可以将同共同体的成员国维持着特殊关系的国家和地区,纳入共同体联系的范围,这些国家就是共同体的联系国。起初,这些联系国大多是一些原属共同体某些成员国的殖民地和海外领地,主要在非洲。联系关系的内容,主要有:a.共同体成员国对来自联系国的进口商品,和联系国对来自成员国和其他联系国的进口商品,逐步取消关税及限额;b.共同体成员国都在联系国享有与原来宗主国同样的投资、利用资源和劳动力的权利;c.共同体设立欧洲开发基金,用作对联系国经济开发的援助,基金由成员国比例分担。

从上述不难看出,联系国制度是在战后条件下原来的殖民帝国的变形。如果说有所不同,那就是这些国家可以具有主权,也不是受某一国控制,而是受共同体控制,当然共同体各成员国在控制联系国的问题上是有矛盾的。但它们在同美国、日本等争夺势力范围上却有一致的地方。

随着形势的变化,联系国制度在发展。共同体由于同美、日等竞争激烈,对联系国的联系内容有所变化。现以1975年2月签订的《洛美协定》为例加以说明。该年2月共同体在多哥首都洛美,同非洲、加勒比地区和太平洋地区46个发展中国家,签订为期5年的经济、贸易协定,即《洛美协定》。主要内容是:共同体成员国在免税、不限量的条件下,接受上述地区国家的产品,而不要求互惠;共同体提供一笔基金,用于在原料价格下跌的情况下,补偿上述地区国家的损失;共同体向上述地区国家提供总额为39.9亿欧洲计算单位的经济援助。条件之优惠,使有些人觉得不可理解。其实,第一,这是由于和美国、日本竞争;第二,欲要取之,先要予之,让这些地区的国家按照共同体的需要发展生产,然后双方交换,根据前面说过的道理,仍然是不平等交换,程度甚至更为严重。这就是问题的实质。

联系国的成员在增加,《洛美协定》以5年为期已签订4次,但共同体和联系国结成的经济关系的实质并没有变。

四、太平洋经济圈

1979年11月,日本大平政府作为国策提出"太平洋经济圈设想"。此时的日本已是一个仅次于美国的经济大国,其产品三分之一供出口,其重要资源80%—90%靠进口,设想中的参加者包括太平洋区域的先进国和落后国。从这里就不难看出,这个经济圈实质上是试图恢复和扩大日本因战败而崩溃的大东亚共荣圈。

我们知道,太平洋经济圈,除日本外,包括苏联的远东地区,朝鲜半岛,中国大陆沿海地区、台湾地区、香港、澳门,菲律宾,印尼,文莱,新加坡,印度支那半岛诸国、马来西亚、大洋洲诸国等:这些地区和国家虽有不同的制度,但经济水平远远落后于日本;此外,主要还有美国太平洋沿岸的地区,这些地区经济水平很高,并且发展速度超过美国大西洋沿岸的地区,虽然这样,但它和日本相比,发展相对落后,况且从历史上看,日本和西太平洋地区的关系比美国和这一地区的关系密切得多。由此可以说明,日本设想建立这个经济圈,是企图再建立一个由其统治的殖民帝国。至于美国能不能利用这个经济圈,即取代日本而由它来统治,我不予分析。因为这已是垄断资本主义国家之间的矛盾。美国会不会组织一个什么共同体与之相争,日本怎样用经济办法至少已经购买了夏威夷的许多地产和企业,我也不予论述。

其实,日本这个设想已部分地成为现实。它正沿着发动太平洋战争时走过的道路,用商品、资金、技术重新走下去。菲律宾的外交部长罗慕洛,当时是世界上担任过外交部长的人中最年长的,根据历史经验忧心忡忡地说:我担心大东亚共荣圈再度出现。

第十八章　当代殖民主义

一、概　　述

现在我们研究第二次世界大战以来,垄断资本主义国家以何种办法将其他国家,尤其是落后国家的人民,作为殖民对象予以剥削的问题。在我看来,这和战前相比有不同的特点。其原因是:战后以来垄断资本主义国家内部和落后国家内部的经济结构,相应地发生变化,国际分工和它们之间的关系,也相应地发生变化。

先谈垄断资本主义国家经济结构的变化。我个人认为,第二次世界大战对垄断资本主义国家来说,有一种特殊意义,那就是大规模地实践国家垄断资本主义,即由国库为垄断资本提供一个有保证的市场,使其从30年代大危机中爬出来。在战争中发明的新技术,促使战后新的生产部门的产生,其特点可以概括为高、精、尖,即资本有机构成极高、所需原材料极少、所需知识极高。随着经济的发展,垄断利润增加,生产与消费之间的矛盾日益尖锐,为了避免发生大的经济危机,这就要增加国库支出,这包括购买劳务、商品、军火和宇航工具;增加纯粹流通费用支出,这包括金融业和广告业;增加寄生性消费的支出,这主要是兴办各种高级的享乐场所,也就是所谓的销金窝。后两者构成第三产业。这就是战后以来,上述国家高精尖生产部门从产生到发展和第三产业迅速发展的原因。

这些国家农业的发展也非常迅速。美国农业资本有机构成已超过社会资本的平均构成，欧洲经济共同体农产品不仅自给，而且有余。战后以来，这些国家特别扶持农业，尤其是个体农业的发展。这是因为，农业劳动生产率的一定高度，是剩余价值的自然基础；战前，西欧农业落后，它可以向殖民地低价购买粮食等农产品，其价格仅够补偿 c + v 即可；战后，殖民地大多成为主权国家，再加上下面谈到的人口问题，垄断资本主义国家再想像过去那样，向殖民地取得大量的廉价粮食，已不可能。

这是垄断资本主义国家经济结构变化的情况。这是一方面。另一方面，战前很久便已存在的工人轻视“下等”劳动的倾向，战后不仅没有消除，反而更为严重。由于这样，农业部门腾出来的劳动力虽然增加，但是他们和“下等”部门和低工资部门的工人，却尽可能地流向高级服务业部门和高精尖部门。由于这样，随着经济的发展，垄断资本主义国家缺少非熟练的工厂工人和服务人员、公共汽车售票员、护士和警察等。就我们研究的题目看，解决这问题有两种办法：一是从落后国家输入劳动力，这在战前已经存在，战后以来规模更大；二是从落后国家进口耗费大量不熟练劳动和低工资的产品，以便使本国的非熟练劳动力脱出来，转到其他部门。这就涉及劳动力国际流动和国际分工的变化。

再谈某些落后国家经济结构的变化。某些民族独立国家制定的发展战略，一般都经历着从实行进口替代战略到改行出口导向战略的过程。撇开其他问题不谈，单从市场看，实行进口替代战略，即自己生产过去要从发达国家进口的工业制成品，其发展很快就受到国内市场狭小的限制，因为落后国家存在着大量生产率很低下的个体经济，尤其是个体农民，其购买力极低；实行出口导向战略，即逐渐改变过去那种出口的主要是原料等初级产品的格局，增加出口在本国生产的工业制成品，面向国外市场。前面谈到，这些工业制成品有些发达国家已不生产，因此至少有较长的时间，没有如像国内市场那样的市场问题。从个别国家看，如果它先行一步，或竞争力特别强，情况则更好。总之，制造工业的发展，使某些落后国家的经济结构开始发生变化。

同某些发达国家农业迅速发展，农产品自给有余的情况相反，某些落后国家农业尤其是粮食问题严重，有的已从粮食出口国变为进口国——向发达国家进口粮食。粮食问题严重，主要是由于农业生产增长很慢，而人口增长较快。在资本主义经济统治的条件下，越是贫穷的国家和地区，出生率越高，因为它的婴儿和儿童夭折率高，劳动力死亡率高，寿命短，劳动力一代一代更替的时间短，这就要早婚和多育。在战前，由于医药条件差，死亡率高，因此人口增长率比战后低；战后由于医药条件稍有改进，再加上其他条件，人口增长率比战前高。这就使一些国家发生粮食问题。

总起来说就是：世界划分为出口农产品、进口制成品的发展中国家和出口制成品、进口农产品的发达国家的局面已发生很大的变化。

二、从落后国家输入劳动力

资本主义初期的殖民主义，是从发达国家向落后地区输出劳动力；战后的殖民主义，则是发达国家从落后国家输入劳动力。后一现象在垄断资本主义时期已发生，但战后以来具有新的特点。首先，从前是帝国主义的寄生性在无产阶级身上的反映的结果，即垄断利润的攫取使无产阶级也得到一些利益，从而鄙视下等劳动，要从殖民地输入劳动力去从事这些劳动；这个原因现在仍然发生作用，但是还有一个更重要的原因，那就是随着经济结构的变化，要输入数量更多的非熟练劳动力；其次，随着发达国家和落后国家经济差距的扩大，各自的劳动者的生活水平的差距也扩大，落后国家的劳动力在发达国家，其工资虽然被故意压低，其生活虽远远不如发达国家的劳动者，但比落后国家或其祖国的劳动者却好得多，这一问题从前也有，但不如现在尖锐。这样就容易使人们认为，他们在发达国家没有被剥削，更没有特殊地被剥削；第三，从前多半是殖民地国家的劳动力输出到发达国家，现在绝大多数是民族独立国家的劳动力作这样的输出；虽然多数民族独立国家仍然是经济殖民地，但政治独立却使人认为它再也不是殖民地，这样，从这些国家输出劳动力到发达国家，人们更不会认为这是新的殖民主义；但根据以前的分析，从经济关系看,这确实是一种殖民主义。

三、由落后国家生产劳动密集型的产品

根据前面关于战后以来国际分工的某些变化的说明,就可以了解,虽然发达国家仍然生产一些传统工业,即资本有机构成较低,使用活劳动较多的产品,落后国家仍然生产粮食等农产品,但前者多半以高精尖的产品和粮食同后者的劳动密集型产品和初级产品交换,如何说明这种关系中的殖民主义?

由于两大类型国家经济结构的变化,各种生产部门的资本有机构成与平均构成的差距,即产品的生产价格和价值的偏离也发生变化。在发达国家,高精尖的产品和粮食都是资本有机构成高的部门的产品,生产价格高于价值,高精尖的产品还可按垄断价格出售;在落后国家,初级产品是资本有机构成低的部门生产的,生产价格低于价值;两方交换,被剥削的是落后国家,这是清楚的。但是,劳动密集型的产品,在发达国家是资本有机构成低的部门生产的,可是,在落后国家,同生产粮食和初级产品的部门相比,它却成为资本有机构成高的部门,其生产价格高于价值,对方以产品和它交换,不能简单地认为是剥削。

让我们进一步研究这一重要问题。

许多落后国家兴办这种产业在资金上有困难。因此,相当数量是借外债办的,也有由外资直接办的。这里有一个被发达国家剥削利息和利润的问题。这当然是一种殖民主义,但属于资本输出的范畴,并且是自垄断以来就一直存在的,不必再谈。我们要谈的是这种产业本身,或者说由落后国家自己办的这种产业,与发达国家实行殖民主义有何关系。

前面当我说落后国家这类产品的资本有机构成较高,因而生产价格高于价值时,我是以资本不能在国家之间自由流动,因而国家之间的平均利润率不同为前提的。但是,前面我已经谈到,在垄断资本主义阶段,在各个殖民帝国的范围内,宗主国的资本可以自由地流到殖民地,撇开垄断资本要攫取垄断利润这一点不谈,一个范围内的平均利润率是可以形成的。当时我曾从这一角度述评

伊曼纽尔·沃勒斯坦的不平等交换的模式。战后以来，绝大多数的殖民地国家成为主权国家，原来意义的以政治军事力量统治的殖民帝国不复存在，像从前那样由某一宗主国对殖民地进行完全排他性的绝对统治不复存在，而民族独立国家，尤其是实行出口导向战略的民族独立国家，对外大都采取自由贸易的政策。在这一新的条件下，在我们论述的范围内，撇开垄断利润的因素不谈，国家之间的利润率是倾向于均等的。这样，由沃勒斯坦创立、阿明发展的不平等交换模式，就完全可以用来说明，由于落后国家的工资水平低，其一部分剩余价值，通过平均利润率的作用，被发达国家剥削了。

但是，我仍要指出，落后国家出口这种产品，比出口初级产品，较为有利，即被剥削少些。因为在上述条件下，生产价格由所费资本加上按所用资本计算的平均利润构成，而与所费的活劳动无关。假设这种产品和初级产品所费的工资即活劳动相等，在活劳动相等的条件下，前者所用的不变资本比后者大，前者所用资本和所费资本的差额(这是不变资本中的固定资本的特点)比后者大，这样，两者的活劳动创造的价值相等，两者在其中占有的工资相等，但因按所用资本计算平均利润，前者占有的平均利润比后者多，即被剥削的剩余价值较少。

全部情况可表解如下：

	产　品	所用 c	所费 c	v	m	价值	平均利润率	平均利润	生产价格
发达国	高精尖	8 000	800	3 000	1 500	5 300	0.297 6	3 273.6	7 073.6
	农　畜	7 000	1 400	4 000	2 000	7 400	0.297 6	3 273.6	8 673.6
落后国	工　业	6 000	1 900	4 500	4 500	10 900	0.297 6	3 124.8	9 524.8
	初　级	5 000	1 900	4 500	4 500	10 900	0.297 6	2 827.2	9 227.2
总　计		26 000	6 000	16 000	12 500	34 500		12 500	34 500

在这里我们看到，在国家之间平均利润率形成的条件下，两大类型国家由于工资水平不同和资本有机构成不同这双重原因，发达国家的产品生产价格都高于价值，落后国家的情况则相反。这样，即使撇开垄断条件不谈，两国产品交换，落后国便被剥削。但是，同样是落后国的产品，也就是工业制品和初级产

品，即使是耗费同量的活劳动和生产资料生产的，有相同的价值，包括剩余价值，但有不同的生产价格，因为两者所用的不变资本以及它和所费不变资本的差额不同，而所用的不变资本要参加分配剩余价值，因此工业制品分配到的多于初级产品。

由此可以看出，垄断资本主义国家对于落后国家实现像这种只制造一般工业制品的工业化，可以不反对，反而支持，但不能像它们那样发展为生产高精尖产品的工业化即现代化的工业国家。谁要这样做，它们就设置重重障碍。这是当代最重要的殖民主义。

从落后国之间的关系看，如果甲国向更落后的乙国输出工业制品，以换取对方的初级产品，则甲国有利。

上述是重大的理论和实际问题。我认为当前的新兴工业化国家和地区，就是从 60 年代开始生产发达国家不大生产的工业制品，逐步发展起来的。分析它们和发达国家和其他的落后国家之间的关系，是十分重要的，下面将谈及这一问题。

四、对落后国家垄断高科技

发达国家为了使落后国家继续处于被剥削的地位，从经济方面考虑，最好的办法是让它们之中的一部分实现上述那种工业化，而不能让它们有现代化的高精尖工业。为此，发达国家就对落后国家实行垄断高科技的政策，极力不让自己拥有的高科技扩散到落后国家。

它们根据国际上实施的《保护工业产权国际公约》，在法律上确保其对技术的垄断，限制和阻碍落后国家的技术发展。在这样做的时候，跨国公司在其中起着重要的作用。

垄断资本主义兴办的跨国公司，就是实行殖民主义的一种形式。跨国公司根据最佳选择，分别在不同的国家进行研究、设计产品、生产部件、组装、销售和储存资金，其战略目的就是攫取最大的垄断利润。它的子公司分布在各国。这里我不谈论它如何控制和剥削落后国家，使它们成为经济殖民地的问题，只谈论它在垄断高技术方面的作用。

跨国公司通常只将一些先进技术转让给它在东道国的子公司，而不出售给东道国的当地企业，使当地企业不能掌握这些技术。对于已经扩散的技术，跨国公司在向东道国当地资本转让时，不仅索取高额费用，而且常常拒绝转让制造产品的关键技术，使落后国家在技术上属于从属地位。

由最主要的发达国家组成的输出管制统筹委员会(即巴黎统筹委员会)也间接起着这样的作用。成立于1950年初的该委员会的任务，是对社会主义国家实行战略禁运，日常工作是编制和增减禁运货单，确定禁运方法，加强转口管理，讨论例外程序和交换情报。它要求成员国不向社会主义国家出口军事装备、原子能方面的技术和设备以及军民两用的工艺技术和产品。由于这些做法给成员国带来经济损失，它们之间的矛盾加深，更由于这一战略激发了社会主义国家的自力更生和团结互助的精神，在原有的科技基础上，许多高科技创造出来了，因此，筹委员的禁运日渐松动。但是，它认为最关键性的高科技，仍然是禁运的。这样一来，一些落后国家虽然可以从社会主义国家方面获得某些新科技，但仍受发达国家的控制，差距仍然很大。

五、从货币制度方面剥削和控制落后国家

从货币制度方面实行殖民主义，我认为最值得落后国家注意。

第二次世界大战后，根据布雷顿森林体系，战后的国际货币制度，是以黄金为货币，但美元直接与黄金挂钩(35美元换取1盎司黄金)、其他参加这一体系的国家的货币则同美元挂钩，即同美元保持固定的汇率。这样，如果美元这种纸币贬值，例如贬为40美元购买1盎司黄金。那么持有美元的国家就要蒙受损失。战后以来，美国经济地位下降，国际收支日渐变成逆差，无法再维持35美元换取1盎司黄金的比率，从1971年底开始，美元两次贬值，其后更与黄金脱钩。持有美元的国家，换取黄金要越来越多的美元，最后只能按照市场价格

购买黄金,由此蒙受损失。而美国则因多印刷美元纸币得益。这可以说是美国一度建立的美元帝国。

美元与黄金脱钩,意味着布雷顿森林体系瓦解,以美元形式出现的世界货币不复存在。本来充当世界货币最理想的材料是黄金,但是1976年的牙买加会议决定,黄金不再作为货币定价标准,即在法律上宣布黄金不再是货币而是商品(我个人认为黄金在经济上仍是货币)。这样,就有必要寻找新的世界货币。这就是国际货币基金组织分配给会员国的在原有的普通提款权以外的特别提款权。我个人认为这是法律上的世界货币,是人为合成的世界货币。特别提款权有一个如何计值的问题,因为只有这样才能和各会员国的货币发生比价关系即汇率。计值的办法多年来虽有变化,但是有一条总的原则,即由在世界商品和劳务出口总额中占10%以上的国家的货币单位值加权构成,与此相应,使用和持有特别提款权所受授的利息,其息率也由这些国家的利息率加权构成[1]。换句话说就是,富国大国在其中举足轻重,贫国小国毫无作用。

目前,特别提款权发行的数额不多,实际作用不大。但从其定值和计息办法来看,它可以成为发达国家控制和剥削落后国家的工具。例如美国,它可以视需要改变利率,以利率影响汇率,这就可以影响特别提款权的单位值和利率。这样,美国就可以从这方面影响特别提款权,以控制和剥削落后国家。

这种人为合成的世界货币的潜在危险就是:它可以成为最大最富的发达国家实行殖民主义的工具。

六、反对国家主权和民族主权,宣扬世界主义或全球意识

对垄断资本主义来说,推行殖民主义最大的障碍,就是民族独立国家维护民族主权和国家主权。因此,虽然资产阶级是以主权理论为武器,从封建主那里夺取政治统治权,并以民族为基础建立由海关保护市场、由军队保卫疆土的

[1] 这些国家是美、德、日、英、法,看来,相当长的时间也将是这些国家。

国家,但是垄断资产阶级却千方百计反对民族主权和国家主权。为此,其思想家大肆宣传世界主义,认为为了全球的利益,应建立一个世界政府。这种理论,在西方作家论述战后世界政治与经济问题的著作中,常有出现,评述的也很多,这里不谈。

现在谈的是以战后高科技发展为理由而宣扬世界主义的理论。这就是《第三次浪潮》(曾经产生过很大的影响)的作者宣扬的全球意识。该书作者托夫勒将文明分为三个时期:第一次浪潮的农业阶段,第二次浪潮的工业阶段和目前正在进行的第三次浪潮,构成它的基础的新工业,是在量子电子学、信息论、分子生物学、海洋工程学、核子学、生态学和太空科学的综合科学理论上发展起来的。总之,它相当于我们前面说的高科技。

在这一条件下,托夫勒认为,一种新型的全球经济问世了,对于这种经济,民族国家这个政治容器已经过时了。新的全球经济是被大的跨国公司控制的,跨国公司的意识形态不是自由放任主义和马克思主义,而是全球主义即全球意识。这表示民族主义和国家主义已过时了。全球主义作为一种意识形态,远远不止为一个有限的集团服务。正如国家主义主张为整个国家说话一样,全球主义主张为全世界说话。由此得出的结论就是:当许多穷国正在竭力争取建立一个国家,并借助国家进行工业化的时候,那些早已完成了工业化,即那些超越了工业主义的富国,却认为要削弱国家,要由别的东西代替国家,也就是组织一个世界机构来管理全球。

不难看出,宣扬全球意识是在第三次浪潮的条件下推行殖民主义的理论工具。

七、民族独立国家的发展战略

从上述可以看出,战后原殖民地国家获得政治独立,成为拥有主权的民族独立国家,其所以仍然受发达国家殖民主义的控制和剥削,重要的经济条件是历史上演变下来的世界分工格局并没有发生质的变化。在此格局中,发达国家居于有利地位，民族独立国家居于不利地位。因此，这种殖民主义的终结，从民族独立国家方面看，最重要的条件，就是改变在世界分工格局中的地位，亦即实现工业化和现代化，从缩小到消灭在经济发展水平上同发达国家的差距。

战后以来民族独立国家大多数制定了发展战略。一般说来，最初实行的是进口替代战略，即自己生产以前从发达国家进口的工业品。这是因为，它们感到进口的工业品同进口的农产品和初级产品之间的价格差日益扩大，应该自己生产工业品。由于这类国家的政权由剥削阶级掌握，独立后阶级关系没有根本变化，因此他们和富豪们消费和享用的原舶来品，首先成为自己生产的对象。这样一来，不仅机器、原料要进口，从而产生外汇危机，而且很快就遇到国内市场狭小的限制，对国民经济发展并无裨益。这一战略归于失败。

这些国家和某些地区从60年代起，陆续改为实行出口替代战略，即减少农产品和初级产品的出口，而将其加工为工业品或另外生产工业品出口，以夺取国外市场为导向，促进国民经济的发展。前面所述的发达国家将一些传统的或劳动密集的工业转移到落后国，其产品再出口，民族独立国家允许这样做，也是由于实行这一战略。如果我们将实行这种战略的各民族独立国家作为一方，这就等于世界分工发生了这样的变化，即原来由发达国家生产的一部分工业品，现由民族独立国家生产，其产品一部分卖给发达国家，其余部分在这些民族独立国家之间相互买卖，即以民族独立国家自己为市场，这个市场从前是由发达国家占领的，现在则由民族独立国家自己拥有了。这样，从宏观看，如果民族独立国家同时实行这一战略，就等于各自生产出口产品而又以自己为市场，当然不可能全部获得成效。

但是，事实上它们不是同时实行这一战略的。由于条件不同，条件较好而又起步较早的，就能够取得显著的成效。这就是说，从宏观看不可能的，从微观看有的却是可能的。我认为新兴工业化国家和地区，如拉美的巴西、智利、墨西哥和亚洲的“四小龙”等，就属于这种情况。

这些国家和地区的国民生产总值和人均收入，都增长很快：不仅打破自己的记录，而且高于同期的世界上的水平。从我们研究的角度看，这些成效的经济内容是什么呢?

我个人认为,由于它们生产了过去由发达国家生产的某些工业产品,因此,一方面,它们以这种产品去交换发达国家的更为高、精、尖的产品,较之过去以农产品和初级产品去交换,有相对的利益,即虽然仍然是以大量劳动交换对方的小量劳动,但其差额较过去为小;另一方面,它们以这种产品去交换比它们落后的国家和地区的农产品和初级产品,即取代了原来由发达国家进行的交换,则有绝对的利益。其中的理论问题,只要我们回过头来想一想生产价格与价值发生偏离与资本有机构成高低的关系,便可回答。我们可以作这样一个比方:现在资本主义世界事实上包括三个层次的国家和地区:发达国家、新兴工业化国家和地区、落后国家,它们各自的资本有机构成平均水平不同,因而各自的产品的生产价格和价值的偏离不同,它们之间的交换,必然是发达国家仍然得益最大,新兴国家变受损为相对得益,落后国仍然受损最大。

人们对新兴工业化国家和地区是否已进入发达国家(地区)的行列感兴趣。我认为,不能单纯以人均收入的数字来回答问题。如果这样看,海湾国家,尤其是阿联酋就应该是发达国家。可是人们并不这样看。我想最重要的问题是它们能否打破发达国家对于高科技的垄断。从目前看,它们还不能做到。

对于其余为数众多的民族独立国家来说,我认为不能指望实行出口替代战略而都获得成功。道理前面谈过了。即使是那些已获得成效的新兴工业化国家和地区,其进一步发展,也会受到国外市场的限制。很明显,它们要扩大在发达国家的市场,就要受到对方经济增长的制约;它们要扩大在落后国家的市场,也是这样。在这种条件下,新兴工业化国家和地区自己相互间的竞争将日渐激烈,结果是你长我消。这就是说,作为总体看的出口替代战略,不可能使每个落后国家都实现工业化和现代化。它不是终结殖民主义的普遍战略。

那么,民族独立国家的正确发展战略是什么呢?这个问题,发展经济学家刘易斯的看法值得注意。他说:“经济增长的动力应该是技术变化,国际贸易是润滑油而不是燃料。达到技术变化的途径是农业革命和工业革命。国际贸易不能代替技术变化，所以依赖国际贸易、把它作为主要希望的那些人必然要受到挫折。促进经济发展要考虑的最重要的问题，在于改变粮食生产的状况，使农产品有剩余，可以养活城市人口，因而为国内工业和现代服务业奠定基础。如果我们能在国内进行这种变革，那么，国际经济新秩序就会自然而然地产生。”[1]这就是我所理解的殖民主义的终结。

当然，刘易斯的理论存在着一个重大缺点：把农业革命看成只是一个技术问题，而不理解它首先是一个生产关系变革的问题。因此，对于多数民族独立国家来说，发展国民经济，终结殖民主义的重要前提，是反对封建主义，包括封建的土地制度。这样，就有一个广阔的国内市场，它是工业化的重要条件。

其实，这个问题就是 20 世纪末，列宁和俄国民粹派就俄国的资本主义发展而发生争论的问题。民粹派说，俄国是个迟来者，国外市场早已被先进国占去，俄国农民又在破产，因此，资本主义在俄国不能发展。列宁批评说，不对，正是农民的分化、破产，就形成国内市场，有了这个市场，资本主义就能发展。列宁批判民粹派的最重要的著作——《俄国资本主义的发展》，其副题就是《大工业国内市场的形成过程》。

[1]《国际经济秩序的演变》，商务印书馆 1984 年版，第 52 页。

附　录

第一篇　关于旧中国社会性质和改造问题的两条战线斗争

第一章　斗争概述

一、马列主义传入前对社会经济性质不可能有科学的认识

旧中国社会经济的性质，从 19 世纪 40 年代即鸦片战争发生以后，便发生巨大的变化，即从地主型封建社会变为半封建半殖民地社会，与此相应，地主型封建经济也就变为半封建半殖民地经济。但对社会经济性质的这种变化的认识，即真正认识到旧中国的经济，已从封建主义的经济变为半封建半殖民地的经济，则是在这种变化发生以后很久，直到马列主义传入中国后，经过多次论战才达到的。

这里面有两个原因。其一是，要认识一种经济的性质已经发生变化，这种性质已经发生变化的经济趋于成熟，这样，人们才能认识它，揭示它的本质和规律，这是人们认识客观世界的规律所决定的，适用于认识任何事物；其二，最重要的是，马列主义传播到中国前，对旧中国社会经济的性质，不可能有什么真正的认识。人们认识社会经济的性质，目的之一就是要改造社会。这样，这种认识就不仅受这种社会经济成熟程度的限制，而且受人们的立场、观点和方法的限制。封建制度下的农民，因受小生产生产方式的束缚，就提不出以资本主义代替封建主义的要求，他们能提出的只是封建主义的延续或以空想的农业社会

主义来代替封建主义,这反映出他们对封建主义的社会经济性质,并没有真正的认识,因而也不能进行改造。资本主义制度下的资产阶级,也是这样。当他们要推翻封建主义的统治时,他们觉得资本主义和封建主义是有区别的,社会发展是一个历史过程;但他们建立了资本主义制度后,便觉得资本主义应该是天长地久的,从此社会发展再也不是一个历史过程了,这反映出他们对资本主义的社会经济性质,并没有真正的认识,当然也不能进行改造。至于进行社会经济改造时,不仅要认识它的性质,而且要从改造政治上层建筑入手,因为上层建筑是保护经济基础的,这就要以历史唯物主义为指导,这种哲学也不是农民和资产阶级所能接受的。无产阶级认识社会经济的性质,不存在来自小生产生产方式和生产资料私有制的限制,但是当无产阶级尚未产生自己的观察世界的工具——马克思主义,并以它来武装自己时,无产阶级对社会经济性质的认识也是不正确的,改造社会的运动都陷于失败。这原理也适用于对旧中国社会经济性质的认识和改造。

从鸦片战争到中国共产党成立前后这段时间里,中国发生的太平天国运动、洋务运动、戊戌新政和辛亥革命,都说明了这一点。鸦片战争后大约十年发生的太平天国运动,是中国历史上最后一次规模巨大的农民运动,其领导人对中国社会经济的性质,没有真正的认识,因而提不出改造旧社会、建设新社会的纲领;他们所提出的天朝田亩制度,是不可能实现的农业空想社会主义。因此,撇开太平军定都天京后,太平天国的领袖们政治上倾轧、生活上腐化不谈,作为改造社会经济的运动,太平天国运动必然是失败的。太平天国运动动摇了清王朝的统治,其后在这一历史条件下产生的洋务运动,即认为可以不作任何社会改革,就可以直接从西洋输入工业和技术以发展经济的运动,撇开其阶级目的不谈,从历史唯物主义原理看,它也是必然失败的,因为不改变旧的生产关系和维护它的政治上层建筑,新的生产力是无法发展的。戊戌新政是在洋务运动实质上已经失败、清王朝在甲午战争中又遭惨败的条件下发生的,其领导者理应总结以前的社会改造运动的经验,从认识社会经济性质入手,制定改造社会的方案,但是,由于前面说过的原因,他们认为只要在政治上消除保守顽固的人物，改革便能成功，结果也归于失败。

孙中山先生领导的辛亥革命，情况有所不同。1905 年，他在《民报 · 发刊词》中，首先提出民族、民权、民生三大主义，不仅反对清王朝的统治，反对帝国主义的侵略，并且认为效法欧美资本主义，是不能解决民生问题的，这表明他对社会经济问题，已有进一步的认识。但他认为民生问题，即社会基本问题应该怎样解决呢？1906 年，作为国民党前身的同盟会，在其《军政府宣言》的文告中，提出“驱除鞑虏，恢复中华，建立民国，平均地权”四大纲领，企图用平均地权来解决民生问题。平均地权的办法，是核定天下地价，现有地价仍属原主所有，因社会进步而增的地价，则归国家，为国民所共享。将社会经济问题归结为土地问题，这是解决封建社会基本矛盾，建立资本主义社会所必需的。这样看来，孙中山先生似乎对旧中国社会的封建主义性质已有认识。但从平均地权的具体办法看，这又是解决资本主义社会土地问题的方法，例如英国哲学家和经济学家约翰 · 穆勒从其生产不变、分配改进原则出发，提出地价增殖部分归公的土地纲领，美国社会改革家亨利 · 乔治提出的使土地成为公有财产的土地纲领，就是这样。解决封建社会土地问题的方法，应该是建立资本主义土地所有制或个体农民土地所有制，这两者都是私有制，实行何种土地私有制，则由发生资产阶级民主革命时各国经济和政治条件决定。从这里就可以看出，孙中山先生对封建主义的和资本主义的土地问题的本质差别，没有真正的认识，也就是对旧中国封建社会经济的性质没有真正的认识。因此，辛亥革命没有解决中国的社会问题。

二、关于旧中国社会经济性质和改造问题的两种对立理论概述

十月革命后，马克思主义传入中国，中国的先进分子开始用无产阶级的宇宙观认识中国的社会经济性质，情况就完全不同了。在这里，中国共产党的成立是个转折点。

中国共产党经过反复的认识和实践，认识到旧中国社会经济的半封建半殖民地性质，提出了要由中国无产阶级来完成中国资产阶级无法完成的民主革命

的历史任务；并在这一基础上帮助孙中山先生改组国民党，将旧三民主义发展为新三民主义；在第一次国共合作下，进行第一次国内革命战争——北伐；在蒋介石背叛革命后，领导土地革命，进行第二次国内革命战争；在日本侵略加紧时，促成第二次国共合作，进行抗日战争；在蒋介石消极抗日、积极反共后，坚持抗日战争，直至胜利；当蒋介石妄图夺取胜利果实，消灭革命力量时，进行解放战争，推翻代表封建主义、帝国主义、官僚买办资本主义的反动政权，并经过土地改革运动，彻底改变旧中国社会经济的半封建半殖民地性质。

中国共产党在这个伟大的认识和改造过程中，提出的理论和由此制定的政策，由于要损害某些阶级的利益，因此总要受到这些阶级的代言人的反对。这些反对的理论，如将其手法和语言结合起来考察，可以分为三大类：一是运用马克思主义的词句的；二是运用封建主义的词句的；三是运用帝国主义的词句的；而国民党极右派的理论，则是后两者的结合。这里我们先作概括论述，下面再分别论述。

1923 年，陈独秀在《前锋》第二期上，发表《中国国民革命与社会各阶级》一文，指出中国革命是殖民地或半殖民地的革命，同资产阶级的民主革命以及无产阶级的社会革命不同，是国民革命，它“含有对内的民主革命和对外的民族革命两个意义”。这时是中国共产党发表宣言，促进“民主主义的联合战线”的成立之后，反对帝国主义和军阀统治的北伐战争之前，论文所起的积极作用是很大的。

由于这样，代表帝国主义尤其是美帝国主义利益的胡适便首先起来反对这种理论。胡适是一个复杂的人物，但从政治上看，他在中国革命的各个阶段，都站在革命的对立面，以其哲学观点为基础，提出理论来反对革命，这个问题留在下面再谈。

在中国共产党的影响下，1924 年，孙中山先生改组中国国民党，提出新的三民主义，其中将民生主义中的“平均地权”改为“耕者有其田”，这反映出孙中山先生在中国共产党的帮助下，对旧中国封建社会的土地问题的性质的认识，有了质的飞跃。以此为基础，孙中山先生在有中国共产党人参加的中国国民党第一次全国代表大会中,提出了联俄、联共、扶助农工的三大政策。这样,在国共合作下,北伐战争便开始了。

这一切都触犯了帝国主义和封建主义的利益,因此遭到它们的政治代表国民党右派的反对。对此,毛泽东在北伐那一年即1926年发表的《中国社会各阶级的分析》中,作出了回答。毛泽东明确指出,中国社会经济的性质是半殖民地,中国"地主阶级和买办阶级完全是国际资产阶级的附庸,其生存和发展,是附属于帝国主义的。这些阶级代表中国最落后和最反动的生产关系,阻碍中国生产力的发展。他们和中国革命的目的完全不相容"。[1]在这里,社会性质和革命对象,都说得清清楚楚。

这次国民革命,由于敌人力量强大,再加上中国共产党领导机构政策上的错误,归于失败,蒋介石篡夺了政权。中国共产党为了总结教训,纠正错误,使革命走上正轨,便在以前的认识基础上,加深对中国社会经济性质的认识,而为了达到这个目的,便有必要进而研究中国农村社会经济的性质,得出的结论就是:中国是半封建半殖民地社会,革命的任务是反对封建主义和帝国主义,是进行民主革命民族解放的斗争,但软弱的资产阶级无力领导这场革命,要由无产阶级来领导。

这种革命理论受到国际共产主义运动中托洛茨基派的反对。在中国拥护托派观点的人,搬弄马列主义的词句,论证中国不仅城市经济是资本主义的,而且农村经济也是资本主义的,中国已是资本主义社会,应由资产阶级领导革命,蒋介石取得政权,就是资产阶级革命的胜利——要等资本主义发展一段时间后,才能进行无产阶级革命。这样一来,反对封建主义和帝国主义的任务,便被取消了。关于这场中国社会性质和中国农村社会性质问题的论战,也留在下面再谈。

蒋介石取得政权后,便要消灭中国共产党,中国共产党转入农村,建立根据地,进行土地革命,蒋介石则派军队实行反革命围剿。在这一过程中,所谓的乡

---

[1]《毛泽东选集》,第1卷,第4页。

村建设运动便兴起。这个运动包含着许多派别,其领导人的哲学观点和政治主张也不尽相同,其中最值得注意的是梁漱溟先生。

在抗日战争时期,为了动员和团结国内和国际上一切可以动员和团结的力量,消灭最主要的敌人——日本帝国主义,毛泽东在1939年发表了《中国革命和中国共产党》,在1940年发表了《新民主主义论》,这两文都分析了中国社会的性质和各种矛盾,以便制定抗日的路线、纲领和具体政策。毛泽东在前文中指出:"自从一八四〇年的鸦片战争以后,中国一步一步地变成了一个半殖民地半封建的社会。自从一九三一年九一八事变日本帝国主义武装侵略中国以后,中国又变成了一个殖民地、半殖民和半封建的社会";[1]在后文中指出:"现在的中国,在日本占领区,是殖民地社会;在国民党统治区,基本上也是个半殖民地社会;而不论在日本占领区和国民党统治区,都是封建半封建制度占优势的社会"。[2]在上述认识的基础上,毛泽东在1940年底为中共中央写的对党内的指示《论政策》一文中,对国内国际各种政治力量都作了分析,要求在区别上建立我们的政策,以便集中一切力量,打倒日本帝国主义。

在正确的路线、纲领和政策指导下,中国共产党在抗日战争中壮大起来了,解放区也日益扩大了,自从1938年武汉沦陷后,便消极抗日、积极反共的蒋介石,虽然掀起了几次反共高潮,但都达不到他希望达到的目的,于是就抛出他的系统的理论,再来一次反共,这集中地表现在1943年出版的《中国之命运》上。这些国民党右派的理论,用的是封建主义和帝国主义(法西斯主义)相结合的词句,留在下面再谈。

在解放战争时期,1947年,毛泽东在《目前形势和我们的任务》一文中,根据中国社会经济的性质,提出由无产阶级领导的资产阶级性质的民主革命,即"新民主主义的革命任务,除了取消帝国主义在中国的特权以外,在国内,就是要消灭地主阶级和官僚资产阶级(大资产阶级)的剥削和压迫,改变买办的封建的生

---

[1] 《毛泽东选集》,第2卷,第589页。
[2] 同上书,第625页。

产关系,解放被束缚的生产力”,[1]因而“没收封建阶级的土地归农民所有,没收蒋介石、宋子文、孔祥熙、陈立夫为首的垄断资本归新民主主义的国家所有,保护民族工商业”,“就是新民主主义革命的三大经济纲领”。[2]这就是反对帝国主义和封建主义,以及反对它们两者和国家政权相结合的产物即垄断资本主义;而垄断资本主义的国有化,又为从新民主主义革命发展为社会主义革命准备了充分的物质条件。

[1] 《毛泽东选集》,第4卷,第1198页。
[2] 同上书,第1197页。

第二章 关于中国经济性质和中国农村性质问题的论战

一、概　述

1927年国民革命失败后，中国革命处于低潮。由于总结经验教训，寻求革命道路，解决革命领导权问题的需要，中国理论界就展开了中国社会性质问题的论战。时间大约是1929年至1932年。

第一个问题是讨论中国社会性质，但集中讨论的是中国经济性质，这已经包含着社会性质是由经济性质决定的这种方法论。我们知道，这是马克思主义的方法论，它和那种由政治制度的性质决定社会性质，由思想文化的性质决定社会性质，即由政治上层建筑或由思想上层建筑的性质决定社会性质的方法论完全不同。这表明，马克思主义传入中国后短短几年，中国马克思主义者运用这种方法论研究中国社会性质问题，已经产生了很大的影响，以致一部分反对用马克思主义进行研究，认为用这一方法就必然得出中国是半封建半殖民地社会的结论的人，也自觉不自觉地用这种方法进行研究。当然，正如下面会谈到，也有一部分反对马克思主义的人，不仅反对这种结论，而且也反对这种方法论。

第二个问题是，决定社会性质的经济性质，又由什么决定。持有中国经济是资本主义经济观点的人，认为决定经济性质的是生产力、是劳动资料，他们并且引用马克思说的话作为根据。马克思在《哲学的贫困》中说过，用手推的磨子产生了封建主的社会，用蒸汽的磨子就产生了工业资本家的社会；在《资本论》

中也说过："劳动资料不仅是人类劳动力发展的测量器，而且是劳动借以进行的社会关系的指示器"。[1]持有中国经济性质是半封建半殖民地经济观点的人，则认为经济性质应由生产关系或生产方式决定，并引用马克思说的这段话："不论生产的社会形式如何，劳动者和生产资料始终是生产的因素。但是，两者在彼此分离的情况下只在可能性上是生产因素。凡要进行生产，就必须使它们结合起来。实行这种结合的特殊方式和方法，使社会结构区分为各个不同的经济时期"。[2]应当说，正确的是第二种方法。根据这种方法论，资本主义社会是用自由买卖这种方法，使生产资料和劳动力结合起来的。而劳动力的自由买卖，在旧中国，不仅在农村，而且在城市，都是凤毛麟角，农村中的以人工抵牛工，城市中的养成工、包身工，凡此种种，都从反面说明中国经济不是资本主义经济，而是半封建半殖民地经济。

论战以《新思潮》、《读书杂志》和《动力》等杂志和刊物为阵地展开。大体上前两者代表中国共产党内马克思主义者的观点，当时称为干部派，或新思潮派。影响较大的文章有王学文的《中国资本主义在中国经济中的地位其发展及其将来》、丘旭的《中国的社会到底是什么社会?》、潘东周的《中国经济的性质》和思云的《中国经济的性质是什么?》等；后者代表共产国际中托洛斯基派的观点，当时称为反干部派，或动力派，影响较大的文章有严灵峰的《中国是资本主义的经济还是封建制度的经济?》、《再论中国经济问题》和任曙的《反修正主义论》等。简单地说，中国经济在新思潮派看来是半封建半殖民地经济，在动力派看来是资本主义经济。

以上论战主要集中在中国城市经济性质的问题上。由于看法分歧，为了解决问题，由此就发生两种论战，一种是中国社会史论战，其内容包括中国历史是否有规律可循，它如何划分阶段，这些阶段的性质是什么，亚细亚生产方式是什么，它和中国历史发展有什么关系等，关于这些问题，这里不拟论述；另一种是这里要论述的中国农村性质的论战。根据同样道理，论战也集中在农村经济性质上。时间大约是 1933 年至 1937 年。

[1] 《资本论》，第 1 卷，第 204 页。
[2] 《资本论》，第 2 卷，第 44 页。

论战主要集中在《中国经济》和《中国农村》两个定期刊物上。从思想渊源上说,大体上前者的观点和动力派有关,后者的观点和新思潮派有关。属于前者并影响较大的文章有王宜昌的《论现阶段的中国农村经济研究》、《关于中国农村生产力与生产关系》、张志澄的《关于〈中国农村经济研究方法〉》和王景波的《关于中国农村问题研究之试述》;属于后者并影响较大的文章有陶直夫的《中国农村社会性质与农业改造问题》、余霖的《中国农村社会性质问答》、薛暮桥的《研究中国经济的方法问题》、周彬的《中国农村经济性质问题的讨论》、钱俊瑞的《现阶段中国农村经济研究的任务》和赵槑僧的《关于中国农村经济研究之我见》,此外,陈翰笙的专著《广东农村生产关系与生产力》、孙冶方的论文《财政资本统治与前资本主义生产关系》、千家驹的论文《定县的实验运动能解决中国农村问题吗?》和《中国的歧路》也是属于这方面的。简单说来,前者认为中国农村经济是资本主义经济,后者认为中国农村经济是半封建半殖民地经济。

二、关于中国社会经济性质的论战

新思潮派中的王学文和潘东周都认为中国经济是帝国主义侵略下的半殖民的封建经济,在中国经济中占优势的、占统治地位的是半封建经济。王学文明确指出:所谓打倒封建势力,是欺人的口号,事实上“封建的(半封建的)的经济关系,剥削方式和其他阻碍资本主义发展之封建的束缚,现在是依然存在”;所谓打倒帝国主义,是欺人的标语,事实上“不惟不能并且不敢打倒帝国主义而反投降帝国主义之下”,“中国资本主义在这种状态压迫之下,无论如何得不到发展条件,不能向上发展,如果向上发展,非先打破这二重束缚不可”,而幼稚的中国民族资产阶级,国民革命失败后已走上反动的道路,无法完成这种历史使命,“惟独中国无产阶级能领导革命,打倒封建的势力和帝国主义,转变社会的经济走向非资本主义的前途”。[1]潘东周认为,“论封建关系在中国经济中占着

[1] 潘肃编:《中国经济论战》,上海长城书店 1932 年版,第 75—77 页。

优势，绝不是说中国没有资本主义，中国不独在城市中已经受了财政资本主义帝国主义的统治，及在农村中已开始了资本主义的分化。但无论如何，在中国的全国国民经济中，封建关系仍然占着极强度的优势”，说到中国的资本主义，“我们不能不记住帝国主义是占着绝对的优势”。[1]

从上述可以看出，王、潘的结论，是建立在区别封建主义和资本主义，区别民族资本主义和帝国主义即垄断资本主义的基础上的。他们绝不认为，凡商品经济就是资本主义经济，凡资本主义经济就非殖民地经济。

新思潮派的论点对封建主义和帝国主义十分不利，但代表封建主义和帝国主义利益的国民党右派又无法提出可以堪称为理论的东西来与之论辩，当讨论是按照经济性质决定社会性质的方法论进行时，尤其是这样。因此，托洛茨基派在中国的应声虫便担负这个任务，援引马克思的词句，硬说中国已经是资本主义社会，要等世界革命到来时，去革资本家的命。这样一来，地主阶级、帝国主义和买办资产阶级，都不是中国革命的对象了。他们的方法，是将小商品生产和资本主义生产相混淆，将帝国主义在中国的企业和中国民族资本主义的企业，看成是自由竞争的大小企业，将帝国主义和中国封建主义，看成是势不两立的。严灵峰说：“不成器的马克思主义门徒……最可笑的便是不懂国民经济的本质是什么？他们以为中国境内的帝国主义的一切工厂、矿山、银行、铁道等等都不是属于中国整个国民经济系统以内”，因此，“一见某部分民族工业受打击或发展缓慢，于是便结论说：中国国民经济不能够发展，甚至说受帝国主义的束缚不能发展！他们不了解在中国整个国民经济中的帝国主义企业和民族企业就像各分立的企业的相互关系”，[2]即在竞争中整个国民经济是发展的，这就是资本主义发展。他又说：“不肖叛徒们最反动的理论便是武断地断定帝国主义在中国维持封建势力使中国资本主义经济不能发展”；他认为“帝国主义本身是代表高度的资本主义势力，它对于封建的经济制度完全处于不可调和的矛盾

[1] 潘肃编：《中国经济论战》，上海长城书店1932年版，第22页。
[2] 同上书，第229页。

地位”，[1]这样，帝国主义和封建主义都不必反对了。

任曙对中国经济的性质说得很简要：“(一)资本主义已经破坏了封建制度而代替它支配全国的经济生活，取得了优势。(二)资本主义已达到，1864年前的欧洲，1917年以前，确切的说，大战以前的俄国。(三)资本主义已遍布了全国，乡村隶属于城市，隶属于中心，合之则构成一交换经济网。(四)资本主义之在全国，大体上以东南为中心，即沿海沿江一带占优势，为其中心的上海是中国第一中心，其他各区域中心乃至全国‘都受上海的影响’。”政治结论就是：“现在可以做反资本主义的革命，将来可以做非资本主义的建设”。[2]

论战的双方，谁是谁非，我们已从方法论上作了说明；中国革命的实践，也作出结论。

现在来看四十多年前这场论战，就觉得尽管新思潮派的论点是正确的，动力派的论点是错误的，但是应该说，西方的水平都不是很高的，其表现就是只在一些有关的范畴上作注释性的说明，如什么是封建主义、资本主义、帝国主义、殖民地等等，未能深入经济关系内部进行研究，这反映出对中国社会经济的研究，还处于开始的阶段。

三、关于中国农村社会经济性质的论战

论战的双方都认为中国农村社会性质，要由它的经济性质决定。以陈翰笙、钱俊瑞、薛暮桥为代表的一派，认为中国农村经济是帝国主义侵略下的半封建经济，即半殖民地半封建经济；以王宜昌、张志澄、王景波为代表的一派，认为从世界范围看帝国主义国家是城市，殖民地是农村，两方构成资本主义，中国农民是世界资本主义的“外在工人”，因此，中国农村经济是资本主义经济。论战涉及三个问题：

第一，帝国主义对中国农村经济的影响。前一派的观点可以以余霖的文章为代表，认为：帝国主义一方面“摧毁中国农村中的自然经济体系，促成农业和

[1] 潘肃编：《中国经济论战》，上海长城书店1932年版，第230—231页。
[2] 同上书，第290页。

手工业的分离，更进一步发展农业本身中的商品生产”。这样，它就使“中国的农业生产直接间接从属于世界市场……就能通过复杂的市场体系而来控制中国的农业生产”；另一方面“削弱了资本主义农业经营发展中的必要条件——例如能够获得丰富利润的市场价格，资本和进步技术的供给等等”，对“农村劳动大众的政治上和经济上的榨取，阻碍了农业资本的蓄积，这使农业的再生产一般不能扩大，甚至于连原有规模上的简单再生产都很难持续”，与封建势力相勾结，“利用它来榨取中国农村劳动大众，会使资本主义农业经营的发展更为困难”。[1]

后一派的观点可以以王景波的文章为代表，认为：“假如我们的研究不以中国农村生产方式为主体，而以帝国主义统治为主体，我们就应该承认，‘中国身受国际资本的支配，那就是资本主义生产方式之在中国已经占了优势’。因为这个资本主义生产方式先用枪炮把中国的大门打开，后即以大量的商品输进来，并从中国输出原料；由于这样的商品流通，再加上金融资本主义制度，它便在中国从城市到乡村，造成了以它为主体的整个的商品生产的体系。这样的商品经济（不是单纯的商品经济）与原有的商业资本结合起来使乡村地主布尔乔亚化，同时又使城市布尔乔亚‘土地化’”；不过，“这个资本主义化不是农业生产‘本身’之‘内在的’化，而是‘外在的’化。这‘外在的’化竟把‘农业的生产关系’从‘主体’化成‘附体’”。[2] 将这些话译成我们的语言，如撇开其中关于乡村地主和城市资本家相互转化这一点不谈，这就是在帝国主义影响和压迫下，中国农村经济日益商品经济化，并成为帝国主义的附庸。这就应理解为殖民地经济，而不是什么资本主义经济。

第二，中国农村内部的经济关系。前一派认为，“在中国农村中间，封建性的生产形态虽还多少存在，同时资本主义的生产形态虽然相当发展；可是占优势的都是过渡性的生产形态。这是我们时常叫它‘半封建的农村生产关系’的主要根据”。[3]帝国主义的经济侵略，是通过这种生产关系来进行的，并使它虽

[1] 《中国农村社会性质论战》，新知书店1935年版，第39页。
[2] 同上书，第159—160页。
[3] 同上书，第43页。

然在破坏,但又不能成长为资本主义的生产关系。

后一派认为,资本主义的发展首先由于国内市场的形成,而“国内市场之形成是以社会劳动的分工,工业与农业的分离,农民的分化与转变,小生产者的破产及雇佣劳动之成立等为条件。我们看这些条件在中国是不是具备的呢? 无疑的是具备了”。[1]他们还认为,“农村经济资本主义化之一般的表征可概括为:(一)土地自身亦变为商品,可以出卖、出租及抵押……(二)农业不能自足自给,并举行内部的分工,其生产物一般的都变成商品,(三)破产的农民依靠出卖劳力过活,充当雇工,月工,移住城市或寻找副业等等。这些现象在中国是否普遍存在呢? 早就存在的”。[2]在从两方面指出中国农村已是资本主义生产后,便认为这是在外国资本支配下的资本主义生产,但它对“创造商品生产的体制仍是一般无二”。[3]

这里暂且撇开将殖民地经济视为正常的资本主义经济、将小商品生产视为资本主义商品生产、将自然经济的瓦解过程的特点加以抹煞等错误不谈,着重谈谈这一派认为农村有雇工就是资本主义的问题。这就要回到作为商品的劳动力,要按照怎样的条件和生产资料相结合,进行生产,这种生产才是资本主义生产的问题。我们知道,这种条件就是自由。我们的农村雇工,有多少是按照这条件被雇的? 这正反映出,我们的农村生产的非资本主义性质。

第三,中国农村问题的实质。前一派认为,是土地问题,即废除封建土地所有制,后一派认为,是资本问题,由于“中国的地主早已商业化了”,因此,“中国农村最重要的问题已不是一个铲除封建秩序的土地问题”。[4]

这样,就有两种对立的政治主张:前一派认为,中国要进行反对帝国主义和封建主义的新民主主义革命;后一派认为,中国不存在反封建主义统治的任务,目前也没有反对帝国主义的任务,要等资本主义发展了,在世界革命到来时,再进行社会主义革命。

---

[1][3] 《中国农村社会性质论战》,新知书店 1935 年版,第 167 页。
[2] 同上书,第 168—169 页。
[4] 同上书,第 174 页。

第三章　旧中国社会改造的歧途

一、乡建派取消土地改革，借以维护封建主义统治

从30年代初到抗日战争全面爆发，在旧中国掀起了一个所谓乡村建设浪潮。其原因有两个。其一是，这时资本主义世界发生经济大危机，殃及中国，民族资本的工业陷于绝境，金融业把资金从城市暂时移到农村，以便发展农村经济，开拓国内市场，这就引起人们对乡村建设的注意；其二是，这时中国共产党领导的土地革命运动正在开展，作为它的对立面，必然会兴起一个乡村建设的浪潮，其目的就不是发展农村经济和开拓国内市场，而是妄图取消土地改革，借以维护封建主义的统治。

乡村建设运动包括几个不同的派别，其背景、目的、哲学观点（如果有的话），也各不相同。影响较大的有：晏阳初先生领导的平民教育促进会在河北省定县进行的实验；梁漱溟先生领导的乡村建设研究院在山东省邹平县进行的实验。对于参加乡建工作的人，我们十分崇敬，因为他们绝大多数是知识分子，能够深入农村，与农民共同生活，这是难能可贵的。乡建工作，也能给农民带来某些好处，例如识字之类。但将乡村建设看成是旧中国社会改造的道路，亦即对指导乡村建设的理论，我是不同意的。这是因为，他们都否认中国存在着帝国主义和封建主义的压迫，或者虽然看到中国存在着封建主义，但认为封建主义是世界上最好的文化（广义的，包括经济），非但不能反对，而且要发扬光大，然

而痛心的是,这个宝物正在受到摧残。因此,急切的任务是保护它,恢复它的活力。

先谈晏阳初的乡建理论。他认为,中国的问题在于愚、穷、弱、私,这在农村尤为严重。因此,他就提出要实行文艺教育以救愚,生计教育以救穷,卫生教育以救弱,公民教育以救私。其实,这四者只是症状,而不是病根;穷在这四者中是主要的,而穷的根源在于帝国主义和封建主义的压迫和剥削,这当然不是进行四大教育所能解决的。

晏先生在定县的实验,每年的经费约20万元,来源于外国尤其是美国的捐款。抗日战争胜利后,他又得到美国的资助,签订中美复兴农村协定,成立农业复兴委员会。从这一背景,我们也不难了解以教育为中心的这种乡建运动的目的是什么。

1948年,他总结以前的经验以便更好地推广时说:"30年来许多同志同道深入农村研究实验从事工作,且都有相当的成就,尤其是在方法与技术方面,如识字教育,乡村卫生,农业推广,经济合作,农民自卫,以及整个的县政建设,都有极可贵的心得提出来。抗战之前,这类工作曾普遍于南北各省,形成一个全国性社会建设运动;抗战期间,在有过乡建工作的许多地方,更充分表现了农民力量的伟大!这些事实加强了我们的自信心,博取了国际的同情,给知识分子为民众服务开辟了一条崭新的大路。"[1]

由此可见,当如火如荼的解放战争预示着新中国即将诞生时,晏先生仍然认为乡村建设是旧中国的出路。他明明看到:"中国的农民负担向来最重,生活却最苦:流汗生产的是农民,流血抗战的是农民,缴租纳粮的还是农民,有什么'征',有什么'派'也都加诸农民,一切的一切都由农民负担。"[2]按照正常的思维逻辑,他就应该分析一下其根源何在。这样,他首先就应指出封建地租,从而指出封建的土地制度。再分析下去,他就应该指出反动的政权和帝国主义。但

[1] 《开发民力　建设乡村》,原载上海《大公报》1948年8月14日,现载罗荣渠主编:《从〈西化〉到现代化》,北京大学出版社1990年版。引文见该书第966页。
[2] 同上书,第965页。

是，他却只字不提这些根源。这种做法，我认为只能从晏先生的乡村建设实验的背景中去理解。当时，费孝通先生就指出其目的是取消土地改革。[1]

再谈梁漱溟的乡建理论。和晏阳初的乡建理论不同，梁漱溟的乡建理论是有其哲学基础的。这就是梁所理解的东西文化的不同。梁从 1921 年发表《东西文化及其哲学》时起到 1988 年逝世，其论点始终不变。这里值得注意的是，梁所说的文化是广义的，包括了经济。这是 1921 年的说法："据我们看，所谓一家文化不过是一个民族生活的种种方面。总括起来，不外三方面：(一)精神生活方面，如宗教、哲学、科学、艺术等。……(二)社会生活方面，我们对于周围的人……之间的生活都属于社会生活一方面，如社会组织伦理习惯政治制度及经济关系是。(三)物质生活方面，如饮食，起居种种享用，人类对于自然界求生存的各种是。"[2]据此，他将文化定义为生活中解决问题的方法，或生活的样法，并将世界文化分为三种：一是努力取得所要的东西，这是西洋文化，以产业科学和民主为特征；二是不改变局面而求得自我满足，这是中国文化，以调和溶合折中为特征；三是取消问题而实行禁欲主义，这是印度文化，以后退超脱清静为特征。他认为最落后的是西洋文化，它不能解决问题，要向中国文化，乃至印度文化发展；最先进的是印度文化；中国文化居中。但是，他又认为，人类的本性不是贪婪，也不是禁欲，而是顺其自然地生活。因此，中国文化是最好的，应推广于世界，作为中国对世界的贡献。可以看出，他不是以生产关系来划分社会形态，而是以他所理解的文化来划分，和我们不同。

他认为崩溃前的中国文化，所以是不改变局面而求得自我满足，其原因有二：一、"中国社会构造本身……非常富于妥当性，调和性。因其本身妥当调和，所以不易起变动，因其不变动，乃更走向妥当调和里去。愈不变，愈调和，愈调和，愈不变……相延已久的老文化，盖有极高的妥当调和性"。[3]这里他事实上是用玄学的语言，描绘存在于旧中国的、马克思称为亚细亚生产方式的因素；

---

[1] 参见《评晏阳初的〈开发民力　建设乡村〉》，载《从〈西化〉到现代化》，第 973 页。
[2] 《东西文化及其哲学》，现载《从〈西化〉到现代化》，引文见该书第 55—56 页。
[3] 《乡村建设理论》，同上书，第 864 页。

二、"中国文化在人类所能有的文化里，其造诣殆已甚高。所以他能影响于外，传播于远，而他则从不因外面影响而起任何变化。甚至为外族武力所征服，却仍须本着他的文化来行统治，其结果每使外族同化于他。如是，他的文化势力圈的扩大与其文化寿命的绵长，成了相关系的正比例。卒之，成了又大又老，又老又大的文化体。……此其文化里面必有高越于人者在，亦可从知。"[1]这里表面看来，有一部分是在重复马克思在《不列颠在印度统治的未来结果》提出来的命题：野蛮的征服者自己总是被那些受他们征服的民族的较高文明所征服。那么，如此老大高超的中国文化是怎样破坏的呢？中国的问题在那里呢？

他认为中国的问题，"有人说是在'帝国主义与军阀'，又有人说是在'贫、愚、弱、私'，这二说都不正确，前一说好像中国此刻就多了这两样东西，没有这两样东西就好了。后一说又好像中国此刻就在这四样(克服方法)的缺乏。添补起来就好了。"[2]在他看来，"外界问题(帝国主义)虽是有的，但中国的内部问题大过外界问题，个人的不健全也是有的(贫愚弱私)，但社会的不健全大过个人的不健全。"[3]他认为中国社会崩溃解体的原因在于："近百年世界大交通，西洋人过来，这老文化的中国社会为新环境所包围压迫，且不断地予以新刺激，所发生的变化而落到的地步。"[4]所谓变化，"就是学一点西洋"。"不料这变化竟是变不得的。因其文化自身既达到极高度的妥当调和，改变一点，则其所以为妥当调和即不如初。……这些变化的结果，除了让自身失其原有的调和外，不能有何正面的积极的成功。"[5]

现在进一步就我们的论题，分析梁先生关于帝国主义对中国经济的作用的看法。他说，在今天的国际大势下，中国"土货出口，惨遭排斥……外货出口，转见激增……农业工业皆支持不住，受祸惨重者首在农村。盖今日中国农村已非几十年前的中国农村。从前的时候……差不多还在自然经济自给自足的样子，

[1][3] 《乡村建设理论》，现载《从〈西化〉到现代化》，引文见该书第865页。
[2] 同上书，第863页。
[4] 同上书，第864页。
[5] 同上书，第866页。

压迫不着他。海通以后，一面是农产品日益商品化，地里出的东西都要换成钱；一面是手工业破坏，而所需多代以外货，一切都要拿着钱买。初时，丝茶等项外人未曾讲求到，自然畅销，而他们工业亦要采取中国农产原料。这时，手工业虽受摧残，农业却还不坏。但到今日，一向为出口大宗的农产输不出去(梁认为欧战后各国着眼于自给自足，农业工业并重，并以关税防止外货输入——引者注)，同时更有大量农产入口，农业乃继手工业而破坏。农民所产既换不出钱来，而所需仍要拿钱买，惨苦不堪言状……农村经济乃大崩溃，工商业亦从而陷于绝境。……一些工业制品原无外在国内行销，当此农村破产，都市亦无所托之时……又向那里销去呢？"[1]

应该说，梁先生的描绘是真实的。那么，出路何在呢？他认为在于："农村生产力之恢复与增进，因而增进一般购买力，而后民族工业以需要刺激而兴起"，[2]即不触动封建主义，不改革土地关系，而妄想发展农村生产力。具体言之就是：A.中国农业有基础，而工业没有，故恢复农业生产力当较兴起工业生产力为简便迅捷；B.农业生产所需条件是土地，这在我们为现成的，而工业生产所需条件是资本是指机器一切设备，适我所缺，工业后进国须以农产出口易机器，而后工业可兴；C.农业技术容许我们徐图进步，而工业竞争激烈，势不可许；D.在农业技术前进的过程中，引起对工业的需求；E.生产抬头，购买力才得抬头，许多工业因需要之刺激而兴起；F.如是生产力购买力展转递增，农业工业叠为推引，而产业乃日进无疆。[3]

他这里说的，无非就是从生产力方面看的农业生产是国民经济的基础，农业生产从生产比例方面引起工业生产。但是，这内部的生产关系问题，他却只字不提。土地在我们是现成的——这句话是完全错误的。我们的土地是有主人的，在封建的土地制度下，无地的农民不缴纳地租，是不能种地的。在买地收取封建地租，较之办厂赚取资本利润更为有利的条件下，资本主义工业，尤其是

[1] 《乡村建设理论》，现载《从〈西化〉到现代化》，引文见该书第860—861页。
[2] 同上书，第861页。
[3] 同上书，第861—862页。

机器工业是不能顺利发展的；在外来资本主义商品刺激下，封建地主收取的地租越来越高，租地农民无法负担：这一切说明，不反对封建的土地关系，所谓从发展农村生产力开始，来振兴国民经济，只能是一句空话。

我们再看看30年代中期他在山东省邹平县是怎样从事乡村建设的，就很清楚了。整个工作以乡农学校来进行；它兼有平民学校和行政机构（取消区公所和乡公所）两重性质，是社会学校化的体现；它由乡村领袖、成年农民和乡建运动者三种人组成；它的职能是对村内各种人进行教育，并倡导社会改良运动，如禁烟、禁赌、放足等；它的领导机构是学董会，由村中有身份的人组成，并推举"德齿并茂"、"群情所归"的人为学长，另由政府派一人为理事；此外还有教员。建设从一村一县做起，然后推广到全国。

梁先生认为中国文化之不同于西洋文化，在于它不以个人而以伦理为本位，不存在阶级对立而只存在职业分工（他称为职业分途），他的乡建运动就是要恢复这种文化。上述乡农学校形式上将乡村居民看成是无阶级差别的一群人，实质上由地主豪绅这些"德齿并茂"者操纵一切，要一般农民接受其教育，恢复和维系原来的伦理关系。说到底，这就是维护梁先生不称为封建主义的封建主义。

在当时土地革命运动正在开展的条件下，乡建运动的具体作用是什么？梁先生明确指出：乡民愚昧而有组织，且为武装组织，其危险最大。因此，第一，要开导他们，要他们向开明、进步方向发展；第二，要谨防他们为人所利用，闯出祸乱，这是最不容易对付的，只能用软功夫，不能用强硬手段来解决。目的已说得很清楚了。

梁漱溟的乡村建设的根本目的，根据他于40年代初发表的《中国以什么贡献于世界》的说法，就是要建立或恢复"人生向上伦理情谊"的社会，并以此作为向世界贡献的礼物。"人生向上"正如当时王亚南指出的，比"仁爱忠孝信义和平"还要抽象，不易理解；但"伦理情谊"他是有说明的。前面提到，他认为中国文化以调和溶合折中为特征，我们说这是在描绘亚细亚生产方式的因素。他又认为，和西方社会是个人为本位不同，中国社会是以伦理为本位的。他认为在伦理本位社会，夫妇、父子情如一体，财产是不分的，有时祖父在堂，则祖、儿、孙财产不分，父母在堂则兄弟财产不分，这是一种共财或共产，不过其程度取决于伦理关系的亲、疏、厚、薄。由于自家人、兄弟，乃至亲戚朋友在经济上彼此照顾，互相负责，就没有贵族与农奴阶级、资本家与劳工阶级的对立，生产资料不被一部分人所独占，而形成所谓职业分途的社会。他认为这是最好的社会。西洋社会以个人为本位，轻经济上的平等，重政治上的自由；苏联社会以社会为本位，轻政治上的自由，重经济上的平等；以伦理为本位的中国社会，有两者的优点，而无其缺点。在我看来，这仍然是强调亚细亚生产方式，即在私有社会里继续存在农村公社的某些因素，并妄图加以巩固，来维护他不称为封建主义的封建主义。

乡建运动不解决土地问题，当然归于失败。

抗战末期，梁漱溟曾到延安参观访问，归来仍然认为其乡建理论是正确的。

二、西化派主张西方化我，导致加深帝国主义统治

西化派包括不同的流派，主要有以胡适为代表的一心一意西化派，以陈序经为代表的全盘西化派。

先谈胡适的西化论。胡适终生美化美国对中国的侵略。1917 年他在美国留学期间，就发表了《美国能如何协助中国之发展》的演讲。37 年后，1954 年，美蒋签订《共同防御条约》，他对此十分满意，尤其称赞它“将适用于经共同协议所规定的其他领土”。现简述他如何为帝国主义尤其是美帝国主义辩护。

在国民革命之前的 1922 年，胡适发表了《国际的中国》，认为中国共产党在宣言中列举的事实，即中国的军阀混战，都有帝国主义作后盾，帝国主义不希望中国统一，是“乡下人谈海外奇闻。几乎完全无事实上的根据”。他认为，外国投资者的心理，大多数是希望投资所在之国享有安宁与统一的，这有两种办法，一是征服他们，一是让他们的人民早日做到国家的和平与统一，从前外国投资者用第一种办法，没有结果，现在都用第二种办法，因此，“现在中国已没有很大

的国际侵略的危险了”，日本、美国、英国，“都不能不让中国人民来解决本国的政治问题，来建设本国的统一国家”。在这里胡适抹煞了两件事：当几个帝国主义国家争夺中国时，它们是不希望中国统一，因为这有利于它们的侵略；例如，混战的军阀，都有一个帝国主义国家做后台，这是事实；当某一个帝国主义国家看来有可能独吞中国时，它们是要通过其工具来统一中国的，因为这同样有利于它们的侵略和统治，例如，日本对汪精卫伪政府，美国对蒋介石政府，都寄予这种希望。这恰好是最大的国际侵略危险。

胡适特别赞美美国帝国主义。1920 年，由美国发起，美、英、日、法四国组成新银行团，向中国贷款，这是第一次世界大战后，美国与英、日等国竞争，对中国进行经济侵略的重要步骤。中国共产党称四国新银行团是“四国吸血同盟”，是完全正确的。但胡适却认为，四国新银行团起了“阻止某一国单独借款给中国政府”的作用，因而“美国资产阶级对中国……未必全怀恶意”。

为了愚弄中国人民，让他们去感谢帝国主义，胡适作了两个对比：不愿意使中国和平统一的人，究竟是几年来还没有贷过款给中国政府的四国新银行团呢，还是那贷款给北京政府的无数高利贷主呢？当小商人和老百姓，看到一只江西瓷碗运到北京，所用的钱十倍二十倍于从欧洲和日本运来的瓷碗，他们埋怨的是洋人控制的关税制度呢，还是那万恶的厘金制度呢？在这里，我们要指出，帝国主义国家控制中国关税制度，是有利于它们的商品倾销的，因此，从胡适的论述中理应得出是既要反对帝国主义，又要反对封建主义的结论。

但是，胡适认为不是这样，不仅帝国主义是可爱的，而且封建主义根本不存在，因此，中国没有反对帝国主义和封建主义的历史任务。1930 年，他在《我们走那条路》中认为，中国的“五大仇敌”即“五鬼”是“贫穷、疾病、愚昧、贪污和扰乱”，在这“五大仇敌中，资本主义不在内，因为我们还没有资格谈资本主义。资产阶级也不在内，因为我们至多有几个小富人，那有资产阶级？封建势力也不在内，因为封建制度早在二千年前崩坏了。帝国主义也不在内，因为帝国主义不能侵害那五鬼不入之国”。在这里要指出的是，他所说的“扰乱”，是包括革命运动，如太平天国运动、国民革命运动和土地革命运动在内的；而他在前面所说的万恶的厘金制度,则不属封建主义,而只是"卡员"个人的问题。

这样说来,"五鬼"是从那里来的呢?胡适认为这是"祖宗积的德,造的孽",现在的人要对过去负责;1932年,他在《惨痛的回忆与反省》中说,"我们的老祖宗造孽太深了,祸延到我们今日","自己如不长进,如不铲除病根,打倒帝国主义什么都说不上"。其实,"五鬼"不是病根,而只是病症,讳言病根,怎能治病?因此,他终于说出了帝国主义最爱讲和最爱听的话:中国人是"又愚又懒的民族","一分像人九分像鬼","中国不亡,是无天理"。

中国亡给谁最好呢?当然是亡给美国最好。这一点不仅从胡适赞美美蒋《共同防御条约》中可以看到,而且从他歌颂美国的民主经济中看到。1948年即全国解放前夕,他在《民主与反民主的观念体系的冲突》中指出,美国有五种经济,并驾齐驱,不分轩轾,最为民主。这五种是:传统资本主义组织,如个人所有的商店、农场、洗衣店和茶店等;大公司的经济组织;公共事业的经济组织;邮政局和"田纳西河流域管理局"等公共团体的经济组织;各种"私人的集合主义",如大学、教会、消费合作社等。在这些不同组织中,并没有人企图按一个格式,把它们整齐划一,这样就不会走上压制个人发展的道路,云云。换句话说,除了如像教会、学校这些严格说来不是经济组织(学店是经济组织)之外,胡适所说的,就是我们分析过的资本主义生产关系的部分质变的体现,所不同的只是,他认为这些经济组织是没有矛盾、没有剥削的极乐世界,要中国人民超度到这个世界之中。

再谈陈序经的西化论。我将胡适和陈序经在西化论中加以区别,认为前者是一心一意西化论,而不是全盘西化论,着眼点不仅是胡适后来作出的解释,而且是胡适的"整理国故"的行动。陈序经是经济学家,从其经济思想可以看出,他是全盘西化论的重要代表。

陈序经是在谈论中国文化的出路时,主张中国全盘西化的。这里的文化是广义的,包括了经济。1934年,他在《全盘西化的理由》中认为,中国必须全盘西化,理由有一。第一,西洋文化无论哪一方面都比我们进步。他说:"假使文化发展上的比较,尚不能彻底使我们明白欧洲文化的确比我们的文化为优,我们再把文化的成分来分析而比较，则我们所得的结论也是一样。”[1]他继续说：衣、食、住差不多是人生物质生活的要件。没有到过外国的人，也许不觉得我们生活的简陋，然一到外国的人，总免不得要觉得我们自己的生活，若不客气来说一句，还是未完全开化的生活。这不过是从经济方面来说，若从农、工、商业来看，那么我们比诸西洋人，更有天渊之别。说起农业，中国现在有什么出产是值得和世界相媲美的呢？说起工业，一个这么大的广州，数不出五支烟筒，与从比利时入德国以至柏林那条路上的数不尽的工厂，有什么好比呢？说起商业，中国人不但没有法子去在世界市场上竞逐，连在国内也比不上外人。这里说的都是事实。但是，他并没有分析其原因。这个原因在我看来是，中国比西欧较早地从封建领主经济进入封建地主经济，其原因不在于商品经济的发展，因而不利于资本主义的产生；后来又由于受到西方资本主义经济的压迫，经济发展就更为落后。这个问题我在另一篇文章里谈过。[2]

第二，西洋的现代文化，不管我们喜欢不喜欢，它是世界文化的趋势。陈序经说：“我们不要在这个世界生活则已，要是生活，则除了去适应这种趋势外，只有束手待毙。”[3]他多次谈论这样的问题：美国的印第安人，为什么到这般田地呢？就是因为他们不愿意接受新时代的文化，而要保存他们自己的文化。结果，不但他们的文化保存不住，就连他们自己，也保存不住。反之，美国的黑人，能够蒸蒸日上，不外是由于能够适应新时代的文化。平心而论，美国白种人之仇视和压迫黑人，比诸印第安人厉害得多，但一则以存，以盛，一则以衰，以灭。他认为，这种例子可以为中国不愿意接受西洋文化的良药。他最后指出：“要是我们看看我国的黎人、苗人的历史，已足为我们殷鉴。比方：在海南数百年来，耗过无数金钱，费过无数头颅，去征伐黎人，然到今，我们一谈到海南，总会谈到扶黎救黎。其原因也不外是因为黎人不愿意接受我们的文化，结果他们的情况日弄日蹙。我们若不痛改前非，则后之视今，恐犹今之视昔。”[4]这里的分析，

[1] 《全盘西化的理由》，第389页。
[2] 见本附录第五章。
[3][4] 《全盘西化的理由》，第390页。

单就经济这种文化中的一种成分,并且从一般的社会发展规律,即封建主义经济要发展为资本主义经济来说,认为西洋文化(即经济)是一种趋势,是可以的。但由此认为,中国就应该并且必须全盘西化,即中国人民必须像美国黑人那样接受白人的文化,这种论调是完全错误的。因为这不是中国发展的大道,而是中国沦为完全殖民地的歧途。

上述全盘西化论的两点理由,可以归结为一点,从我们论述的角度看就是:取代封建主义经济的是资本主义经济。我们是前资本主义或封建主义,西方是资本主义;因此从发展趋势看,我们应该欢迎并要求西方化我。这种理论是似是而非的。这是因为,我们论述的不是历史上继起的封建主义和资本主义的关系;如果是这样,如像欧洲的启蒙运动那样,呼唤资本主义代替封建主义,就是完全正确的;我们论述的是空间上并列着资本主义、甚至帝国主义和封建主义或前资本主义,并且前两者正对后两者进行剥削和压迫,在这种条件下,要求西方化我,不是甘心沦为殖民地吗?全盘西化论出笼时,就有人指出:它不是使中国西方化,而是使中国殖民地化,这批评完全正确。

陈序经先生说:“我们若以为帝国主义是西洋文化的产物,我们若想要打倒可恶的帝国主义,决不能以王道来打倒它,却反过来要用帝国主义去打倒帝国主义。”[1]这话只有一半是对的。我们当然不能以王道,不能以礼、义、廉、耻,以仁政来打倒帝国主义,也不能以义和团来打倒帝国主义;但也不能用帝国主义去打倒帝国主义,因为我们即使全盘西化了,只能化为完全的殖民地,不能化为帝国主义;再说以帝国主义来打倒帝国主义,帝国主义也是存在的;明治维新后的日本,就是想用它发展起来的帝国主义打倒其他的帝国主义,结果如何,不必再说。

最后,附带谈一谈陈序经关于美国的黑人和印第安人,旧中国的黎人和苗人问题。在我看来,美国白种人对印第安人和黑人都实行殖民统治,他们都要反抗。但印第安人是土著,他们对白人的反抗是以整个社会组织进行的。因

[1]《全盘西化的理由》,第373页。

此,白人对其驱逐、剿灭后,长期以来又将残留者围在“保留地”里,这就被陈序经斥为拒绝接受白人文化。黑人最初是白人在非洲实行殖民主义时抓来的,他们离开社会组织,成为奴隶,装运到美洲,途中大量死亡,残存的带着镣铐,放在种植园和矿山里,从事牛马劳动……他们及其后代的反抗,就不可能像印第安人那样以社会组织来进行,这就被陈序经赞美为接受白人文化。按照他的说明,从那时以来的黑人运动,就是不可理解的。明白这道理,旧中国黎、苗等少数民族反对汉民族的统治,就不会被斥为落后的行动。

三、国民党右派为巩固封建主义和帝国主义的统治进行辩护

国民党右派代表帝国主义和封建主义的利益,反对共产主义,在当时尤其反对中国共产党的新民主主义革命路线,对共产党污蔑、谩骂、杀害,务必全部消灭而后快。但是,由于中国共产党帮助孙中山先生提出新三民主义,并且对新三民主义身体力行,因此,国民党右派在理论上也要反对新三民主义,借以反对共产党。然而,由于他们还打着国民党的旗帜,就不便正面反对孙中山先生的新三民主义,因此对它解释时就用曲解和阉割的办法,来达到反对的目的。新三民主义,根据孙中山先生亲手校订的《国民党第一次全国代表大会宣言》的说明,就是:民族主义有两方面:“一则中国民族自救解放;二则中国境内各民族一律平等”;民权主义不是近世各国的所谓民权制度,往往为资产阶级所专有,成为压迫平民的工具;而是“为一般平民所共有,非少数者所得而私”;民生主义也有两方面:“一曰平均地权,二曰节制资本”;平均地权的办法,则是耕者有其田,因为“中国以农立国,而全国各阶级所受痛苦,以农民为尤甚。国民党之主张,则以为农民之缺乏田地沦为佃户者,国家当给以土地,资其耕作”。不言而喻,三大主义相互间有密切关系,例如不实行民权主义,即以工农为主体的平民不掌握政权,在中国的条件下,所谓实行民族主义和民生主义,就只能是一句空话。这是国民党执政的全部历史证明了的。但为了我们现在的目的,这里只侧重谈国民党右派如何对待新三民主义中的民族主义和民生主义,并着重谈前者

中的“中国民族自救解放”问题，后者中的“耕者有其田”问题。国民党右派，我们以戴季陶、叶青和蒋介石为代表。

1925 年，戴季陶在其《国民革命与中国国民党》中，除了对 C.P.相 C.Y.进行最恶毒的攻击，为国民党右派在组织上消灭共产党、在肉体上消灭共产党人作舆论准备外，对民族主义和民生主义，还作过理论解释。该文有一节“三民主义的帝国主义观”，实质上是谈民族主义的。在他看来，帝国主义不过是“食”和“色”的产物；食欲产生的社会经济问题，使资本主义冲破一国界限，成为帝国主义；性欲产生的人口增加问题，支配由食欲产生出来的经济问题，发生血统竞争和民族竞争，也成为帝国主义。他将他信奉的这些“理论”，安到社会主义者的头上，然后再指责他们，认为他们分析帝国主义产生的原因，只谈社会经济方面的，不谈人口和民族方面的，是一种不完全的理论。他认为三民主义的民族主义不是这样，三民主义表明，民族的生存是民生问题中最重大的问题。因此，要振作精神，振兴民族，使中国民族的“血统”在世界种族的大混合中，“得到多的分量和永久的时间”。我们且不说，从马克思列宁主义看来，这种理论是多么荒谬。因为帝国主义根本不是由“食”和“色”这种人类的欲望产生的，如果是这样，帝国主义就永不会消灭；我们只要指出，这种理论，对孙中山先生的民族主义是恣意曲解，因为民族主义对外是“自救解放”，即推翻帝国主义对中国的统治，而这种理论却将问题说成是保存和强化中国民族的“血统”，使其在世界种族混合中，占有重要的地位。这就根本取消了民族主义中的反对帝国主义的任务，而将民族主义说成是要中国民族在“血统”上同化其他种族！

从戴季陶将民族主义解释为民族的生存，即民族的“血统”是民生问题中最重要的问题，就可以预料他对民生主义将作何解释了。他的文章有一节是“中国的民生问题是什么”，但只字不提耕者有其田问题，却毫无根据地指责中国共产党，认为他们要在文化和经济落后的中国，要用阶级斗争的方法，建立工业的无产阶级专政，来达到革命建设的目的，这是办不到的。这是对孙中山先生的民生主义的阉割，也是对中国共产党的污蔑。

戴季陶就这样取消了反对帝国主义和封建主义的任务。

叶青反对孙中山先生关于“民族主义是健全的反帝国主义”的基本原则。他在《中国政治问题》中竟然认为，日本对中国，在中国未统一时，往往采取缓进政策，绝不施行军事侵略和进攻；但在中国走上统一之路时，因为这对日本不利，它就不能坐视，而要破坏统一，就采取直接的军事进攻的政策。前面在评论胡适的思想时，我曾指出，他认为帝国主义国家希望中国统一，以便有一个安全的投资环境，这种看法是错误的。现在，叶青认为日本不希望中国统一，这岂不证明他的看法是正确的吗？他们两人的说法虽然相反，但都是错的。正确的说法是：当某一帝国主义国家未能独吞中国时，它希望中国分裂，并支持军阀战争；当某一帝国主义国家看来可能独吞中国时，它就要通过其爪牙统一中国。但叶青的错误不在这里，而在于：帝国主义国家总要侵略落后国家和殖民地，至于它采取那一种政策，是缓进柔和的还是明火执仗的，那要取决于政治经济条件和斗争形势。认为中国统一是原因，日本军事侵略是结果，这是汉奸的理论，这和日本帝国主义认为中国排日是原因，日本不能坐视是结果实质相同。

叶青反对实行耕者有其田。他认为中国不存在封建剥削，没有土地问题。他在《中国政治问题》中认为，第一次世界大战后，中国便发展到资本主义初期阶段，根本不是什么半封建。关于土地所有权，现在大半已商业化，即土地已自由买卖，像法国革命和俄国革命以前那种根据特权占有土地的情况，非常少，土地所有权本来就不存在问题，不予解决，亦无关系。[1]这样，所谓耕者有其田便可以让无地的农民自己通过商业途径去解决，这就取消了反对封建主义的历史任务。在这里，我们看得很清楚，叶青利用了中国地主型封建经济的某些特点，尤其是自由买卖土地，来抹煞中国土地问题的存在，并取消反对封建主义的任务。

蒋介石不是理论家，将叶青作为代表，是着眼于以他的名字发表过《三民主义之体系及其实行程序》（1939 年）和《中国之命运》（1943 年）等文章。从这些文章中也可以看出，叶青是怎样取消反对帝国主义和封建主义的任务的。文章

[1] 《全盘西化的理由》，第 309 页。

除了宣传最反动的唯心主义哲学即力行哲学以外，所谈的问题都是空空洞洞的。关于民族主义，如果一定要找，只有这么一句："我们现在正和倭寇作战，教育的成败，也就是我们抗战的成败最大的关键"。[1]这种无关痛痒的说法，正是国民党右派积极反共、消极抗日在纲领上的表现。关于耕者有其田，根本不提；关于平均地权，则只有它"为一切经济建设之中心工作"这么一句，并且将它和办理地方自治联系起来。所谓地方自治，是蒋介石提出来的社会建设的基础。蒋介石认为国家建设有五方面：心理建设、伦理建设、社会建设、政治建设和经济建设，而这五项建设的基础，则是以地方自治为中心的社会建设，即新生活运动。他认为地方自治的重要性在于：中国古来建设国家的程序，是由身到家，由家到族，由族而到保甲和乡社，由乡社到县，由县到省，由省到全国，所以国家建设的基础，在于乡社。为了建设乡社，就要有乡社自治员和保甲长，有志于建国的人士，就要勇于担任自治员和保甲长的职务。这是不折不扣的巩固封建主义的统治和实行法西斯统治，在这种条件下，所谓反对帝国主义和封建主义，岂非笑话！

[1] 资料汇编，第4卷，第334页。

第二篇　旧中国半封建半殖民地的经济关系

第四章　中国封建社会的两个阶段

外国资本主义和中国社会接触时，中国处于封建社会，比资本主义落后。外国资本主义和垄断资本主义的入侵，使中国从封建社会变成半封建半殖民地社会。中国社会是由于在这个阶段上落后了，才成为半殖民地的；其后，中国社会发展又受到外国资本主义以及与其相勾结的反动政权的阻碍，就更落后了。下面主要分析前者的作用。

对于中国封建社会发展非常缓慢的原因，有许多不同的看法。亚当·斯密认为：这是中国的政治上层建筑即法律制度造成的。他说："中国一向是世界上最富的国家，就是说，土地最肥沃，耕作最精细，人民最多而且最勤勉的国家。然而，许久以来，它似乎就停滞于静止状态了。今日旅行家关于中国耕作、勤劳及人口稠密状况的报告，与五百年前视察该国的马可波罗的记述比较，几乎没有什么区别。也许在马可波罗时代以前好久，中国的财富就已达到了该国法律制度所允许的程度。"[1]但他没有加以分析。从方法论看，这是从政治上层建筑分析中国社会发展缓慢的原因。

马克思关于亚细亚生产方式的论述，是经常被人引用来说明中国社会发展的缓慢的。但他有一段以亚细亚生产方式理论为基础具体说明这个问题的论述，人们不大注意，现特予摘录。他说："在印度和中国，小农业和家庭工业的统

---

[1]《国民财富的性质和原因的研究》，上卷，商务印书馆版，第65页。

一形成了生产方式的广阔基础。此外,在印度还有建立在土地公有制基础上的村社形式,这种村社在中国也是原始的形式。在印度,英国人曾经作为统治者和地租所得者,同时使用他们的直接的政治权力和经济权力,以便摧毁这种小规模的经济公社。如果说他们的商业在那里对生产方式发生了革命的影响,那只是指他们通过他们的商品的低廉价格,消灭了纺织业,——工农业生产的这种统一的一个自古不可分割的部分,这样一来也就破坏了公社。但是,就是在这里,对他们来说,这种解体工作也是进行得极其缓慢的。在中国,那就更缓慢了,因为在这里直接的政治权力没有给予帮助"。[1]这里,马克思是以世界为视野,分析东方社会发展所以缓慢的原因,尤其是以印度和中国相互比较,分析中国社会发展特别缓慢的原因。这里特别值得注意的是,马克思指出村社在中国也是原始的形式,其解体十分缓慢。这样一来,资本主义就很难产生。从方法论看,这是从经济关系分析中国社会发展缓慢的原因。

先师王亚南教授主要根据马克思的亚细亚生产方式的理论,以及受到斯密的方法论的启示,提出地主型封建经济及其政治上层建筑官僚政治的理论,来解释这个问题,引起学术界的重视,并已形成一个学派。[2]

先谈地主型封建经济。一般地说,封建社会可以分为两大阶段,即领主型封建制和地主型封建制,中国和西欧都一样。它们的共同点在于:封建主占有土地,农奴或农民耕种土地,前者剥削后者的主要方式,是要后者提供地租。它们的不同点在于:在领主型封建制下,取得土地的依据是封建特权,即贵族们的血统,贵族是世袭的,土地占有也是世袭的,土地不能买卖。封建贵族是经济上的剥削者,同时也是政治上的统治者,地租和赋税不分,土地所有权和政治统治权不分;在地主型封建制下,土地可以买卖,取得土地的依据不是血统,不是政治特权,而是货币,封建地主是经济上的剥削者,封建官僚是政治上的统治者,前者剥削地租,后者榨取赋税,地租和赋税分开,土地所有权和政治统治权虽然同属于封建地主这个阶级,但相对于封建领主来说,它们是分别属于地主和官

---

[1]《资本论》,第3卷,第373页。

[2] 以下论点,全部来自先师王亚南教授的著作;如理解错误,责任在我。——作者

僚的,官僚可以是地主,但不一定是地主。

领主型封建制发展为地主型封建制,主要原因是生产力的发展,使封建社会的生产关系发生部分质变。封建制度是由奴隶制度发展而来的。由较为低下的生产力水平所制约的剥削奴隶的方式,到封建制产生时就发展为劳役地租,即劳动者在封建主经营的土地上(或其他场合),在封建主或其替身的鞭挞下劳动,并附着于土地,以取得对土地的使用权,在由他使用的土地上经营个人经济。这样就构成领主和农奴对立统一的领主型封建制。应该指出,是劳役地租这种剥削方式,使封建制度呈现出领主型封建制。[1]劳役地租是生产力进一步发展的障碍,因为农奴要在鞭挞下劳动,没有积极性,于是实物地租代替了它。所谓实物地租就是封建主将其土地交给农民耕种,分成收地租,在实物地租形式下,农民可以不必在鞭挞下劳动了,人身奴役关系开始松动。但实物地租仍然束缚生产力的发展,因为农民努力多产,地主剥削也多。于是,实物地租经过定额租发展为货币地租。货币地租意味着商品经济较为发达,农民开始加速分化,人身依附关系完全松动,农民可以离开土地,土地可以买卖。这样,领主变为地主,农奴变为农民,这就是地主封建制。经济上人身依附关系的松动,又反过来在政治上要求解放农奴。经过这样的经济、政治变动,在地主型封建制下,成为个体生产者的农民,便可以分化出资本家和工资劳动者来。

西欧封建社会,开始于日耳曼灭罗马即公元5世纪(476年),结束于17、18世纪(西欧各国稍有不同),经历时间约1 300年,其中的领主型封建制大约在14、15世纪,便转入地主型封建制,后者产生约300年便发展为资本主义社会,领主型封建制长约1 000年。中国封建社会始于何时,史家看法不一。我采用西周封建制开始说。按照此说,中国封建社会从公元前1122年延续到公元1949年或中国土地改革完成的1951年,长约3 000多年,其中由领主型封建制转入地主型封建制,过渡期是战国,转折期是秦统一中国,即公元前221年。这样,领主型封建制长约900年,地主型封建制长约2 100年。中国比西欧早进入

[1] 参阅《资本论》,第1卷,第265页。

封建社会，中国社会发展落后在于地主型封建制特别长，比西欧的长 1 800 年，以致西欧已发展为资本主义时，中国还处于封建主义阶段。

西欧地主型封建制的产生，是由于商品经济的发展，相对地说，中国地主型封建制的产生，就不是这样。这是一个重大的理论问题，是了解中国封建社会发展迟缓的关键。应该指出，中国从原始社会进入奴隶社会时，商品经济相对于西欧从原始社会进入奴隶社会而言也是不很发达的，以致公社组织解体不彻底。这就表现为中国历史上的井田制度。所谓井田制度，在西周社会，就是在农村公社基础上剥削劳役地租的形式。我们知道，西周开国的征服者，率其族人征服奴隶制度发展得并不很成熟的殷商后，便对征服者或有功者颁田制禄，爵位分公、侯、伯、子、男，公有田地百方里，侯有田地七十方里，伯有田地五十方里，子、男不满五十方里，成为上述三者的附庸，周天子名义上拥有所有土地，实际上拥有的是京城及城郊。这各级封建领主用井田制的方法剥削地租，即在井田中均等地有九分土地，八家各耕其一，八家共耕公田，所谓“公事毕，然后敢治私事”。这样看来劳役地租的剥削率是九分之一。井田制妨碍生产力的发展，农奴首先突破其限制，垦殖荒地，发展下去，封建主便改变征收地租的办法，这就是“初税亩”，“履亩而税”，按实耕面积征收地租。农奴实耕面积的扩大，突破了各级领主应拥有土地面积的限制。在这基础上，夺地而战，夺城而战，这就是战国。在领主即诸侯各国中，以地在西陲的秦国，用纲领的办法改变领主经济，适应地主经济的产生较为彻底。这就是商鞅变法。主要内容是：无战功者，不授予爵位；有战功者，授予爵位与土地；“耕织致粟帛多者复其身”，即解除农奴的人身依附；这便动摇了领主经济的根基，促使地主经济产生，吸引了许多劳动者向西入秦。这条路线使秦统一天下，并在全国实行。由此，中国转入地主型封建制度。

从上述可以看出，对于马克思所强调的亚细亚生产方式中的村社组织的大量存在，王亚南老师认为在中国西周时代就是井田制（以后又以其他形式残留下来）。这一点，他是经过十余年的考虑才确定下来的。在 1936 年出版的《中国社会经济史纲》中，他是这样论述的：“我们如注意周代紧承殷末氏族共同体之事实，则知如《周礼》所传的理想化的计划化的井田制，固不会存在，但同时却也不能抹杀中国原始农业共同体制之残骸”；“道地的原始农业共同体，是不能成为未成熟的初期封建制度之基础的。此种共同体在作为封建制度基础出现的时候，曾经再组织过，即曾附加以农奴的关系。但虽然如此，它同时却还多分保存其本来的姿态，并由此直接转化为井田，以及依井田制关系所形成的所谓助法”；“助法是一种力租制，即藉着井田中之公田，以征取徭役地租，而结成农奴的封建关系”。[1]王老师的这种思想从产生，经过反复考虑，到确定下来，即表述在《中国地主经济封建制度论纲》(1954年华东人民出版社出版)中，共花了十多年的时间。

秦统一天下后，在全国改革旧的领主经济。为了促进经济发展，全国统一度量衡、统一书面文字、统一道路宽度，所谓书同文、车同轨；与建立地主经济相适应，在政治上进行的改革，最重要的是将天下分为三十六郡，实行中央集权制度，改贵族政治为官僚政治，选派官吏到地方当官。选择官僚的办法经过试验，秦实行的是九品中正制，其后就改变为实行从隋唐开始的科举制度。由于这样，地租和赋税就分开来，农民在缴纳地租养活地主之外，还要缴纳赋税养活官吏和维持整个政治上层建筑。这种经济制度及其政治上层建筑，最初是促进生产发展的，后来却成为中国地主型封建制长期存在、资本主义产生较为迟缓的重要原因。

[1] 王渔邨(王亚南笔名)：《中国社会经济史纲》，生活书店1936年版，第64—65页。

第五章　中国地主型封建制对资本主义产生的不利作用

中国地主型封建制的生产关系可以用高利贷资本—商业资本—土地资本这个三位一体的公式来表示。领主型封建制只有商业资本和高利贷资本,因为土地不能买卖。这是两种古老的资本形态。恩格斯指出:第三次社会分工,“创造了一个不从事生产而只是经营生产品交换的阶级——商人们”。[1]从这时起,商业资本就产生了。他又说:“在用货币购买商品之后,继而出现的是金钱借贷,随着金钱借贷而出现的是利息与高利贷。”[2]这就是说,商业资本产生后,高利贷资本随之产生。高利贷资本和现代借贷资本,是生息资本的两种形态。但和现代借贷资本受产业资本支配,现代利息率受平均利润率调节相反,高利贷资本是支配前资本主义的商业资本和土地资本,高利贷利息率是调节前资本主义商业利润率和地租率的。所以,虽然封建土地所有制是地主型封建制的基础,但我们要从高利贷资本的分析入手,来分析这个三位一体的公式。这就是说,在地主经济阶段,高利贷资本是经济关系的调节者。

关于高利贷资本。前面已经说过,高利贷资本的剥削对象是消费者而不是生产者。有的人虽然是劳动者,但也是以消费者而不是以生产者的身份,遭受剥削的。这主要有两种人:达官贵人和个体生产者。前者借钱是为了挥霍,没有那种经济界限来确定利息率的高低,只能由需要和供给来决定。后者借钱,

---

[1] 《家庭、私有制和国家的起源》,第159页。
[2] 同上书,第160页。

形式上是为了生产,实际上是为了消费或活命。小生产者只要还有可能以消费资料来减压生产资料,那就是还有可能卖掉耕牛,除了非借钱不可之外,小生产者是不轻易借钱的。由于借钱的目的是为了活命,而不是赢利,利息率也不可能由所谓的利润率(即由借来的钱能增加的收入和本钱的比率)调节,而只能由活命需要和供给或勒索决定。高利贷利息率不能有一个公平的水准。因此,和现代利息只是利润的一部分,只是剩余价值即剩余劳动的一部分不同,高利贷利息往往侵占了部分必要劳动。积累起来的高利贷利息,在一段长时期内缺乏转化为产业资本的条件。因此,高利贷者挥霍之余,便用于高利贷资本本身的再积累,或转化为商业资本和土地资本。

关于商业资本。前面说过,前资本主义商业资本的利润率,由高利贷利息率调节。这时,商业利润是在流通中产生的;是贱买贵卖的结果,是让渡利润。这就是说,在封建制度下,不是产业发达了,使商业服从于产业,因而商业资本是产业资本的一部分,是商业资本在资本循环时,采取的三种形态中的商品资本的独立化,商业利润只能是剩余价值的一部分,资本主义商业资本就是这样;而是产业不发达,是商业资本促使产品进入流通,商业控制生产,商业利润不受剩余劳动的制约。这样,积累起来的商业利润,商人挥霍之余,或再转化为商业资本,或转化为高利贷资本和土地资本。

高利贷资本和商业资本本身,不能创造新的生产方式,它只能瓦解自然经济,使它发展为商品经济,只能促使个体生产者分化,为产生资本主义因素创造条件。

关于土地资本。前面说过,土地没有价值,不是商品,所谓买卖土地,其实是买卖土地私有权,即买卖取得地租的那种特权。由于这样,所谓的土地价格便取决于“地租÷利息率”。从这点看,高利贷的高利率,会使土地价格下降;但这不适用于小农购买小块土地。由于小农所处的经济地位,以及小块土地的需求特别强烈,其地价便高。在封建主义的历史条件下,根本没有资本主义的农业,没有农业利润,而土地购买者所以用货币购买土地而不去放高利贷,目的在于取得地租。这样,地租就由利息率调节,不是利润的余额,如像资本主义地租那样。只是由于收取地租风险较小,地租率便可略低于利息率;但不能由此得出地租只是土地资本的利息的结论,不能由利息说明地租。因为土地价格即土地资本额是以地租为前提的。这个作为前提的地租,不能以利息来说明。土地所有者积累起来的地租,个人挥霍之余,或再用来购买土地,或转化为高利贷资本和商业资本。

就这样,高利贷资本—商业资本—土地资本,互相转化,不易转化为产业资本。这就是中国地主型封建制对资本主义产生的不利作用。

我们可以和西欧社会发展作一比较。在西欧,从领主型封建制进入地主型封建制,其主要原因是商品经济发达,在经济上已使农奴分化,然后促使农奴在政治上获得解放。随着农奴解放,土地买卖自由,领主型封建制过渡到地主型封建制的同时,就具备了资本主义的产生条件。在中国,从领主型封建制进入地主型封建制,主要原因并不是商品经济发达,而是对井田制这种以农村公社组织进行地租剥削的突破,公社组织并不因此瓦解,商品经济发展较为缓慢,公社组织存在时间较长,因而资本主义产生较晚。

现在可以谈论建立在地主经济基础上的官僚政治对中国社会发展缓慢所起的作用了。王老师深刻地指出:“建立在地主经济基础上的中国官僚政治有着无比的包容性与贯彻性,它不但动员了传统的儒术、伦理、宗法习惯等等来加强其统治,并还可能而且在社会史上必然要成为它(官僚政治——引者注)的对立物的商工市民的力量也给解消同化在它的统治之中。结局,作为领主经济或贵族政治的死对头,而在那种政治经济中爬升起来的市民阶层,就不可能在中国地主经济与官僚政治场面下产生出来”。[1]

应该怎样理解这一重要问题呢? 中国官僚政治有两大支持杠杆,这就是财政上的两税制和政治上的科举制。后者意味着,中国地主型封建制下的商人、高利贷者和地主,不仅由于社会经济条件的限制,不容易发展或转变为工商业

[1] 《中国官僚政治研究》,中国社会科学出版社 1981 年版,第 144—145 页。

者这种市民,而且科举制也诱惑他们,使他们走经过科举而成为官僚的道路。这样,欧洲的工商业者市民的兴起,成为贵族政治的对立物,他们要从贵族那里夺取统治权;但在中国,不大可能成为工商业者的商人、高利贷者和地主,倒有可能通过科举制度,成为官僚政治中的官僚。这样,服务于地主经济的官僚政治就削弱了它的对立面。马克思说得很深刻:一个统治阶级越能将被统治阶级中的优秀分子吸引到自己方面来,其统治便越巩固。

在中国,商人、高利贷者、地主、官僚,由于上述原因,是你中有我,我中有你的通家,在政治上联成一种力量,同广大的农民相对立。农民革命,其打击面是这四者。这样,不仅打击面大,而且在革命过程中,积累起来的商业资本和高利贷资本也被消灭了,这对产生资本主义应该说是不利的。在西欧,例如在法国,社会等级是三个:僧侣,贵族和平民,没有特权的平民包括商人、资产者、个体生产者和工人,商人和资产者不是农民革命的打击对象,这对产生资本主义是有利的。

由于经济及由其决定的政治和阶级关系等方面的原因,中国资本主义的产生便比西欧为晚。在这一条件下,雇佣劳动这个资本主义生产方式产生的决定性因素,就或者具有封建性,或者不易形成。在中央集权官僚政治制度下,官办的、其目的在于增加财政收入的企业,如盐业、铁业,虽有工人,但并不是现代意义的雇佣工人。在地主型封建制下,有为数众多的手工业作坊,具有商业资本和高利贷资本的特点,它们大量低价购买原料,零碎高价出售产品,其利润兼有封建高利贷利息和封建商业资本的利润,这种作坊不是资本主义的工场手工业。斯密是英国产业革命前夕、工场手工业时期的经济学家,他对中国和西欧加以比较后说:“各旅行家的报告,虽有许多相互矛盾的地方,但关于中国劳动工资低廉和劳动者难以赡养家属的记述,则众口一词。中国耕作者终日劳作,所得报酬若能购买少量稻米,也就觉得满足。技工的状况就更恶劣。欧洲技工总是漫无所事地在自己工场内等候顾客,中国技工却是随身带着器具,为找寻,或者说,为乞求工作,而在街市东奔西走。”[1]这段话说明,最迟在18世纪中叶,资本主义在中国的农业中已萌芽,在工业中萌芽应在这之前,但其产生相当困难,以致一些破产的个体手工业者,因不能成为雇佣工人,而成为外出的手工业者。

[1]《国民财富的性质和原因的研究》,上卷,第65页。

第六章　中国半封建半殖民地经济关系

中国资本主义产生较晚，外国资本主义入侵时，资本主义经济开始萌芽，但整个社会生产还是封建主义的。外国资本主义和垄断资本主义入侵，一方面摧毁其自然经济，使农业和手工业的结合体，使原始公社因素加速解体，客观上促使资本主义产生，另一方面妨碍中国民族资本主义的正常发展，使中国不能成为其竞争对手，而成为半殖民地。这种自然经济虽然逐渐解体，但封建主义并没有真正消灭，资本主义不能正常发展，而又在这种条件下成为殖民地的经济关系，我们称为半封建半殖民地经济关系。其特点如下：

1. 外国资本主义和垄断资本主义要在流通领域统治中国经济，攫取利润和垄断利润。外国资本主义伸向中国的触角，最初是商业资本，后来是金融或货币资本。在广州开埠后，有所谓十三行，就是这两者的结合体。抗日战争前，英国在中国投资，其中地产占39%，金融业占29.6%，对政府贷款占22.4%，用于工商业的仅占9%；日本投资中用于工商业的仅占6%。这就反映出，它们在这种奴役土著的殖民地里，并不生根，剥削得来的利润和垄断利润，除供挥霍外，是汇回或用军舰护送回本国的。它们有时也办一些交通生产事业，但主要是为剥削提供物质手段，并不是为了生下根来，发展资本主义。

外国资本主义主要通过金融网来统治和剥削中国。金融机构中心设在沿海大城市，通过利息进行剥削。抗日战争前，外国资本的国内利息率为4%—8%，它贷款给中国第一层银行，其利息率一般为9%—20%，这些第一层银行又贷款给第二层银行，即中国钱庄，其利息率一般为20%—30%，钱庄再以高利贷资本,或以典当业形式,向最穷困的劳动者贷款,这种高利贷利息率一般在 30% 以上,如遇特大灾害,则可高达 200%—300%。这样一层层的控制和剥削,有其中相应的各级利息率。在旧中国由于资本主义不发达,平均利润率不起调节社会生产的作用,而由利息率起这种作用。外国资本办的商业,其触角一直伸到农村,使某些地区农业生产单一化,如河南省许昌县大量生产外资所需的烟叶,既遭受商业资本压价收购,又遭受高利贷资本收取利息的剥削。这是一段记述:约在 1915 年,洋人开始在胶济铁路线上的标子雇工种烟草 60 亩作为试验,到 1917 年,附近一带农民普遍种烟草。种烟草成本很高,又费人工。没有资金的农民不得不投到高利贷者和商业资本家的怀里。每亩烟苗,价约 2—4 元;豆饼或肥田粉,价约 15—20 元;烤煤价约 3—6 元;除劳动外,货币成本 20—30 元。资金不足的,只好赊购;赊价与现价,相差很大,赊购期 6 个月,煤每百斤便由 0.8 元,涨为 1 元。这是高利贷剥削。烟草烤好后,洋人通过买办看色定价,农民毫无还价余地,烟草又没有其他买主,农民只得忍痛脱手。为取得农民信任,最初烟价较高,因此农民中也有发财的。待农民大量生产烟草后,烟价便跌,从最初的百镑 50—60 元,一直跌到 2 元,有时连货币成本都取不回来,农民因而自杀的,时有所闻。[1]

垄断资本有时也输出资本,在中国办些企业,运用先进的技术,但雇佣关系是落后的,是前资本主义的,目的在于利用低廉的劳动力,日本在上海办纺织厂,使用包身工便是一例。

外国资本主义和垄断资本主义,总的说来在中国没有经营种植园。这是因为,它们入侵时,中国农村的商品经济,相对地说比较发达,能满足供应农产品的要求。此外,中国没有全部丧失主权,外国资本主义要剥夺土地经营种植园,也有阻力。当然,在完全成为殖民地的地区,即台湾和东北三者,情况有所不同。台湾的甘蔗,东北的大豆,有的是在种植园里生产的。

2. 旧中国绝大部分土地由地主、官僚占有,大概占 70%—90%,农民占有

[1] 参阅《中国农村描写》,新知书店 1936 年版,第 1—3 页。

30%—10%，没有土地的农民，要向地主租地，缴纳的地租，由高利贷利息率调节，一般为地价的10%—20%，比前面说的高利贷利息率稍低一点，因为收取地租风险少些。反映地租和地价比率的经济范畴叫做土地购买年。土地购买年，在旧中国是5—10年，在工业化时期的英国是24年，德国是30年。这是旧中国生产关系落后性的表现，即地租很高，便促使土地所有者出租土地收租，而不经营土地取利，因此富农经济并不发达。个体农民，一方面遭受垄断资本主义的剥削，另一方面多数又遭受封建地租、高利贷利息的剥削，农产品价格有时连c+v都不能取回，不仅生产不能扩大而且生活也难维持。为了生活，便要延长劳动时间，起早摸黑地干。但不能多耕种土地，因为越多种土地越贫穷，只能经营副业，尤其是最简单的手工业。从这点看，副业发达，是农民贫穷的标志，不是富裕的标志，对此是不应歌颂的。如果连这样也不能维持生计，出卖劳动力又没有雇主，那就只好成为像阿Q那样的干一天、闲一天、经常变换雇主的半失业者，或者成为自携工具、四处找人雇佣的外出工人，即今日农村五匠的祖先，再不能维持生计那就饿死或沦为乞丐盗贼。

这里还要说明一个旧中国农村的反常现象，即有的贫苦农民，也要雇工。为了生活，有的贫农便多租土地耕种，农闲时还可以自己耕种，农忙时便不行了，比如犁田。租牛价贵，不如雇工，因为人力贱于牛力。如从这点论证这种生产，是农业中的资本主义生产，那是大错特错的。

3. 处在垄断资本主义和封建主义之间的，是中国的资本主义。首先要指出，它虽然产生较晚，但是中国社会的内部矛盾总要促使它慢慢地产生的。这里无意论述中国资本主义萌芽的问题。但根据斯密《国富论》的记述(他从世界史的角度看问题)最晚在清代康熙年代，中国的资本主义便已存在。这时虽有外国资本主义，但不是促使中国资本主义萌芽的力量。其后，外国资本主义和垄断资本主义的入侵，先以廉价的工业品摧毁中国的自然经济，并以贩卖鸦片毒品来加速这个过程，接着又以侵略者的大炮，轰开中国的市场，然后以垄断价格和高率贷款为手段，吸取大量垄断利润。在这种条件下，中国资本主义不能正常发展，它分为两股，一股是买办资本主义，它是外国资本主义和垄断资本主义对中国人民进行剥削的中介者,以价格二重化取得买办利润。前面提到那种烟农,外资是通过买办对其进行剥削的,价格二重化使买办获得利润。一股是民族资本主义,亦即土著资本主义。很明显,它们遭受垄断资本的剥削,又因农民贫困,国内市场狭小,而没有向外侵略积累资本的可能性,发展当然很慢。但是,它仍然存在,并在空隙中发展。这是因为,破产农民多,劳动力价格极低廉,它便可以多使用手工劳动,榨取变相的剩余价值,即经常违反等价交换原则,购买低价劳动力,进行剥削而产生的"剩余价值"。大量使用手工劳动,固定资本小,可随时钻空子,以同外资周旋。它们的较快发展,是在第一次世界大战期间。

4. 旧中国还有一种官僚资本主义。它和买办资本主义的不同在于:是在国家政权的基础上产生的。由于旧中国政权始终未能消除封建主义的因素,因此,严格说来,官僚资本主义是资本主义和封建主义的混血儿。它的前身,是最早的盐铁公营。外国资本主义入侵后,由于反对坚船利炮的外国资本主义而兴办的现代企业,即通常所说在洋务运动中产生的企业,发展到后来,也成为官僚资本主义企业。乃至垄断资本主义入侵,扶植其政治代理人,官僚资本主义就成为一个垄断资本主义、封建主义和国家政权的混血儿,在抗日战争时期发展到顶点。

在上述条件下,旧中国社会再生产就呈现畸形,即积累起来的封建地租、高率利息,不易转化为现代产业的资本;产业资本的利润很小,发展艰难;买办资本、官僚资本,依靠特权取利,于发展生产力毫无作用;垄断资本攫取的利润,汇回、运回本国;个体生产者大量破产,整个社会再生产在萎缩状态下进行。这反映在资金积累上,便成为:资金从利率高的农村,向利率低的城市集中,由极其需要资金的中国,向外国集中;不仅外资如此,富有的中国人也如此。其原因是经济畸形发展,反动统治不稳。在这一条件下,什么科学救国、实业救国、教育救国、文化救国、发展农村副业救国,都不能解决问题。解决问题的道路,只能是推翻垄断资本主义和封建主义及其混血儿官僚资本主义在旧中国的统治,这就是中国共产党领导的新民主主义革命。

第三篇　怎样改进中国半封建半殖民地经济的研究

——纪念《中国经济原论》出版四十周年

先师王亚南教授的《中国经济原论》初版于1946年，1957年第五版（增订版）时改名为《中国半封建半殖民地经济形态研究》。

《研究》是我国第一本运用马克思的政治经济学理论，对自鸦片战争以来的旧中国经济关系进行系统研究、揭示其经济规律的著作。对于鸦片战争以前的中国经济关系的性质，王老师认为它是从秦朝开始的地主封建制度，以区别于从西周开始的领主封建制度。将中国封建社会划分为这两个阶段，并与西欧封建社会相比较，来说明中国社会经济发展史上的重要问题，是王老师的另一重要贡献。由于《研究》是王老师运用马克思的经济理论，对他本人有着深刻认识的中国地主经济和外国资本主义经济接触后，发生哪些变化，进行科学分析的结果，它就成为一本具有重要科学意义的著作。

在肯定《研究》的巨大成就的同时，也应该看到，即使根据它写作和增订时所具备的思想材料来看，它也有不足之处。这主要有两个方面：第一，它用马克思分析资本主义经济关系的方法，即从分析商品开始，来分析半封建半殖民地经济关系，从方法论看，这是一个需要研究的问题。这一点，王老师感觉到了，但未能解决；第二，它虽注意到鸦片战争前的中国经济是地主经济，但是，并没有如像亚当·斯密、马克思和恩格斯那样，将西欧资本主义控制下的北美、澳大利亚和新西兰这些移民垦殖殖民地，同亚洲、非洲和拉丁美洲某些国家和地区这些奴役土著殖民地区别开来，指出其发展的不同，然后同移民垦殖殖民地相比，分析中国这实质上的奴役土著殖民地经济发展的特点。

写作本文的目的，就是在述评《研究》的贡献和不足的基础上，提出一个研究中国半封建半殖民地经济的提纲。我想这是纪念《研究》出版四十周年的最好的方法。

第七章 《中国半封建半殖民地经济形态研究》的重要贡献

王老师在《研究》的《初版序言》中说："如其是在十年以前，像我这样一部不完备的东西，也许根本就无法产生出来。"[1]这就是说，《研究》是以前人的成果为其思想材料的。但我在这里要指出的是：《研究》的最重要贡献，是建立了研究中国半封建半殖民地经济的体系。

我们知道，1927 年大革命失败后，在中国论坛上曾展开过中国社会性质问题的论战，因为只有解决了这个问题，才能解决革命领导权问题。这次论战涉及两大问题。一个是中国经济性质问题，这已暗含着社会性质是由经济性质决定的这种方法论；与此相关的另一个问题是，决定社会性质的经济性质，又由什么决定。以王学文为代表的马克思主义者认为，决定经济性质的是生产力和生产资料结合的方式，资本主义是用自由买卖劳动力和生产资料的方式，使这两者结合起来的，中国缺少这种自由，在农村中的以人工抵牛工，在城市中的养成工、包身工，凡此种种，都说明中国经济不是资本主义经济，而是半封建半殖民地经济。他们的论敌则认为，决定经济性质的是生产力、是使用那种劳动资料，并指出，中国已使用蒸汽机，因而中国经济就是资本主义经济。这里撇开谁是谁非这个实践已作了回答的问题不谈，正如王老师在《研究》中指出的，"我在此着意的，毋宁是他们研究出他们那种命题，或支持他们的论点，所采取的方法。

[1]《中国半封建半殖民地经济形态研究》，人民出版社 1957 年版，第 15 页。

不论他们抑是他们的反对者，都似乎只在‘资本主义’、‘民族资本’、‘半殖民地’及‘封建经济’一类名词上反复作注脚式的说明，分别摭给一些中国经济上的表象，拿来与名词相比合。”[1]这就是说，论战集中在方法论问题上，这当然重要，但停留在这一点上，就不能解决问题。

这次论战由于未能解决问题，并且只集中在中国城市经济性质上，因此就发展为两种论战，一是中国社会史论战，[2]二是中国农村社会性质论战。这里只谈后者。按照同样道理，论战集中在中国农村的经济性质上。以陈翰笙为代表的马克思主义者对这一问题的看法是：帝国主义一方面摧毁农村中的自然经济，使其逐渐变成商品经济，并从属于受帝国主义控制的世界市场，另一方面阻碍农业中资本主义的发展，并与封建势力相结合，榨取中国农村劳动大众，使资本主义发展更为困难；农村中封建生产形态还多少存在着，资本主义生产形态虽然存在，但不能正常发展；中国农村问题的实质是土地问题，即废除封建土地所有制：这就是半封建半殖民地的中国农村经济。他们的论敌则认为，中国身受国际资本的支配，就意味着资本主义在中国已占了优势；农村中土地可以买卖、出租和抵押，农产品变成商品，破产的农民出卖劳动力；中国农村问题的实质是资本问题，中国地主早已商业化了，不存在废除封建土地所有制的问题：这就是资本主义的中国农村经济。论战的谁是谁非也是清楚的。针对这次论战，王老师在《研究》中指出：与前一次论战相比，“论争的内容与方法，显然是进步多了。但美中不足的是，他们对于方法论的论难，仿佛是在所研究的对象的中国经济、中国农村经济以外来进行，而所论难的有关农业上的诸经济范畴，又仿佛各自孤立着，而没有全部系统的联贯起来。”[3]这就是说，要将马克思的经济理论和中国经济、中国农村经济的实际结合起来，并在经济规律和经济范畴的基础上建立一个理论体系，这样才能解决问题。

《研究》就是这样做的。王老师不仅在“导论”第二部分“中国的传统封建制

[1]《中国半封建半殖民地经济形态研究》，第26页。

[2] 这次论战涉及中国历史是否有规律可循，如何划分阶段，这些阶段的性质是什么，亚细亚生产方式是什么，它和中国历史发展有何关系等问题。这些问题，王老师都有深刻的研究和专著，本文不拟论述。

[3]《中国半封建半殖民地经济形态研究》，第28页。

及其关系近代买办官僚资本形成的若干特点”中，勾勒出他有深刻研究的中国地主封建制及其对中国近代封建买办官僚制形成的影响，而且以此为基础，建立起一个研究半封建半殖民地经济的理论体系，那就是大体上像《资本论》那样，依次研究中国社会的商品与价值形态、货币形态、资本形态、利息形态与利润形态、工资形态、地租形态、经济恐慌形态，正面地说明它们不是资本主义性质的，反面地说明它们是半封建半殖民地性质的，最后在“结论”中揭示出中国半封建半殖民地经济变化的倾向——这样，就理论体系而言，确实是第一次建立起来了。

《研究》用“三位一体”的公式，即高利贷资本—商业资本—土地资本三者可以相互转化，而由高利贷的利息率来调节商业利润和土地地租的公式，来概括中国地主封建制的经济关系。以此为基础，它又分析了外国资本主义如何通过这种关系，对中国人民进行资本主义其表、封建主义其里的剥削，并指出：“一个社会的半殖民地性格，是由它的落后的封建生产关系引出的，是通过它的各种封建剥削造成的。而一切原始性剥削，又是把封建土地制作为其骨干或核心。这就是为什么土地这一生产条件所付太高的封建代价，竟成为破坏其他生产条件（如农具、畜力、劳动力）甚至地力本身的根本症结；诸种原始资本不能流动到农村乃至都市生产事业上去，最先亦是由于购买土地太有‘权’‘利’可图；而整个都市的中外大小权势者的寄生基础，即使是通过了买办商业资本、高利贷资本一类中间剥削榨取环节，最后终归是‘斧打凿，凿入木’的要落在土地上。”[1]这是马克思主义的分析，使读者对殖民地经济有本质认识。

[1]《中国半封建半殖民地经济形态研究》，第277页。

第八章 《研究》的不足

王老师对于《中国半封建半殖民地经济形态研究》的方法非常重视，但并不完全满意，希望能够改进，但未能实现。他在初版《序言》中说："如其是在十年以后，它的内容和体制，也许会更完备一些"。[1]该书初版后，杨奎章同志就发表文章，认为它用马克思分析资本主义经济的方法，来分析半封建半殖民地经济，是不妥的。对此王老师除了当时就著文解释外，在解放后的增订版中还明确表示：《资本论》的体系，"是不适用于封建社会经济形态的，因为在封建社会，有关地租或租佃的生产关系，是说明全部经济活动的出发点或基础"，可是，"到现在为止，以地租或租佃的生产关系为出发点为中心的有关封建社会经济的经济学体系，还没有建立起来"，即使建立起来了，"也不能机械地用它来说明中国现代的生产关系，因为我们现代的封建生产关系，毕竟已在解体过程中，毕竟只是作为原始积累的基础；大小封建地主，封建军阀，还不仅是大买办大官僚或四大家族的附庸，并且还是帝国主义的爪牙"。[2]就是说，他要改进方法，但又认为研究封建经济的经济学体系尚未建立，就缺少思想材料，无法提出研究解体中的封建经济的经济学体系（加上半殖民地特点），因此，一时还不能有很好的交代。[3]

由于这样，三十多年来，我常常思考这个方法问题，但觉得很难解决。直至1985年我有机会读到由商务印书馆组译的、18世纪爱尔兰经济学家理查德·

---

[1] 《中国半封建半殖民地经济形态研究》，第15页。
[2] 同上书，第48页。
[3] 同上书，第2页。

坎蒂隆于1732年至1734年写成的《论商业的性质》的中译稿时，[1]在思想上才感到豁然开朗。《论商业的性质》仿佛就是王老师盼望的那种经济学体系。它以分析土地关系为基础，来分析刚从封建主义中产生出来的资本主义的经济关系。它给我最大的启示，就是可以用这种方法来分析中国半封建半殖民地经济。而这一点，又是同王老师的思想相吻合的。关于如何从分析土地关系开始，去设想一个研究半封建半殖民地经济的提纲，这个问题留在本文第三部分谈。

现在我要提出来的是，就是按照马克思分析资本主义经济的方法，来分析半封建半殖民地经济，《研究》的方法也要改进。这就是对工资的分析，应紧接在对资本的分析之后，而不应放在利息与利润的分析和地租的分析之间，亦即该书第六篇《中国社会的工资形态》应改为第五篇，而原第五篇的《中国社会的利息与利润形态》应改为第六篇，紧接着的第七篇就是《中国社会的地租形态》。这是因为，工资是资本主义的经济范畴，它应该在分析了资本以后就加以分析。此外，作为分配论中的工资，和它相照应的利润和地租在这三者中，工资未经说明，利润就无法说明。

其实，对于这一点王老师是感觉到了的。他说："在中国，为外人所经营的产业，一般是能获得超额利润的；生息资本和商业资本，是能获有使人难以置信的利息率、利润率的；地租率是高到使人难于想象的。这种种事实，自然须从多方面予以说明，但最基本最本质的，却须在我们劳动形态工资形态上得到理解。"[2]这就应该分析了工资之后，再分析利润和地租。那么，他为什么将工资的分析放在利润和地租之间呢？看来，这是由于他要在分析了资本之后，紧接着就要分析左右着资本运动的利润这种为了说明便利的需要，[3]而不是由于理论体系上的方法论的需要。

[1] 写于1732—1734年，出版于作者身后的1755年。其后曾失传一百多年。我为该书写了一篇中译本序言；又利用序言中的思想材料，写了一篇题为《一种以分析土地关系为基础的经济理论》，刊登在商务印书馆出版的《马克思主义来源研究论丛》第8辑(1987年)上。

[2] 《中国半封建半殖民地经济形态研究》，第196页。

[3] 参见上书，第四篇《中国社会的资本形态》最后一段话(见143页)。

现在,我想指出《研究》在内容方面的不足之处。的确,它是极其难能可贵地抓住中国地主经济这个中国封建制的特点,作为分析中国半封建半殖民地经济的起点和基础,但是,在这样做的同时却没有将中国置于世界历史这个视野下,即按照斯密、马克思和恩格斯关于资本主义有两种殖民地,它们的发展是不同的这一理论,将中国半殖民地社会划入其中一种殖民地,同另一种殖民地对照地加以分析研究。由于这样,《研究》的广度和深度都受到一定的限制。

斯密在《国富论》中将资本主义初期的殖民地,分为移民垦殖殖民地和奴役土著殖民地两种;[1]马克思受斯密的影响,在《资本论》第一卷中,将殖民地分为真正的,或自由的(自由获得土地)殖民地和以种植园为特征的殖民地两种,[2]前者如北美、新西兰和澳大利亚,后者如印度尼西亚、菲律宾等亚、非、拉国家和地区,在《剩余价值学说史》第二卷中,更集中地论述了这两种殖民地;[3]恩格斯受斯密和马克思的影响,在致考茨基的信中,[4]更具体地指出,作为欧洲人的移民垦殖地的殖民地,是能够发展为独立的资本主义国家的,而奴役土著的殖民地则不可能。在我看来这已包含着这样的意思:前者因为存在的是欧洲资本主义生产关系的延伸,资本主义生产关系在这里生根;后者因为欧洲资本主义在这里并不生根,并且和当地的封建主义相勾结,阻碍这里的资本主义的发展。历史的发展已证明,这样的理论是正确的。

其实,王老师在《研究》中是遇到这个问题的。分析外国在中国的投资时,他指出,1931 年外国在华投资总额为 130 亿元,其中约 32 亿元为政治贷款,28 亿元为产业资本,16 亿元为银行资本,其余约 56 亿元,“大体可以说是八千家洋行大大小小的外国商店旅馆乃至各种娱乐场所各种交易所所拥有的商业资本”,[5]产业资本仅占投资总额的 21%强。这表明外国资本主义主要在流通领

[1] 参见《国民财富的性质和原因的研究》,商务印书馆 1983 年版,下卷,第七章“论殖民地”。
[2] 见《资本论》,第 1 卷,第 833 页,注(253),第 821 页。
[3] 见《马克思恩格斯全集》,第 26 卷Ⅱ,第 338—339 页。
[4] 见《马克思恩格斯全集》,第 35 卷,第 353 页。
[5] 《中国半封建半殖民地经济形态研究》,第 121 页。

域统治中国经济,它在这里并不生根,剥削得到的利润和垄断利润,除供挥霍外,是汇回或用军舰护送回本国的。它们有时也办一些交通生产事业,但主要是为其剥削提供物质手段,并不是为了生下根来,发展资本主义。因此,如能从两种殖民地发展不同的理论来分析问题,那就更好了。

第九章　以《研究》为基础，设想一个提纲

以王老师的《中国半封建半殖民地经济形态研究》为基础，参照坎蒂隆的《论商业的性质》的以分析土地关系为基础研究刚刚产生的资本主义经济关系的方法，我侧重从方法上设想了一个研究中国半封建半殖民地经济的提纲。它的内容，绝大部分是采用《研究》的成果。这个提纲如下：

一、外国资本主义入侵前的中国经济
——向资本主义缓慢地发展的封建地主经济

这里谈三个问题。(1)地主封建制下的地租、自然经济和商品经济。由于商业资本—高利贷资本—土地资本这个公式的作用，商业利润率和地租率都由高利贷利率来调节，地租就可能突破剩余劳动的界限；农工生产结合体逐渐瓦解，农产品逐渐商品化，主要原因是农民要用货币缴纳日益增多的捐税，地主要享用越来越多非其佃农生产的奢侈品。(2)乡镇和城市的商品经济。这里根据最初可能是由坎蒂隆提出来的“自由的手”的理论，说明居住在乡镇和城市的人口及其消费水平，是由农民提供的剩余生产物，即地租和捐税决定的；由于资本主义的难产，这些城镇是消费性的，它们的高消费要以农民的低消费为条件。(3)资本主义在难产中。说明中国从秦朝就建立的地主封建制，其产生原因和西欧从 14、15 世纪建立的地主封建制不同，它对资本主义的产生有不利的作用，资本主义的产生很缓慢。

二、外国资本主义怎样使中国经济成为半封建半殖民地经济

这里谈五个问题。(1)加速破坏自然经济,但维持封建生产关系的基础。破坏自然经济是由于外国资本主义要开拓市场和为世界市场提供廉价的土地产品,在这过程中又极力维持封建土地所有制。(2)进一步阻碍土著资本主义的发展。自然经济的加速破坏,客观上有利于中国的资本主义的发展,但外国资本主义又从关税、金融、技术等方面阻碍它的发展。(3)主要在流通领域控制中国经济,它本身并不发展资本主义生产。和北美、澳大利亚、新西兰这些移民垦殖殖民地不同,外国资本主义在中国这个奴役土著的殖民地里并不生根,它控制中国经济,除用政治手段外,主要通过银行和洋行,即金融业和商业来进行。(4)以封建土地所有制为基础进行剥削。直接剥削对象是工人、农民和一般消费者,但直接间接最后大部分剥削要落到农民身上。要减少工资劳动者的必要劳动时间,在不提高劳动生产率的条件下,主要是压低农产品的价格;为世界市场提供廉价农产品也是这样;而封建土地所有制下的大量个体农民,但求温饱,不望积累,只求收回商品价值中成本部分,剩余部分只好奉送,也为这种剥削提供了条件;外国资本使地租提高、高利贷利率提高之所以可能,也是这个原因。(5)资本主义列强的统治及其矛盾。列强都要统治中国的矛盾,使中国没有沦为一国的殖民地;它们分别和大封建主相勾结,维持封建割据,一个统一的国内市场无法形成。

三、外国资本主义影响下的封建的
商业资本、高利贷资本和土地资本

这里谈四个问题。(1)外国资本开始时通过商业资本和高利贷资本取得农产品。中国一般说来不存在通常在奴役土著殖民地的那种种植园,原因在于外国资本入侵时它的农产品商品率相对地较高,外资可以通过买卖的方法取得农产品。

这些产品一般是工业原料,一供外资在华加工生产,如河南许昌烟叶用以生产香烟;一供世界市场,如生丝、黄麻、桐油,它最初是通过中国商业资本和高利贷资本取得的,它从中取得巨额的利润。(2)农业为市场生产后,地租剥削加重。在生产使用价值条件下,地租的剥削还有可能受到土地所有者消费范围的限制,在生产价值的条件下,这种可能的限制必然被突破。(3)地租率的提高又反过来促使商业利润率和高利贷利息率的提高。斯密写《国富论》时,利息率伦敦为5%,北美为6%—8%,中国约为12%,抗战前,中国高利贷利息率为24%,特殊情况下为300%,与此相应的地租对地价的比率约为10%,而英国在产业革命时的相应数字是4%—5%。(4)地租率和其他封建主义剥削率特高,妨碍土著资本主义的发展。地租高,经营农业就不如出租土地或放债取利,因此经营地主和富农都相对较少,即或有,多半是兼营封建主义的商业和高利贷业。

四、农村中封建性的商品经济和货币制度及其对商品价值实现的影响

这里谈五个问题。(1)农产品商品化的条件是封建主义的。是为外资提供市场(为买而卖)、为世界市场、为间接满足地主的奢侈需要而商品化。(2)农村副业独立化中有一部分也商品化。农民因种种剥削,尤其是地租剥削加重而日益贫困,便要经营和发展副业以资弥补,有些副业产品也商品化,这种副业发达是农民贫困的表现。(3)个体生产者的商品价值,如用 $c+v+m$ 来表示,他们在经济压力下,如能收回 $c+v$ 就很好了。(4)自耕农的商品价格,可以不包含任何地租。个体农民出售农产品的价格,应分解一部分出来缴纳地租,但自耕农是土地的所有者,不存在这一问题,在相同的经济压力下,农民之间的竞争使农产品价格更低。(5)封建性的货币制度使商品价格的支付对农民不利。在价格已定条件下,在支付上最使农民吃亏的,除度量衡方面的欺诈外,是封建性的货币制度。国家、各封建军阀、各大小商行都能铸造和印刷货币,在货币成色、货币兑换上,在滥印纸币时,农民都大为吃亏。

五、离开土地的劳动力的生存费用和供过于求

这里谈四个问题。(1)生存费用大大低于欧美等地的劳动力。这有两个原因,首先,外国的资本主义入侵中国时,它们处于资本主义发生和发展时,中国则处于地主封建制末期,前者的劳动力生存费用因而高于后者;其次,北美等移民垦殖殖民地,有一段时间移民中的工人很容易获得土地,成为个体生产者,劳动力曾严重供不应求,其工资水平因此又高于欧洲的劳动力。(2)劳动力供过于求。在种种剥削下,大量农民离开土地,在地主封建制下,他们可以出卖劳动力,但由于资本主义很不发达,劳动力供过于求,工资之低令人吃惊,以致在农村出现用人力代替畜力的情况。(3)农村中落后的劳动形态——外出的工资作业。离开土地的农民如当不成工人,便自己出卖"劳动",一种形态是在家等雇主上门,称为自宅工资作业,另一种形态是携带工具外出找雇主,即外出工资作业。(4)从某种意义上为资本主义提供养料。这种极其低廉的劳动力为各种资本主义都提供了生存和发展的条件。

六、外国资本主义的统治及其如何取得巨额利润

这里谈四个问题。(1)外国资本主义在经济上主要通过流通领域统治中国经济。这有两大渠道:外商洋行—买办商业—土著商业资本—生产事业;外商银行—新式银行业—钱庄—高利贷业;此外,也有少数外资经营的工交业。(2)怎样攫取高额商业利润。由高利贷利率调节的封建商业利润率本来就比欧美的高,外商洋行用从国外买进工业品、奢侈品在中国高价出卖,从中国低价买进农、矿产品在国外按价值出卖的办法,取得高额利润。(3)怎样攫取高额贷款利息。高利贷利率本来就比欧美的利率高,外商银行大可以高于其本国的利率贷款给中国各级金融机构,取得高额利息。政治贷款亦然。此外,中国经济落后,工业中固定资金额少,周转时间短,折旧基金少,社会上能用于长期贷放的资金少,发展土著资本

主义又需要这种资金,因供求关系,长期借贷利息率很高。(4)怎样取得高额产业利润。落后国资本有机构成低,社会利润率本来就比欧美的高;外商工业因技术先进、工资较低、低价买原料、高价卖产品,取得高额利润。

七、买办资本主义和官僚资本主义的社会性质及其获利方法

这里谈三个问题。(1)买办资本主义。这是移民垦殖殖民地所无的,它是外国资本渗入中国经济时,在这两者间的媒介,是土洋结合的产物,它获利的方法是用两本账,即价格二重化,以及收取佣金。(2)官僚资本主义。就其具有的封建主义的因素来说,它也是移民垦殖殖民地所无的。它的前身是中国地主封建制的政治上层建筑,即中央集权官僚国家办的国营盐铁业。它的产生是鸦片战争失败后,在洋务运动中兴办的现代工、矿、兵工企业和官督商办企业,总之,同封建官僚有不解之缘。它的获利方法,是用政治权力劫夺。(3)买办资本主义和官僚资本主义的合流。它们两者都不能发展社会生产力。外国资本的入侵,中国在沦为殖民地的过程中,政权为外国资本主义通过大买办所控制,从这时起,买办资本主义和官僚资本主义就结合在一起,直至发展为"四大家族"的畸形的国家垄断资本主义或新的官僚资本主义。

八、在夹缝中图生存的民族资本主义及其利润来源

这里谈四个问题。(1)在夹缝中的民族资本主义。在地主封建制下难产着的土著资本主义,又遇到外国资本主义、买办资本主义和官僚资本主义的压迫,真是举步维艰。移民垦殖殖民地与此不同,它的工资劳动者容易获得土地的时代终于结束后,土著资本主义就发展了,它只和外国资本主义有矛盾。(2)它无法解决高利贷利率高和产业利润率低之间的矛盾。资本主义产业利润率理应低于封建主义的高利贷利率,这似乎无法解释资本主义何以能够产生,在西欧,它是用在资本原始积累中以暴力攫取暴利,以及当资本主义发展起来后,资本

循环中形成的借贷资本的利息率必然低于产业利润率,在这种条件下国家就压低高利贷利率的办法来解决的,中国缺乏这些条件。(3)封建性的劳动和工资形态。民族资本主义之所以取得利润,主要是由于利用大量廉价的劳动力,在这一条件下,它的劳动和工资形态具有浓厚的封建性。(4)典型的工业是工场手工业。劳动力价格低廉,与其大量使用机器,不如大量使用劳动;在这种条件下,固定资本小,经营方向可以随时改变,便于同外资周旋。

九、以大量劳动换小量劳动的国外贸易和有利于外资的货币制度

这里谈三个问题。(1)以农、矿产品交换工业品。以资本主义经济范畴说,前者资本有机构成低,生产价格低于价值,后者相反,两者如按生产价格交换,前者就要用大量劳动交换后者小量劳动;落后国家中存在着大量个体生产者,在某种压力下,其出售价格可以仅取回成本;外国资本主义发展为垄断资本主义,垄断因素使上述以大换小的问题更为严重。(2)外贸中的运输业。进、出口商品都要有运载工具,这在从前是外国制造的,它是资本有机构成高的重工业的产品;运输业是由外资经营的,它也是资本有机构成高的;这两重原因使外资收的运费就高于价值,如是垄断经营,问题就更严重。(3)从外贸看的货币制度。从同外资接触到 1935 年,中国用银作为本位币。美洲富饶银矿开采后,欧洲劣矿退出生产,美洲银币同时流入欧洲和亚洲,因运费关系,银价亚洲高于欧洲,这一因素使亚洲物价降低、欧洲物价上升,对中国外贸不利。19 世纪 70 年代欧美主要国家实行单一金本位制,从这时起银对金的比价下跌,中国支付因不利贸易条件产生的逆差,所用的银便越来越多。货币是许多世纪来的社会劳动的积累,这也是中国用大量的过去劳动支付外国小量的现在劳动。

十、国民资本积累的困难和畸形的社会再生产

作为结论谈四个问题。(1)各种剥削收入很难积累为国民资本。三位一体

公式的收入很难变为产业资本,它们间或兴办的产业多半是封建性的,外国资本不生根且多半在流通领域,买办、官僚资本不发展生产力,民族资本主义在挣扎。(2)剥削收入的运动。农村最缺少资金,但高利贷农民一般不敢借,于是资金反而流向利率较低的城市,城市生产事业不发达,资金除用于挥霍外,便在流通领域投机,社会矛盾引起的危机感,更使部分资金流到国外。(3)畸形的社会再生产。农业生产衰敝,农民贫困到只用人力耕田,大城市畸形发展,民族资本主义弱小,大城市是消费性的,是各种剥削者、权贵们的销金窝,耀眼的商业在执行其"广搜各地土产,统办全球货物"[1]的半封建半殖民地的职能。(4)矛盾的解决。进行新民主主义革命,推翻封建主义、外国垄断资本主义和官僚资本主义的统治,解放生产力。

* * *

改进已有的中国半封建半殖民地经济的研究方法,使它对研究一般的半封建半殖民地经济起着方法论的作用,具有重要的理论意义和现实意义。因为现在世界上还存在着大量的半封建半殖民地经济,马克思说的"工业较发达的国家向工业较不发达的国家显示的,只是后者未来的景象"。[2]这一论断并不适用于奴役土著殖民地。所以,有必要在马克思主义的指导下,根据恩格斯指出的方向,进一步研究这一具有世界意义的问题。我提出自己的看法,旨在引起讨论。

---

[1] 《中国半封建半殖民地经济形态研究》,第336页。
[2] 《资本论》,第1卷,第8页。

图书在版编目(CIP)数据

殖民地的经济分析史和当代殖民主义/陈其人著
.—上海:上海人民出版社,2019
(大家学术经典文库)
ISBN 978-7-208-14681-5

Ⅰ.①殖… Ⅱ.①陈… Ⅲ.①殖民地经济-研究②殖民主义-研究 Ⅳ.①F038.6②D066

中国版本图书馆 CIP 数据核字(2017)第 178038 号

责任编辑 罗 俊
封面设计 零创意文化

大家学术经典文库
殖民地的经济分析史和当代殖民主义
陈其人 著

出　　版 上海人民出版社
(200001 上海福建中路 193 号)
发　　行 上海人民出版社发行中心
印　　刷 常熟市新骅印刷有限公司
开　　本 720×1000 1/16
印　　张 21.75
插　　页 5
字　　数 300,000
版　　次 2019 年 5 月第 1 版
印　　次 2019 年 5 月第 1 次印刷
ISBN 978-7-208-14681-5/F·2477
定　　价 108.00 元